U0923091

河洛墓刻拾零

上

中石署

歐陽中石

趙君平　趙文成　◎編

北京圖書館出版社

圖書在版編目(CIP)數據

河洛墓刻拾零/趙君平,趙文成編.—北京:北京圖書館出版社,2007.7

ISBN 978-7-5013-3364-6

I.河… Ⅱ.①趙…②趙… Ⅲ.①墓誌—拓片—洛陽市—古代—圖録②碑刻—拓片—洛陽市—古代—圖録 Ⅳ.K877.402

中國版本圖書館 CIP 數據核字(2006)第 149174 號

書　名	河洛墓刻拾零(全二册)
著　者	趙君平　趙文成　編
出　版	北京圖書館出版社(100034 北京市西城區文津街 7 號)
發　行	(010)66139745,66175620,66126153 66174391(傳真),66126156(門市部)
E-mail	cbs@nlc.gov.cn(投稿)　btsfxb@nlc.gov.cn(郵購)
Website	www.nlcpress.com
經　銷	新華書店
印　刷	北京文津閣印務有限公司
開　本	8 開
印　張	90
版　次	2007 年 7 月第 1 版　2007 年 7 月第 1 次印刷
書　號	ISBN 978-7-5013-3364-6/K·1425
定　價	1200 圓

琳琅貞珉　鏤鐫青史

——關於《河洛墓刻拾零》

「十年磨一劍，甘苦寸心知」。拙著《邙洛碑誌三百種》一書，歷經十餘年，終於在甲申年歲末，由國家古籍整理出版專項經費資助，在中華書局諸先生的幫助下付梓出版了，這確實是一件令人欣慰的事。然而，更令人興奮的是，該書出版月餘，先是國家古籍規劃小組成員、陝西師範大學教授黃永年先生在《北京日報·理論周刊》撰寫書評予以介紹。越明年，中國書協學術委員會秘書長劉恒先生又在《中國書法》撰文評介，真令人喜不自勝。更有使我難忘的事是當年秋初，「全國首届碑帖學術研討會」在内蒙古首府呼和浩特市召開，余有幸忝列末座。群賢畢集，談書論藝，話題自然談及拙著，全國著名收藏家楊魯安先生聞之大爲贊賞，著名書法理論家水賚佑先生、原寧夏書協主席柴建方先生亦各贊賞有加，并一致言余，貞石補史功在千秋，此事功德無量，倘有機會，再出續編、三編，則更爲精彩。另有首都師範大學書法文化研究所所長葉培貴先生當即相邀赴京講學。余聞言雖然興奮，然亦惶恐。先生們對余以一己之力，歷十年艱辛集腋成裘之功雖然贊賞，但所不能如願者，即在此書中不能體現出自己對墓誌句讀、史料考證、解析辨疑所用之功。但轉念一想，抑或英雄所見略同，諸老前輩的期望，也許和著名學者、金石學家施蟄存先生語我的要求是一致的吧，「你説要給五十種碑誌作注，這是不必要的事，你千萬不要把這些文物看做『語文教材』！」基於此，我更堅定了出此續編之決心。尤其臨近會議結束，大家達成共識，根據國家正大力建設，全國出土墓誌流失之多的現狀，應加緊予以搶救徵集，否則若日後遺失將造成遺憾。原國家文物局局長張文彬先生、文物出版社社長蘇士澍先生一致表示，請大家努力做好此項搶救、登冊、編目、整理工作，以俟結集，馬上出版。韶華易逝，時不我待。會畢及家，歷酷暑嚴冬，翻檢篋笥，僅近歲《邙洛碑誌三百種》殺青後所集者，竟已達百七十餘種。有此基礎，與藏界友朋品茗閑聊以求支持，當談及欲出續編《河洛墓刻拾零》之事，皆頷首贊同。未及經年，又得拓本三百餘，且質量亦稱上乘。此批墓誌出土時地基本清楚，且庋藏地點可考，就此即可對洛陽出土墓誌的三個高潮及四大墓區的劃分作一窺探，對當今考古作出一個近於科學之交待。

筆者根據洛陽清末及今出土墓誌的情況，將此總括爲三個高潮并探究出其原因所在。其一，清代以降，文字獄的興起，引發了學者鑽入故紙堆的考據熱。隨之而起的便是洛陽出土墓誌的歷史價值被逐漸認識，尤其清末民初帝國主義列強之入侵，洛陽隴海鐵路的修建，使邙山墓誌大批量出土，墓誌的補史、證史作用，漸被專家學者所認識、認同、推崇。其二，解放初期，洛陽被列爲新中國第一個五年計劃重點建設區域，洛陽東方紅拖拉機廠及西工諸大廠礦的興建、邙山水利大渠的興修，使諸如漢熹平石經、晉徐美人墓誌等墓誌碑刻精品出土，此引起了國家考古界的高度重視，遂掀起對邙山陵墓的調查熱潮，進而引起對邙山東漢、西晉、北魏等諸多陵墓的初步考定。其三，改革開放以來，中國第二次大建設高潮到來，大面積工業園區的興建、城市大交通的建設及旅遊景區的拓展，使洛陽出土墓誌達二千方之多。隨着大批量墓誌的出土及人們文化素質的提高，墓誌的收藏與研究，已經成爲一種時尚，從而使金石文字、史學、文學研究向縱深發展。僅以近十年的研究爲例，《碑別字新編》、《全唐五代文·金石部分補編》、《唐刺史考全編》、《唐代墓誌彙編》等書的出版，無一不得益於近年出土之墓誌。

基於以上墓誌之出土，洛陽陵墓地域亦可根據職官大小集中劃爲四大區域。其一，以洛陽城北邙山爲主的漢陵與北魏陵墓區。該區有漢光武帝劉秀的原陵、漢安帝劉祜的恭陵、漢順帝劉保的憲陵、漢冲帝劉炳的懷陵以及漢靈帝劉宏的文陵。北魏的主要陵墓有孝文帝元宏的長陵、宣武帝元恪的景陵、孝明帝元詡的定陵以及孝莊帝元子攸的靜陵。另外還有唐代諸多刺史、太守、尉丞、參曹以及僧民、道士、士庶、宮女之墓，不勝贅述。其二，在洛陽城南的萬安山一帶，多爲唐代帝王輔佐、勛臣、貴戚的陵墓。諸如樂安公高真行墓、唐代名相姚崇墓、唐故尚書左丞相燕國公張説墓以及左羽林軍將軍上柱國定陽郡開國公陽玄基墓等近三百座唐墓。其三，在洛陽城東的偃師首陽山一帶，分别有西晉帝王陵及唐代的文武大臣墓。諸如西晉宣帝司馬懿的高原陵、景帝司馬師的峻平陵、文帝司馬昭的崇陽陵、武帝司馬炎的峻陽陵以及惠帝司馬衷的太陽陵。在唐代的諸多陵墓中，較有名的有唐代大詩人杜甫墓、大書法家徐浩墓、冠軍大將軍馬神威墓、工部尚書郭虚己墓等，不一而足。其四，在洛陽城西的龍門山西原一帶，多爲唐代王公大臣、皇親國戚之墓。諸如清河王李銑墓、朗陵王李瑋墓、許王二子李瑛墓、六子李唐墓、十二子李旸墓以及封疆大吏許嶠墓、李多祚墓、南陽王袁恕己妃張氏墓等二百餘座。此所葬者與皇家或姻親，或有「義深舟楫」的密切關係，從而也可看出在當時形勢下的一些喪葬禮制。

今《河洛墓刻拾零》一書，計收墓誌碑刻五百零九篇，包括漢、晉、魏、隋、唐、五代十國及宋、明、清各朝，尤以唐誌居多。今余不揣淺陋，擇文字、書法、史學價值其要者，略述於後，與諸君共饗。

清乾嘉以降，金石學大興，洛下所出漢碑今可睹者，概不足十。其如袁安、袁敞父子二碑、漢甘陵相殘碑、漢侍廷里父老僤買田約束石券、賈武仲妻馬姜墓記、熹平石經殘石，連同上世紀末偃師所出「肥致碑」亦不過七石而已。近歲洛陽地不愛寶，連降雙瑞，其一爲永元十年（98）十月所立的漢都鄉「水利客舍約束石券碑」，其二爲漢安元年（142）所立的「馮君碑」，亦文亦史，各領風騷，令人矚目。其《水利客舍約束石券碑》云：「……渠道不通，使東西里万民休□。……土增道中，其下通利水大道，人爲回□，水上渠道，傳後世子孫時常通。……將作吏鄧孫、張仲有□渠約束，□取□石□□置□，其以上罰錢五百。若有寄客，舍主留保任當□□□出之不官出者，舍主代出不問……舍主近不來，罰廿。」從以上碑文不僅可以看出漢代官府與人民對興修水利和留客住宿登記之重視，而且亦可看出留客住宿登記制度之嚴密，爲研究漢代水利和留宿制度提供了一個有力的佐證。

《馮君碑》2005年6月22日出土於洛陽市孟津縣平樂鎮距辛莊村五百米處，雖然碑殘過半，僅有碑主之姓而無碑主之名，但就其書法價值而言，仍不可小覷。該碑結體方扁，工整平穩，疏密勻稱。碑字寬窄變化不大，但高矮相差較大。大與小之差者，將及三分之一。總之，碑字大小各異，布白錯落，大體横平，用筆勁健，綫條圓潤，筆畫粗細頗爲均勻，横挑及撇捺的分勢不太明顯，并無中斂旁肆的特點，屬於寬博平正一路。該碑書法與其後的熹平石經，似爲一派，但較其早出三十三年。如果其書法承繼關係成立的話，應該説《馮君碑》開闢了漢隸一派書風。

北魏《王晧墓誌》亦爲近歲所出誌中之奇者。該誌2003年春出土，與該誌同穴出土者，尚有「墓蒴」一塊。檢洛下所出三百餘方魏誌，誌與墓蒴同出者，唯此而已。該誌與墓蒴不僅形式奇特，且文字書法亦寫刻俱佳，從整體上看，屬於秀朗細勁一路。從結體上看，該誌結體於平穩之中不乏舒展飄逸之趣，尤善參差對比，往往在平整的字中巧妙地安排出伸展飄宕的一筆，由此帶動字形由靜向動過渡。這種於平整之中的横逸或斜出，恰形成了整體嚴密而又靈動的效果，該書者乃有意以此形式獲得藝術效果。

北魏《比丘尼僧芝墓誌》在叙述僧尼胡僧芝生平的同時，揭示了胡太后執政的北魏時期，朝中鮮爲人知的胡姓家族與朝廷特殊的淵源以及朝廷對佛教尊崇的特殊原因。誌中載胡僧芝「十七出家，戒行清純。既於廿，德義淵富。安禪屆於六通，靜讀幾於一聞。誦涅槃、法華，勝鬘廿餘卷，乃爲大衆所推講經法師。雅韻一敷，慕義者如雲；妙音蹔唱，歸道者如林。……高祖孝文皇帝，道隆天地，明踰日月，傾誠待遇，事絶常倫。世宗宣武皇帝，信心三寳，弥加弥寵，引内閨掖，導訓六宫。皇上登極，皇太后臨朝。尊親之屬既隆，名義之敬踰重。……孝文馮皇后，宣武高太后，逮諸夫嬪廿許人，及故車騎將軍尚書令司空公王肅之夫人謝氏，乃是齊右光禄大夫吏部尚書莊之女，越自金陵，歸蔭天闕，以法師道冠宇宙，德兼造物，故捐捨華俗，服膺法門，皆爲法師弟子。」正因爲胡僧芝在朝廷中有如此地位，所以，才成就了導致北魏皇室由盛轉衰的一代國母——胡太后。胡太后名仙真，爲胡僧芝之姪女。胡僧芝哀其幼年喪母，携入本院撫養。仙真漸長，性質聰明，妙通文墨，聖經佛典一覽便曉，容色更極美麗。胡僧芝入宫講經，與于皇后朝夕談論，情投意合，稱姪姿行。經胡僧芝引見，于皇后聘定，仙真十七歲入宫被宣武帝拜爲充華，繼冊充華爲貴嬪，又尊爲太妃、太后，臨朝攬政，自稱爲朕。直至武泰元年（528），殺其親子孝明帝元詡，尔朱榮引兵入洛，將其沉殺於洛陽邙山孟津縣境的黄河之中，北魏女皇臨朝的時代才趨瓦解。若無胡僧芝、胡仙真姑姪那般際遇，北魏的歷史將是另一種景象，胡僧芝墓誌正爲此段歷史作了一個很好的注脚。

北魏《元通直妻于昌容銘》，首題「大魏恭宗景穆皇帝曾孫夏州刺史始平順公第二子元通直之妻于命婦銘」，亦多有可書之處，該誌不但可以間接查明景穆皇帝十三個兒子的關係、事迹，而且還可對龍門造像題記作品中著名的「始平公造像」的始平公問題，一窺其端倪。查《魏書》景穆皇帝拓跋晃有十三個兒子，除長子文成皇帝拓跋濬外，其他十二子均封爲王；而且十二王也各有子孫，唯獨不見始平順公及其二子的名號事迹，故不知他們屬於十二王中的哪一支系，因此他們的生平事迹也就無從考察，而元通直妻墓誌銘的發現可以解開這些謎團。著名歷史學家朱紹侯先生曾就誌中所載始平順公的問題，作過考證分析。查諸《魏書》、《北史》帶有始平公頭銜者共有五人（不含始平王、始平侯、始平伯、始平男）：其一，始平聲公司馬休之；其二，始平公隗詰歸；其三，始平縣公元矩（孝矩）；其四，始平公元欽；其五，始平縣公侯莫陳相。然一一分析，皆非龍門造像的始平公。那么《元通直妻于昌容銘》中的始平公系「大魏恭宗景穆皇帝曾孫」，按輩份排列，恭宗長子是文成皇帝拓跋濬，其孫是獻文帝拓跋弘，其曾孫就是孝文帝元宏（孝文改制拓跋氏即改爲元姓），這樣説來，始平順公的生存和活動時間，太和年間乃至太和二十二年（498）以前是絶對可能的。從地域上講，他的二兒媳于昌容是河南洛陽人，死後又葬在洛陽北邙山，説明他二子元通直也住在洛陽，甚至始平順公本人也有可能住在洛陽。特别是以于昌容埋葬時間來分析更有説服力，終年三十三歲的于昌容葬於北魏熙平元年（516），上距太和二十二年有十八年，由此不難推測，往上所推的十八年，正是于昌容的公爹始平順公在世活動時間。另外從常識判斷，一個政權不可能在同一個時間内封兩位始平公，據此可斷：造像記中的始平公，就是《元直通妻于昌容銘》中的始平順公。如有人要問：一個是始平順公，怎么會是一個人呢？其實，始平順公的「順」是謚號，據《謚法》：「慈和遍服曰順」，這是因爲始平公生前「能使人皆服其慈和」，故死後賜給他一個「順」的謚號，所以説始平公與始平順公并不矛盾，帶着謚號就稱始平順公，不帶謚號就稱始平公，説兩個是一個人，是合情合理、順理成章的。

陳國祚短暫，前後總共三十二年，所存誌石頗少，今陳《衛和石棺銘》，爲墓誌銘中又一極爲罕見之形式。該銘刻於一小型石棺上蓋之上，棺兩幫各刻一乘龍升仙圖案。銘中所載史實多有益信史。誌云：「君諱和，衛姓，平陵人也。十八避讐來南沙，遂家焉。君少孤耽教，有膂力，抱風木之悲，裹馬革之志。侯景竄穌入海，君預毁港上船，不得渡，遂被捻。司徒王僧辯知之，召爲前鋒將軍，會高祖與僧辯不睦，知有變，稱病歸里，耕鑿以終。」此事乃破侯景之亂中的歷史細節，少有人知，足可補史。

隋唐以降墓誌洛陽頻出，僅唐誌便有四千餘方，佔洛陽出土墓誌總和五分之三還強。然墓誌之重者，貴在二用。一，校補史闕之實用。二，勘正謬誤，還歷史真貌之功用。今僅舉一二，以述其要。唐《高真行墓誌》近歲出土於萬安山，誌主爲唐代「圖畫凌煙閣開國功臣二十四人」之一高士廉的次子，受其表兄長孫無忌株連，對其事迹兩《唐書》所載甚微。然其誌載：「咸亨元年加正議大夫，都督幽、易、嬀、檀、平、燕六州諸軍事，幽州刺史。」自古幽燕多戰事，隋朝以來突厥不時犯邊，入唐尤甚，百姓苦不堪言，常爲朝廷心腹之患。而真行戍邊以來，正如誌稱「公威懷并馭□猛兼資，桂婁薦款以占雲，柳室韜謀於低月。」顯然屢建奇功，朝廷加官進爵，以示彰顯，「上元三年，恩詔追入授右驍衛將軍，俄拜右衛將軍」。朝廷之所以這樣器重真行，一方面是因其在北陲有年，治邊有方；另一方面是上元元年（674），長孫無忌冤案昭雪，真行受株連之事當應糾正。而此事兩《唐書》無載，可補其闕。撰文者周思茂，文采超人，則天朝曾參與諸多大型圖書編纂。《舊唐書·則天皇后紀》云：「太后常召文學之士周思茂、范履冰、衛敬業，令撰《玄覽》及《古今内範》各百卷……《臣範》兩卷，《垂拱格》四卷。」周思茂爲朝散大夫、太子中允、汝南縣開國男，兩《唐書》失載，可補。書丹者盧獻，亦爲唐代著名文人，則天朝曾爲朝散大夫給事中、容城縣開國男，兩《唐書》失載，可補。

周《陽玄基墓誌》，首題「大周故左羽林衛將軍上柱國定陽郡開國公右北平陽君墓誌銘并序」，墓誌論及陽姓起源及顯慶元年（656）平契丹、延載元年（694）靜西棘以及萬歲通天元年（696）勘定何阿小陷没冀州事，亦多有益信史。誌載陽玄基「其先出自后稷，始於高辛，亶季能勤勞王家，文武能光啓周室，後景王少子封於陽樊，因以爲氏。末孫翁伯避難適於北燕，故今爲右北平無終人也。」《元和姓纂》及《新唐書·宰相世系表》均無陽氏，而墓誌之載，爲陽氏得姓的由來及源流提供了重要依據。關於「平契丹」，誌載「顯慶元年從薛仁貴平契丹。」《新唐書·薛仁貴傳》：「顯慶三年……明年，……俄與辛文陵破契丹於黑山，執其王阿卜固獻東都。」關於「靜西棘」誌曰：「于時獠地龍等反，君鶴膝鷹爪，顧盼而掃南羌，鳳角龍牙，指麾而靜西棘。」《資治通鑑》卷二〇五載延載元年：「嶺南獠反，以容州都督張玄遇爲桂、永等州經略大使以討之。」「嶺南獠反」即墓誌中所載「獠地龍等反」。在這次平叛的戰爭中，陽玄基爲重要的將領，而史書失載，可補此闕。關於「何阿小陷没冀州」，誌稱「時逆賊何阿小陷没冀州，君兵有二千，騎盈數百，……殺張角於山東，斬陳餘於水上。」《資治通鑑》卷二〇五載，萬歲通天元年「十月，辛卯，契丹李盡忠卒，孫萬榮代領其衆。突厥默啜乘間襲松漠，虜盡忠、萬榮妻子而去。……孫萬榮收合餘衆，軍勢復振，遣别帥駱務整、何阿小爲前鋒，攻陷冀州，殺刺史陸寶積，屠吏民數千人。」卷二〇六載，神功元年（697）三月「戊申，清邊道總管王孝傑、蘇宏暉等將兵十七萬與孫萬榮戰于東硤石谷，唐兵大敗，孝傑死之。（四月，甲午）萬榮之破王孝傑也，……引精兵寇幽州。……默啜……發兵取契丹新城……盡俘以歸。……時萬榮方與唐兵相持，軍中聞之，恟懼。奚人叛萬榮，神兵道總管楊玄基擊其前，奚兵擊其後，獲其將何阿小。萬榮軍大潰……奴斬其首以降。」此段記載與墓誌相若。唯墓誌稱陽玄基爲「清邊軍總管」，而《資治通鑑》稱「神兵道總管」，當以誌爲是。

則天一朝，酷吏横行，兩《唐書》專門列傳。然出土酷吏墓誌甚少，傅遊藝墓誌出土，令人開眼。《傅遊藝墓誌》首題「唐故銀青光禄大夫行黄門侍郎傅公墓誌」。誌載：「公諱遊藝，字元綜，北地泥陽人也。」武氏則天僭唐改周，此人起到了舉足輕重、不可替代的作用。據《資治通鑑》卷二〇四載，天授元年「九月，丙子，侍御史汲人傅遊藝帥關中百姓九百餘人詣闕上表，請改國號曰周，賜皇帝姓武氏。太后不許，擢遊藝爲給事中。於是百官及帝室宗戚、遠近百姓、四方酋長、沙門、道士合六萬餘人，俱上表如遊藝所請，皇帝亦上表自請賜姓武氏。戊寅，群臣上言：有鳳皇自明堂飛入上陽宮，還集左臺梧桐之上，久之，飛東南去；及赤雀數萬集朝堂。庚辰，太后可皇帝及群臣之請。壬午，御則天樓，赦天下，以唐爲周，改元（天授）。乙酉，上尊號曰聖神皇帝，以皇帝爲皇嗣，賜姓武氏；以皇太子爲皇孫。」基於此，傅遊藝亦「一歲之内，賜袍自青及紫，人號『四時仕宦』」，榮耀至極。正如墓誌中云：「于時天地屯，君臣相擇，投石之謀既立，斷金之契遂申。俄遷左補闕，又遷給事中，同中書門下平章事，加朝散大夫，拜黄門侍郎。無何，又加銀青光禄大夫同中書門下平章事。既崇堯舜，既化殷周，寅亮乾坤，增華日月。處其傍之位，挾難賞之功。交亂如簧，思聰改聽，遂爲逆豎來俊臣所疑陷，降授太常少卿。天授二年九月六日終於私第。」關於傅遊藝「遂爲逆豎來俊臣所疑陷，降授太常少卿」事，因爲傅遊藝既爲天子所親近，初次冒犯天子以罪遭貶黜，當是情理中事。後又因來俊臣冤獄，向以「鞫之不問一款，而後用刑，斯後先斷其首，乃僞立案奏之」而聞名，此傅遊藝之貶太常少卿，未及出獄而自殺身亡之因。傅遊藝身爲酷吏而遭酷吏來俊臣所陷，正爲民諺所云：「螳螂捕蟬，黄雀在後。」終於私第，顯然是爲親者諱。

此外，在史料價值方面，唐朗陵王《李瑋墓誌》所載史實，事涉李唐王朝儲君之爭而引起的同族相殘始末，發人深思。誌載：「王諱瑋，字彦英，其先隴西成紀人也。……我王神堯之曾孫，太宗之孫，高宗之猶子，睿宗之兄，今上之伯，吴國大王之第三子也。」以上誌載李瑋世系甚詳，可知李瑋系唐太宗第三子吴王恪之子。關於朗陵王李瑋事迹兩《唐書》所載甚略，僅云：「恪母，隋煬帝女也，恪又有文武才，太宗常稱其類己。既名望素高，甚爲物情所向。長孫無忌既輔立高宗，深所忌嫉。永徽中，會房遺愛謀反，遂因事誅恪，以絶衆望，海内冤之。有子四人：仁、瑋、琨、境，并流於嶺表。……瑋早卒。中興初，追封朗陵王。」而墓誌載之甚詳，其云：「昔吴王帝之愛子，朝望攸歸。雖魏武憐才，方之多愧。漢皇許善，對我何階。然優寵特殊，各萌斯構。讒人發於左戚，妖釁兆於中臺。桂折小山，蘭枯長坂。王銜破家之痛，深覆巢之禍。號訴不達於天門，投俾遂居於海裔。安時委命，與物同塵。寶書瑶琴，日夜清韻。金鼎玉粒，歲月忘形。詩窮大雅之篇，禮獲中庸之美。嗟嗟留落，南越吾何！東周永淳元年二月廿一日薨於廣州南海縣，時年三十有六。」史誌相校，吴王恪及朗陵王冤獄昭然。平按：吴王恪之冤獄在永徽四年（653）。墓誌載朗陵王卒於永淳元年（682），時年三十六，以此推算，朗陵王當生於貞觀二十年（646）。因父被誅而遭貶，朗陵王年方六歲，尚在髫齡，此足見宫廷門爭之殘酷。關於其流放時間，《資治通鑑》卷一百九十九亦有記載：「司空、安州都督吴王恪母，隋煬帝女也，恪有文武才，太宗常以類己，欲立爲太子，無忌故爭而止，由是與無忌相惡。恪名望素高，爲物情所向，無忌深忌之，欲因事誅恪以絶衆望。遺愛知之，因言與恪同謀，冀如紇干承基得免死。四年春，二月，甲申，詔遺愛、萬徹、令武皆斬，元景、恪、高陽、巴陵公主并賜自盡。上泣謂侍臣曰：『荆王，朕之叔父，吳王，朕兄，欲匄其死，可乎？』兵部尚書崔敦禮以爲不可，乃殺之。萬徹臨刑大言：『薛萬徹大健兒，留爲國家效死力，豈不佳，乃坐房遺愛殺之乎！』吳王恪且死，罵曰：『長孫無忌竊弄威權，構害良善，宗社有靈，當族滅不久！』戊子……廢恪母弟蜀王愔爲庶人，置巴州；房遺直貶春州銅陵尉，萬徹弟萬備流交州。罷房玄齡配饗。」可見，在此王朝爭儲鬥爭中，李瑋雖貴爲王子，亦命若覆卵。冤復難申，百無聊賴，「安時委命與物同塵」。誌言之鑿鑿，當補史闕，善哉！

就文學價值而言，本書收録情文并茂的墓誌亦爲數不少，僅以唐誌爲例，《兩唐志》或文學史上有名可查者，即有近二十方之多，諸如：周思茂撰文的《高真行墓誌》、皇甫知常撰文的《皇甫文亮墓誌》、杜審言撰文的《王紹文墓誌》、賀知章撰文的《許臨墓誌》、許景先撰文的《蕭元禮墓誌》、李邕撰文的《張之輔墓誌》、蕭誠撰文的《蕭元祚墓誌》、張鼎撰文的《陳尙仙墓誌》、徐嶠撰文的《徐嶠妻王琳墓誌》、劉迅撰文的《徐嶠墓誌》、房琯撰文的《李適之墓誌》、賈□撰文的《陳希喬墓誌》、陸長源撰文的《徐惲夫人姚氏墓誌》、劉長卿撰文的《魏系墓誌》、張少博撰文的《李岧墓誌》、韓愈撰文的《竇牟墓誌》、令狐陶撰文的《狄兼謩墓誌》、房凝撰文的《支謨墓誌》等等，不一而足，今擇其要者略述一二。

「少小離家老大回，鄉音未改鬢毛衰。兒童相見不相識，笑問客從何處來。」衆所周知，這首婦孺皆知的《回鄉偶書》詩，是唐代著名詩人賀知章所寫。他的詩寫得如此好，而在《全唐文》中僅録他的《上封禪儀注奏》及《龍瑞宫記》兩篇文章。此外，在以前出土的唐代墓誌中也僅見到他開元二年（714）正月撰寫的《戴令言及妻張氏墓誌》、開元十五年（727）撰寫的《鄭績墓誌》以及《太原王氏墓誌》三篇。近年洛陽又出土《許臨墓誌》，既可補《全唐文》之失載，又可爲研究賀知章的生平增添鮮活的歷史資料。《許臨墓誌》首題「唐銀青光禄大夫使持節曹州諸軍事曹州刺史上柱國潁川縣開國男許公墓誌銘并序」，「朝議郎行太常博士□□賀知章撰」。據《唐才子傳》云：「賀知章，字季真，會稽人。少以文詞知名，性曠夷，善談論笑謔。證聖初，擢進士超拔群類科。陸象先在中書，引爲太常博士。象先與知章最親善，常曰：『季真清淡風韻，吾一日不見，則鄙吝生矣。』」《舊唐書》卷一百九十亦云：「賀知章……少以文詞知名，舉進士。初授國子四門博士，又遷太常博士，皆陸象先在中書引薦也。……（開元）十三年，遷禮部侍郎，加集賢院學士，又充皇太子侍讀。」由此而知，賀知章少年即負盛名，未幾，便又授國子四門博士。開元三年（715）他撰寫《許臨墓誌》時任朝議郎行太常博士這個官職，正可以補賀知章何年所遷「太常博士」的時間闕失。又該誌主許臨，兩《唐書》無傳，而其祖許叔牙、其父許子儒皆爲唐一代文豪，父子二人不僅皆先後爲修文、崇賢兩館學士，均爲太宗侍讀，著述豐厚，名聲彪炳，然史書所載事迹甚略，今據其誌，足可補闕。

有唐一代璀燦的文壇，名人迭出，「文起八代之衰」的韓愈，格外引人注目。自唐代司空圖對韓愈詩文「其驅駕氣勢，若掀雷抉電」的評説，到清代王文治「間氣古今三鼎足，杜（甫）詩韓（愈）筆與顏（真卿）書」對韓愈文章的禮贊，無一不説明韓愈從唐至今在文學史上的地位。今洛陽所出韓愈撰文的《竇牟墓誌》，又從人物傳記的角度凸顯了韓愈文章的如椽大筆。《竇牟墓誌》首題「唐故朝散大夫守國子司業上柱國扶風竇公墓誌銘并序」，「通議大夫尙書兵部侍郎上柱國賜紫金魚袋韓愈撰」。此文，《全唐文》有載。今所出墓誌之佳處在於這短短的六百餘字能校補《全唐文·國子司業竇公墓誌銘》（以下稱文本）達九處四十二字之多。諸如述及竇牟之父竇叔向詩文及交游時，文本云：「考諱叔向，官至左拾遺，溧水令，贈工部尚書。尚書於大曆初名，能爲詩文。及公爲文，亦最長於詩。」而墓誌則云：「考諱叔向，官至左拾遺，溧水令，贈工部尚書。尚書於大曆初名，能爲詩文。與李華善，後生歸之。」在此處，文本僅叙叔向能爲詩文，而墓誌則寫出了竇叔向與李華友善，後生歸之的交游與聲望情況。文本在述及誌主之葬時，僅云：「八月某日葬」。而墓誌云：「其年八月十四日葬」，寫出了具體葬日。在叙及竇牟之葬所祔時，文本作：「其年八月某日葬河南偃師先公尚書之兆次。初公善事繼母。」而墓誌作：「其年八月十四日葬河南偃師先公尚書之兆次，祔以夫人裴氏。裴氏，懷州長史願之女。願，僕射冕昆弟之子。初公善事繼母。」墓誌既寫出了夫人裴氏祔葬時間，又寫出了裴氏父親官職及世系，足可補文本之闕失。該誌在文學方面的第二佳處即在於立説新穎，文句妥貼，言簡意賅而又生動地勾勒出了一個正直文人、官吏的形象和文學才能以及政治業績，而且在短短的文章中，叙家世、述品德、贊歷官之業績，頌兄弟之情誼，凸現了一代文章大家韓愈「文從字順」，「惟陳言之務去」的新型古文標準。該誌的第三個佳處即在於，在此文章短短的誌中，既寫了竇牟之父竇叔向的才華，又叙述了其兄弟五人竇常、竇群、竇鞏等一門六才子的家世與文學才能及影響，爲研究唐代文學史提供了一個新的佐證。

另外，唐《鄭魴墓誌》也别具文學價值。其一，該誌可補《全唐文》之闕。其二，可補唐代文學史料之不足。其三，可補唐代文學家傳略之不足。該誌首題「唐故尚書倉部郎中滎陽鄭府君墓誌銘并序」，「尚書水部員外郎分司東都上柱國陳商撰」。撰文者陳商，唐繁昌人，字述聖。憲宗元和進士，武宗朝歷官史館修撰，禮部侍郎，知貢舉。宣宗大中時進工部尚書，與鄭亞撰《敬宗實録》，《全唐文》曾收録陳商撰文四篇，而獨無《鄭魴墓誌》，此可補《全文唐》所載之不足。另據誌載陳商爲鄭魴撰誌之因時曾云：「商與府君游也久，請刻遺烈于石，商退以爲朋友作謚号、或誄、或表，光明美業，古道也，不可辭。」由此可見，陳商不僅與鄭魴爲同朝官吏，亦爲文章之友，聲氣相同，情投意合。再據李景莊撰《鄭魴盧夫人合祔墓誌》中所載鄭魴舉進士後之交游時曾云：「元和七年，兵部侍郎許公孟容下升進士第其首，故相國李公固言得人之盛，至今稱之。公業古詩，寒苦不易，詞人孟郊、李賀爲酬唱侶。言進士者，巨人詞客從之（之）游，諺曰：『不識鄭嘉魚（鄭魴字），不名爲進士。』」誌中所載與鄭魴交游者，皆一時俊彥，其如與詞人孟郊，《全唐詩·孟郊集》中有「贈夫子魴」一首曾云：「天地入胸臆，吁嗟生風雷。文章得其微，物象由我裁。宋玉逞大句，李白飛狂才。苟非聖賢心，孰與造化該。勉矣鄭夫子，驪珠今始胎。」詩中孟郊對鄭魴之贊譽，可謂極矣。至於誌中載與李賀交游酬唱事，《全唐詩·李賀集》中有「贈陳商」一首，亦可見其與鄭魴交游之關係。其詩云：「凄凄陳述聖，披褐鉏俎豆。學爲堯舜文，時人擇衰偶。……」如從陳商與鄭魴之友朋關係過從甚密，而李賀又與陳商有詩酬唱看，應該説《鄭魴盧夫人合祔墓誌》中説「詞人孟郊、李賀爲酬唱侶」不爲虚妄。又據鄭魴誌中云：「君有開濟之業，能弛張治道，弘通周密而勇以將之，乃相才也。爲詩七百篇及陳許行營功狀，思理宏博，識者見其志焉。」此七百篇詩，今皆蕩然無存，《全唐詩》亦無録鄭魴之詩，而《全唐文》亦僅録鄭魴名爲「禹穴碑銘序」的文章一篇，實在是一大遺憾。《全唐文》載有鄭魴傳，僅云：「魴，寶曆時人。」而綜合誌文可知之較詳：鄭魴，字嘉魚，滎陽人也。少質厚，喜學，爲江湖聞人。壯寄吴楚，屋兩間，曉暮經史。業古詩，寒苦不易。與孟郊、李賀爲酬唱之侶。元和七年登進士第。後數年，浙東廉察使元稹明其賢，奏爲觀察判官，授監察御史，轉殿中，賜緋銀魚，移團練判官，遷右補闕。秩滿除侍御史，留台東都，入爲尚書屯田員外郎。尋以倉部郎中徵赴闕，至池州感疾，大和八年（834）八月二十四日終於旅舍，終年五十八。有詩七百篇。以上史實，可補《全唐文》小傳之不足。

關於書法價值方面，本書所收録者，漢魏抑或晉、隋，皆書尚古法，足證前人所言非虛。北魏一朝，處於隸楷書體交替時期，墓誌書法縱然形各有異，亦皆樸拙可愛，正如康南海先生所説：「北碑當魏世，隸楷錯變，無體不有。綜其大致，體莊茂而宕以逸氣，力沉著而出以澀筆，要以茂密爲宗。當漢末至此百年，今古相際，文質斑斕，當爲今隸之極盛矣。」接着他還説：「凡魏碑，隨取一家，皆足成體，盡合諸家，則爲具美。」今以本書所録者校之，信然。基於此，所收誌石隋以前書法，暫且不論，僅就唐以後者，略述管見。夫後世稱碑之盛者，莫若有唐，名家輩出，諸體并立。今該書收録名標書史者，即有近二十方之多。諸如，盧獻書丹的《高真行墓誌》、徐嶠之書丹的《張之輔墓誌》、蕭諒書丹的《蕭元祚墓誌》、徐浩書丹的《陳尚仙墓誌》、顔真卿書丹的《徐嶠妻王琳墓誌》、劉繪書丹的《徐嶠墓誌》、徐珙書丹的《徐惲夫人姚氏墓誌》、《李岧墓誌》，劉長卿書丹的《魏系墓誌》，屈賁書丹的《李冑妻鄭氏墓誌》、《屈賁妻任氏墓誌》，王繼之書丹的《夏侯昇墓誌》，裴翻書丹的《狄兼謩墓誌》，吴澄撰文并書的《雷景從墓誌》，薛仲孺書丹的《石元孫墓誌》，王尚恭書丹的《張庚墓誌》，錢景裕書丹的《沈逸墓誌》以及司馬光書丹的《王尚恭墓誌》，這些書法作品，文采斑斕，各俱千秋，今擇其要者，略述一二。

唐《徐嶠妻王琳墓誌》首題「唐故趙郡君太原王氏墓誌銘并序」，「大潤州刺史江南東道採訪處置兼福建等州經略使慈源縣開國公徐嶠撰，朝散郎前行秘書省著作局校書郎顔真卿書」。2003年冬洛陽市龍門鎮張溝村東出土。顔真卿是我國唐代著名的書法大家，千百年來被譽爲顔（真卿）、柳（公權）、歐（陽洵）、褚（遂良）「四大楷書」之首。然而，歷年來學者所論及者，皆其中年以後所書，并以此而將其一生書法演變軌迹歸納爲四個時期：第一個時期，以洛陽偃師市新出《郭虚己墓誌》爲代表，字畫姿態可謂「楷法遒美」，大有風華正茂的氣象；第二個時期，以《多寶塔感應碑》爲代表，結體匀整而失於平板，字法平易，特點明確，易於模仿；第三個時期，以《東方朔畫像贊》爲代表，此碑書法以「多寶塔爲骨架，筆力内斂，收斂鋒芒，筆畫圓潤」；第四個時期，以《謁金天王神祠題記》爲代表，其特點爲外柔中剛，結字趨向雄深凝重的平正。如此研究的結果，卻忽視了顔真卿早年的書法軌迹，《徐嶠妻王琳墓誌》正好彌補了這一闕憾。

綜觀該誌書法，結體規整，疏密有致，字字儁秀，下筆有源。從該誌書法中既可看出褚遂良用筆之遺意，又可看出徐浩書法結體之軌迹。我們知道，褚書的最大特徵是用筆細勁，靈動，筆畫夸張兩端，中段則輕輕帶過。由於筆畫纖細，所以呈内形狀，結構疏朗，整體書風妍美飄逸，故有「美人嬋娟」之美譽。而《徐嶠妻王琳墓誌》文字結體，不僅正突出了這些特點，且又多了一些含蓄與沉穩。另從全文29個「之」字来看，字字有態，神采各異，誠如王羲之論書時云：「爲一字數體俱入，若作一紙之書，皆須字字意别」，此足見顔真卿早年書法之功力。

如果説，1997年10月偃師市出土的顔真卿四十二歲時所書《郭虚己墓誌》，爲初步形成他自己書風的定格之作，那么，2003年冬洛陽出土的顔真卿三十三歲時所書《徐嶠妻王琳墓誌》，則是研究顔真卿早年書法傳承的探源之基，彌足珍貴，自不待言。

唐代，不僅是我國文學家群星燦爛的時代，而且也是書法家輝煌的歲月。且不論初唐書壇四杰的歐（陽洵）、虞（世南）、褚（遂良）、薛（稷），中唐初期又有兩個時代之書家群體，也足以令人注目。他們砥勵以磨，得書家深邃之意境，承盛唐書風下傳，以成一家矩式，進止接續，能閎於其中，肆於其外，挾書風之先者，東海徐氏一家徐嶠之、徐浩、徐珙三代，足可爲其典範。宋代大文豪蘇軾曾這樣稱頌徐氏三代書家「徐家父子亦秀絶，字外出力中藏稜。」本書收録徐嶠之書《張之輔墓誌》，徐浩書《陳尚仙墓誌》，徐珙書《徐惲夫人姚氏墓誌》，徐氏祖孫三代之風範，足可印證蘇氏之言。

唐《張之輔墓誌》首題「唐故太子少詹事張公墓誌銘并序」，「前陳州刺史江夏李邕撰，吉州刺史東海徐嶠之書」。2000年春，河南省洛陽市出土。該誌撰書俱佳，可稱誌中之精者。撰文者李邕，唐揚州江都人，字泰和，李善之子。早擅才名，工文善書，尤長以行楷寫碑，取法王羲之、王獻之而自具一格。其父注《文選》，邕補益之，附事見義，兩書并行。玄宗即位，召爲户部郎中，又官汲郡、北海太守，世稱李北海。天寶時，爲李林甫所忌，遭杖殺，有文集。唐代著名詩人杜甫曾作歌「聲華當健筆，灑落富清製」以美之。該誌即爲李邕五十五歲時所撰，誌文文筆清新，樸質無華，議叙結合，既叙寫了張之輔之祖、父歷官及功名，又寫了張之輔生平事迹與功業，足以補唐史之闕。

書丹者徐嶠之，字惟岳，徐師道之子，徐浩之父。官歷趙、湖、吉州刺史。純孝積學，正書、行書遒媚有楷法，亦善八分書。嘗進書六體，手詔答曰：「卿進書甚可觀覽，迴鸞顧鵲，墜露凝雲，雖古人臨池懸帳之妙，何以過此。」賜物四十段旌之。開元七年（719）嘗撰并八分書《永豐陂堰頌》。又開元十一年（723）姚弈撰序，賀知章銘《高行先生徐公碑》，爲其正書。宋代人朱長文在《續書斷·下》曾列徐嶠之書法入「妙品」。而應予注意的是，朱長文列唐代書家入「妙品」者，僅十二人，足徵徐嶠之書法之工。今以該誌觀之，誌文書風嚴謹沉穩，骨立體方，樸實無華。結體靜穆端莊，重心稍低，平和溫潤。用筆方圓兼備，端方勁挺，稜角森嚴。結字緊湊，綿密有致，動靜相宜，表現出一種縝密與靈動之感。如果與同時期的李邕書法相比，稍遜李書一點韻致與逸氣，但仍不失爲唐代楷書之佳作。

有唐一代，東海徐氏家中，除徐嶠之外，能卓然稱其大家者，還有徐嶠之之子徐浩。若以父子二人相較，浩之聲望，當享有出藍之譽。今僅以張鼎撰文、徐浩書丹的《陳尚仙墓誌》爲例。《陳尚仙墓誌》首題「唐御史大夫張公故夫人潁川郡夫人陳氏墓誌銘并序」，2003年夏河南省洛陽市孟津縣麻屯鎮宋嶺村出土。該誌之史料價值即在於，通過叙述張守珪夫人陳尚仙之嘉德懿行及卒葬情況，可瞭解其夫張守珪在唐玄宗開元年間戍守邊陲，破契丹建殊功，振威名，皇上賦詩褒贊，及夫人卒，皇上賵贈有加的一段史實。

關於《陳尚仙墓誌》的書法價值，首先，從現有研究徐浩早期書法的資料看，《陳尚仙墓誌》爲迄今發現徐浩楷書的第一誌，爲研究徐浩早期書法提供了難得的資料。

據宋趙明誠《金石録》載，徐浩從開元二十六年（738）十一月書《唐濟源令李造遺愛碑記》，徐浩時年三十五歲，至建中二年（781）十一月書《唐三藏和尚不空碑》，徐浩時年七十八歲，共書碑二十九通。其中正書十二通，行書十通，八分書七通。以上《金石録》所載僅爲徐浩書碑情況，那么徐浩書寫墓誌的情況又是怎樣呢？查諸近年所出周紹良先生主編的《唐代墓誌彙編》及其他記載碑誌出土的典籍看，亦僅見1973年河南省洛陽市伊川縣出土的《張庭珪墓誌》（天寶十載（751）四月二十一日葬，隸書，徐浩時年四十八歲）與同爲河南省洛陽市出土的《陳希望墓誌》（天寶八載（749）十月九日葬，行書，徐浩撰，時年四十六歲）及《徐浚墓誌》（天寶十載（751）八月葬，徐浩撰，徐璹書）。今《陳尚仙墓誌》的出土，又將徐浩的成名時間推前到三十三歲。史誌互證，足以表明徐浩三十三歲時雖爲品階低微的右拾遺，但由於文學、書法上超拔的聲望，所以受到宰相張説乃至皇上的賞識。

其次，從《陳尙仙墓誌》的書法特點，可以窺視徐浩正楷書體演變的軌迹。

基於上述，我們知道《陳尙仙墓誌》是迄今發現徐浩最早的書法作品，這篇墓誌雖爲正書寫成，但字里行間流露出行書的痕迹。令人注意的是，從這些痕迹中，我們不但可以看出徐浩正書中所蘊含的王羲之《聖教序》遺意，而且還可以看出虞書氣秀色潤，筆調意和，字畫瘦硬，骨力遒勁等特點，此在《陳尙仙墓誌》中即可看出端倪。其次如褚書結體的寬博，平正剛健，氣韻自足，婉美華麗，這些特點在此墓誌中俯拾皆是。總之，在此墓誌中，不難看出徐浩早年書宗逸少之飄逸，兼及伯施之秀潤，其間又不乏登善之平正與瘦勁。以此誌與其後來的書法相比，我們不難發現，徐浩的書作正是經歷了一個從方正瘦勁到厚重雄渾，最後到字有骨骼，肉內藏筋，含蘊內斂的過程。當然這種書法過程中的轉變是與其所處的時代分不開的。以徐浩與同時代的顏真卿相比，這個特點更加分明。徐浩所處的時代，正是唐朝由極盛漸入衰落的時期，尤其在開元、天寶年間，雖然時局動蕩，然書家輩出，除卻寫經抄書的經生之外，出現了一批諸如張旭、顏真卿、褚庭誨、張少悌、韓擇木、徐浩等書法名家。其中徐浩長顏真卿六歲，早逝三年，且與顏真卿過從甚密，所以兩人早年書風極爲相近。今僅以《陳尙仙墓誌》與顏真卿書《郭虛己墓誌》相較，即可看出兩人早年的書法極爲相近，只是他與顏真卿經歷不同，都受時代的影響，又各自走出了一條自己的路。

徐浩的作品，雖然結構出於褚登善，但此時已不像褚登善那樣規矩森嚴，棱角分明，而是表現出一種行雲舒卷的自由和形體方正寬博的穩健、均衡。他與顏真卿兩人長時間的切磋、砥勵，既爲顏真卿的書法革新作了充分的準備，同時也爲徐浩中後期的書法演變開了先河。

上文論及徐嶠之精於翰墨，徐浩又有出藍之譽，然承繼其祖、父書法發揚光大者，尙還有徐嶠之之孫徐浩之子徐珙。據唐《徐惲夫人姚氏墓誌》便可略見一斑。《徐惲夫人姚氏墓誌》首題「唐故河南採訪汴州刺史徐公夫人嘉興縣君墓誌銘并序」，「檢校虞部員外陸長源撰，河南府潁陽縣丞徐珙書」。撰文者陸長源，唐蘇州吳人，字泳之，曾歷建、信二州刺史，德宗貞元十二年（796）授宣武軍行軍司馬，決斷汴州政事。尋知留後，遇軍亂被害。工詩，與孟郊厚。該誌乃其爲徐惲夫人姚氏所撰。短短四百餘字，寫盡姚氏一生「行言無擇，德禮有度」，「作嬪大賢，聲輔高躅」之美德。書丹者徐珙，工八分書，《金石録》曾載「大曆十三年（778）李翰撰《唐太子典膳郎鄭君碑》」，此即出其手筆。民國以來，洛陽出土徐珙所書誌石頗多，擇其要者，即有六篇。其如王頌撰文的《王媛墓誌》、吳少微、富嘉謨撰文的《崔暟墓誌》、李邕撰文的《崔沔墓誌》、邵説撰文的《崔祐甫墓誌》、陳齊卿撰文的《慕容相墓誌》，這些墓誌皆爲徐珙所書。今以本誌觀其書法，徐珙隸書的主要特點即在於，它并不一味追求漢隸書法之古拙意態，因之大半皆爲根於漢魏隸書而又得於新法者，以用筆而論，多以寬扁形體爲主，點畫亦重豐厚，如改漢魏隸書點之圓筆成波磔，住筆時向上挑起，故筆勢更添三分恣肆之狀，此爲盛唐以至中唐前期隸書相有變化自如之處，徐珙隸書亦存在這一體相。縱觀該誌書法，通篇整飭可觀，點畫奇而穩，筆勢變而貫，横畫去而飛颺，回筆頓而成勢，勢呈扁平，繁紊不亂而取整，機關撥轉，發於左而應右，起於上而伏下，鋒勢挑出，飄逸而神融筆暢，頗得漢隸胎息，而又自成機杼，是爲徐珙之隸書。

在本書收録的宋誌中，由宋代名臣范仲淹之子范純仁撰文，著名史學家司馬光書丹的《王尙恭墓誌》，也極具史料和書法藝術價值。

王尙恭，《宋史》無傳。《王尙恭墓誌》在《范純仁文集》中有記載。另王尙恭爲王汲之子，且與歐陽修有師生之誼。故爾在《宋史翼》和《宋元學案補遺》兩本書中，雖也有些王尙恭事迹的記載，但亦多源於王尙恭墓誌。由此可見《王尙恭墓誌》是研究王汲、王尙恭父子最爲翔實、最爲珍貴的實物資料，足可以補史之闕。誌載王尙恭任職期間，興利除弊，選賢任能，「任官先才行而後常流，委長吏，徹冗員，以省事。減巡檢，增弓手以禁盜」。王尙恭在任武陽知縣時，包拯爲府尹，包拯極愛其之才明，「邑人有訟事與府者，包公曰：『既經王宰決矣，何用後訴耶！』」由此而見王尙恭理事之才。既而，告老還鄉，亦多與鄉里耆老相善。如墓誌云：「公已老矣……與鄉里高人賢士以文酒相娛，故韓國富公，今潞國文公，留守丞相韓公，北都留守王公皆愛遇之。潞公集舊德之高年者爲耆英會，圖其像而賦詩者凡十二人，公居第四。命公書其詩于石，筆力精健，過於壯年。平生有詩千首，文士多愛重之。」以上誌文，足以闡明王尙恭爲官清廉、與人友善及在歷史上顯赫之地位。

誌之書丹者爲彪炳文史之司馬光，向以史家著稱，然其書法亦令人嘆爲觀止。從文獻記載來看，司馬光之隸書在當時已有盛譽，宋代著名書法家黄庭堅在《論書》中說：「溫公正書不甚善，而隸法及端勁，似其爲人」；宋高宗趙構亦曾評曰：「司馬光隸書字真似漢人，近時米芾輩所不可仿佛。朕有光隸書五卷，日夕展玩其字不已。」今就該誌書法而論，似是從曹魏《王基斷碑》隸法而來，其淳古不及漢隸，流美不及唐隸，但其用筆方折斬截，用筆澀滯，力透毫端，筆畫剛勁，結體多取縱勢。字體雖小，而意氣雄厚。轉折之處，鋒棱宛然，剛柔相濟。綫條以直弧相參，寓樸拙於秀美之中。隸法而具楷意，肅然而具風致。樸茂高古，氣勢雄渾，既透出淡淡的書卷之氣，又飽含濃烈的金石氣息，是宋代墓誌中罕見的佳作。

我們是否可以這樣說，墓誌是中國特有的一項地下文物史料。尤其清末民初，羅王之學特重以地下證實地上，所謂雙重證據法的運用，地下貞珉之石之出，更爲方家所重。正如國學大師王國維在任清華國學研究院導師，講授《古史新證》時開端即云：「吾輩生於今日，幸於紙上之材料外更得地下之新材料。由此種材料，我輩固得據以補正紙上之材料，亦得證明古書之某部分全爲實録。即百家不雅訓之言，亦不無表示一面之事實。此二重證據法，唯在今日始得爲之。」然而，在當時所謂的新材料，僅僅是指殷墟甲骨文、敦煌塞上及西域各處之漢晉木簡、敦煌千佛洞六朝唐人寫本書卷、内閣大庫之元明以來書籍檔冊，而真正將鼎銘古字、貞珉碑刻用於考據古史者，蓋以羅氏振玉之《石交録》爲其發蒙，繼之以香港的饒氏宗頤，他在《法國遠東學院藏唐宋墓誌拓片圖録引言》中說：「向來談文獻學者，輒舉甲骨、簡牘、敦煌寫卷、檔案四者爲新出史料之淵藪。余謂宜增入碑誌爲五大類。碑誌之文多與史傳相表裏，闡幽表微，補闕正誤，前賢論之詳矣。」又云：「墓誌可校補世系，與地志、史傳、文集參證，史料價值尤高。」這一精闢見解，近歲尤被世人所關注。基此立論者，不可勝數。洛陽地處天中，爲歷朝建都之地，古墓衆多，難以統計。古金石遺文出於近十年者，多於新中國成立之後五十年，唯朝出重泉，或夕入市舶，或爲人購藏，不能傳拓以致用，令人生憾。近二十年余悉心蒐求於公私諸家，讀文校史，探幽抉微，以期有裨於文史研究，然於一己之力，終不能逮。遂將此近年所積，彙於一帙，以期與同道共同研究，以利於家國，益於後世。

丙戌年夏君平、文成識於寶元堂

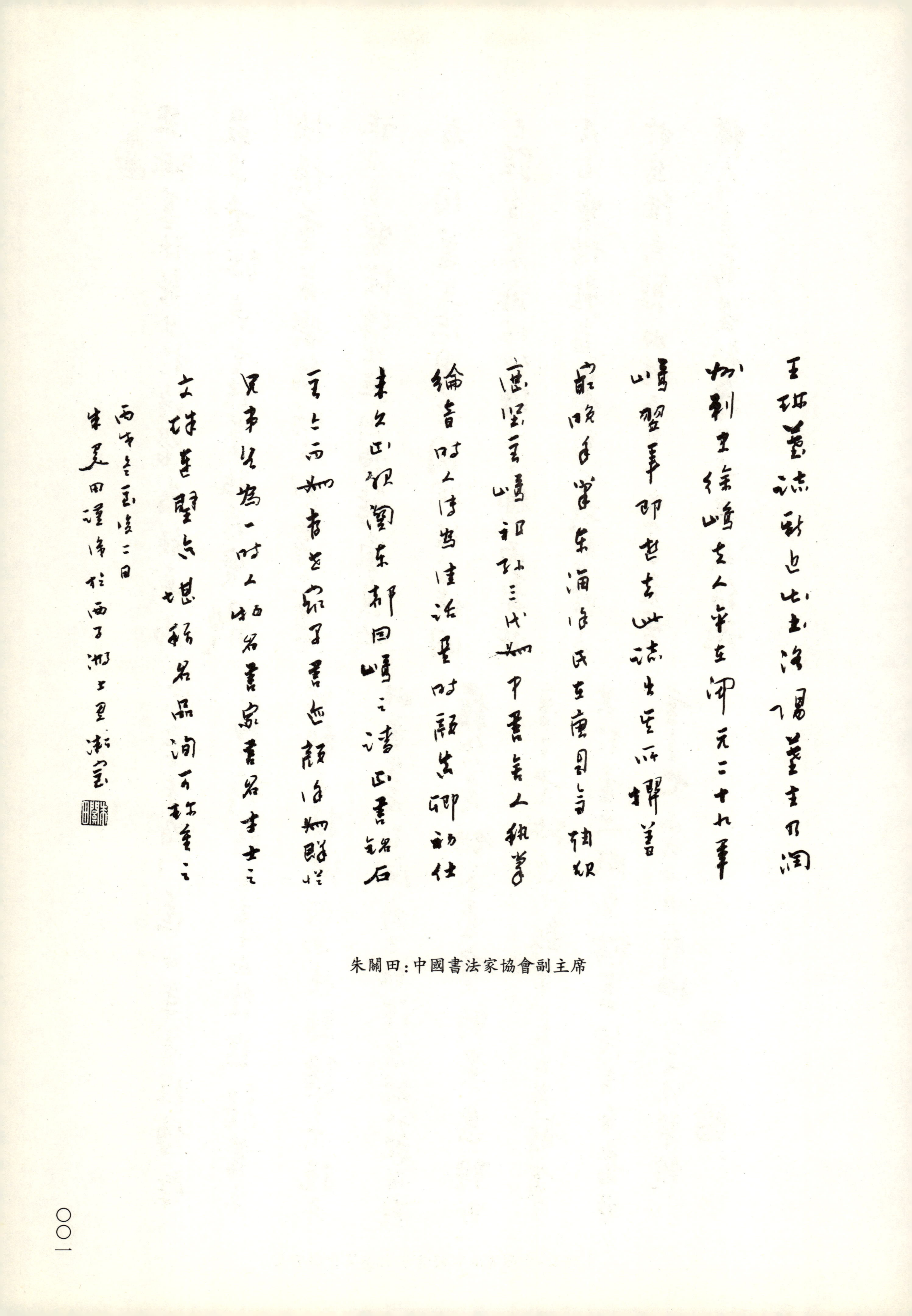

朱關田：中國書法家協會副主席

王琳墓誌新出於洛陽為顏真卿
最早書蹟其書法筆致厚實體
格穩重莊嚴較晚之郭虛己墓
誌及多寶塔碑比照則神態氣息略
有不同蓋王誌用筆圓潤結字橫闊
已顯後來麻姑仙壇記之趣而郭誌
及多寶塔點畫嚴刻字形緊峭近
於寫經意態此種面目正東方畫贊
猶有遺存是知魯公書早歲紹承
家學本有門逕中年旁參博採
不拘一格殆其五十而後復歸舊宗
然觀其擒縱裕如使轉隨意晚年
雖逕生面別開則已非法度規範所能
羈絡矣地不愛寶珍異迭現即
魯公書蹟近十數年來已見數事
其於書史頗有補益得者自當寶
重之也 丙戌十月 劉恒於筆弦琴館

劉恒：中國書法家協會學術委員會秘書長

丙戌秋至後數日。汾陽
楊君季兄寄所作唐徐嶠
墓誌朱拓。並附考訂其
文。余展拓以觀披覽考
文得益良多。
君季兄數年如一。搜羅
散石誌拓有謂謂之大
觀。著編此詩碑誌三百
種收得嘗累時日。今有
余之所教也。
唐代墓誌多見出土。然

如徐嶠墓誌之史料與書
法價值頗爲引人注目。誌
之撰文者劉迅乃唐開
元大學家劉知之子。其
書丹者爲當時名家劉
繪。另有徐嶠妻王琳墓
志同於二千三年出土
此誌爲顏真卿書丹。漢
此志可證二誌之價值。
君季兄之考證詳矣。
徐嶠墓誌書法可謂標

準之唐楷。唐之標準
者。蓋其筆意雄健精
工。結字整飭端方者也。
雖未能及顏書雄偉
亦嘗然亦可置案研閱
探唐法之理數。深藏正
人心手也。
丙戌冬楊展讀唐之
徐嶠墓誌後記此數
月松之書

李松：中國書法家協會楷書委員會委員

五代以來，天下亂離約五十餘載。無人不遇兵革，無處不遭焚燒。性命既危，尚武業務。文書得全者，故稀極少。至後唐閔帝繼極，太子重吉遇害。末帝李從珂之朝，本枝相殘，事實本末，史載簡略含渾。而斯志載之詳明，可為一證。

志之撰者，中大夫、行尚書考功員外郎、柱國李慎儀。新舊五代史無傳，僅在全五代史選舉志略有提及。全唐文亦收錄請委銓曹檢覈擬奏一篇。照今以奉帝命敕撰皇太子李重吉墓誌銘。李慎儀在後唐實為文壇才子，時俊彥。

志之書者，翰林待詔、朝散大夫、行太府寺丞、權令詢。史籍無傳，事亦可考。今從其奉敕為皇太子書寫墓誌看，亦當為硯池麟鳳，朝廷近臣。該志書法大有二王遺韻，結體略顯縱長，運筆流暢。行書中不失規矩，蕭散有致，別開生面。縱勁處亦正存古法。唐已道衰，五代喪亂，文才風流一應掃地。自楊凝式以來，其書家可謂少矣。今觀此志與當代者，此筆跡猷為雄強。若非以名蔽而論，抑或堪當與楊瘋子相頡頏。自當是楊氏中豪傑，引為世人注目。

丙戌初冬王鳴識於古洛邨

王鳴：洛陽市書法家協會副主席

目録

上册

下册

一　漢都鄉水利客舍約束石券碑

無首題

共 19 行，满行 16、14 字不等　610×660

永元十年(98)十月十一日立

出土時間不詳，2004 年 2 月，河南省洛陽市劉氏在孟津縣送莊鄉農民家中墻上得之。

二　漢刑徒單甫磚銘

無首題

共3行，行7、6字不等　230×215

永初五年（111）六月十日葬

2002年，河南省洛陽偃師市出土，旋歸洛陽古玩城朱氏。

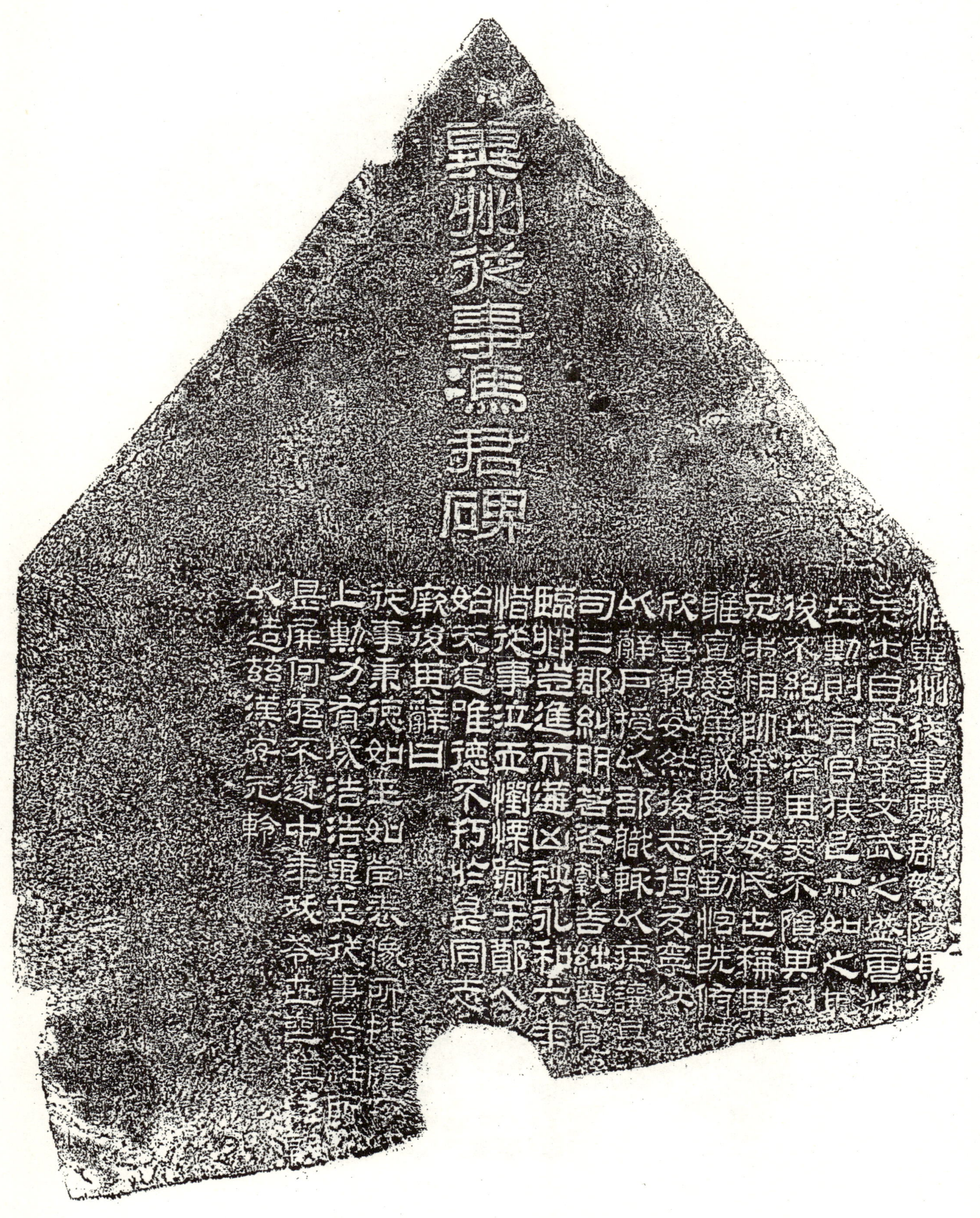

三　漢馮君碑

首題："冀州從事馮君碑"

共17行，行15、14字不等　1070×840×200

漢安元年（142）葬

2005年6月22日，河南省洛陽市孟津縣平樂鎮距辛莊村500米處出土，旋歸孟津縣文管會。

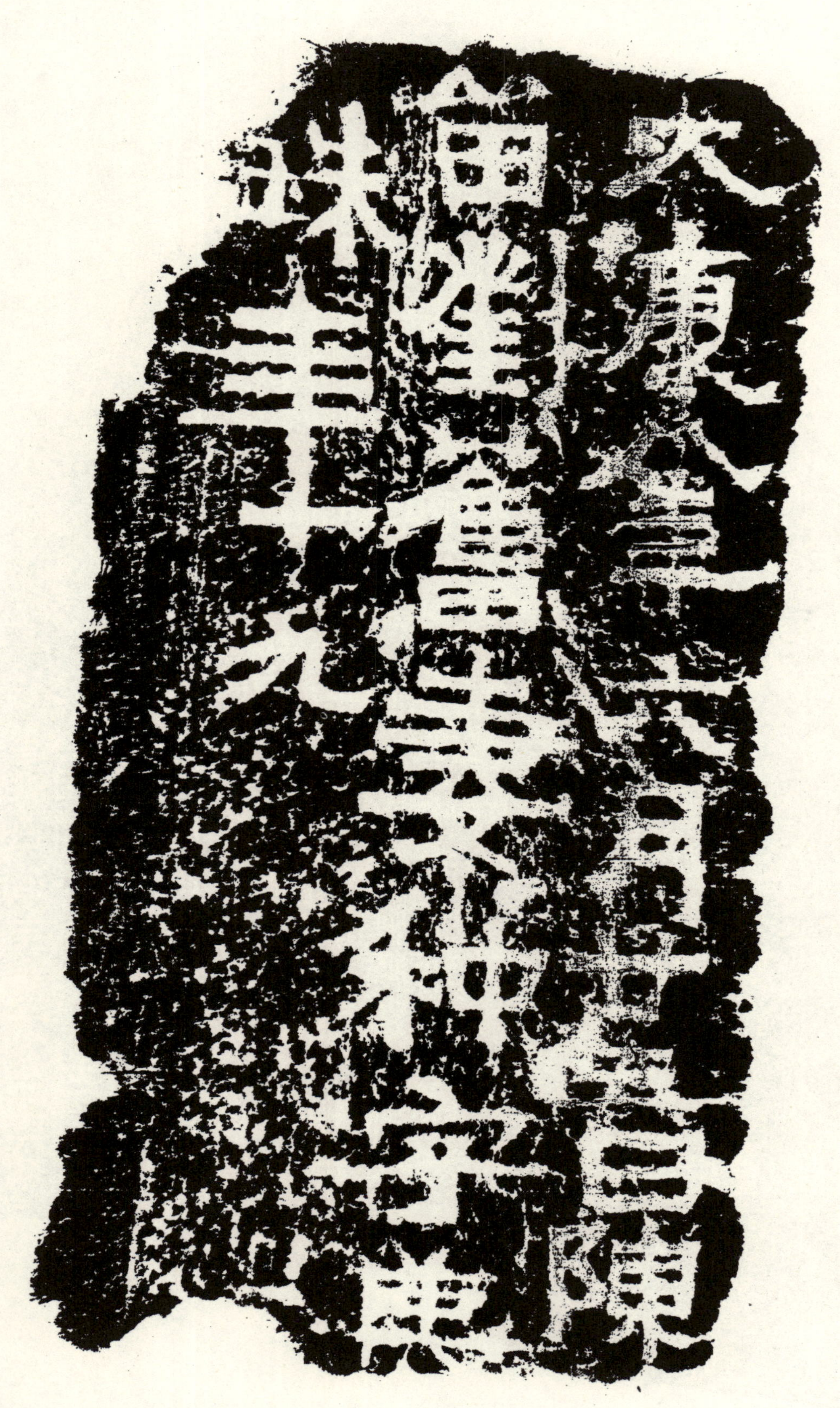

四　晉种美珠磚銘

無首題

共3行，滿行10字　245×130

太康八年(287)六月二十三日葬

2003年5月，河南省洛陽市出土，旋歸洛陽董氏。

五　晉中郎殘碑

無首題
共5行,行4字　215×165
太康八年(287)卒
出土時地不詳,現存河南省博物院。

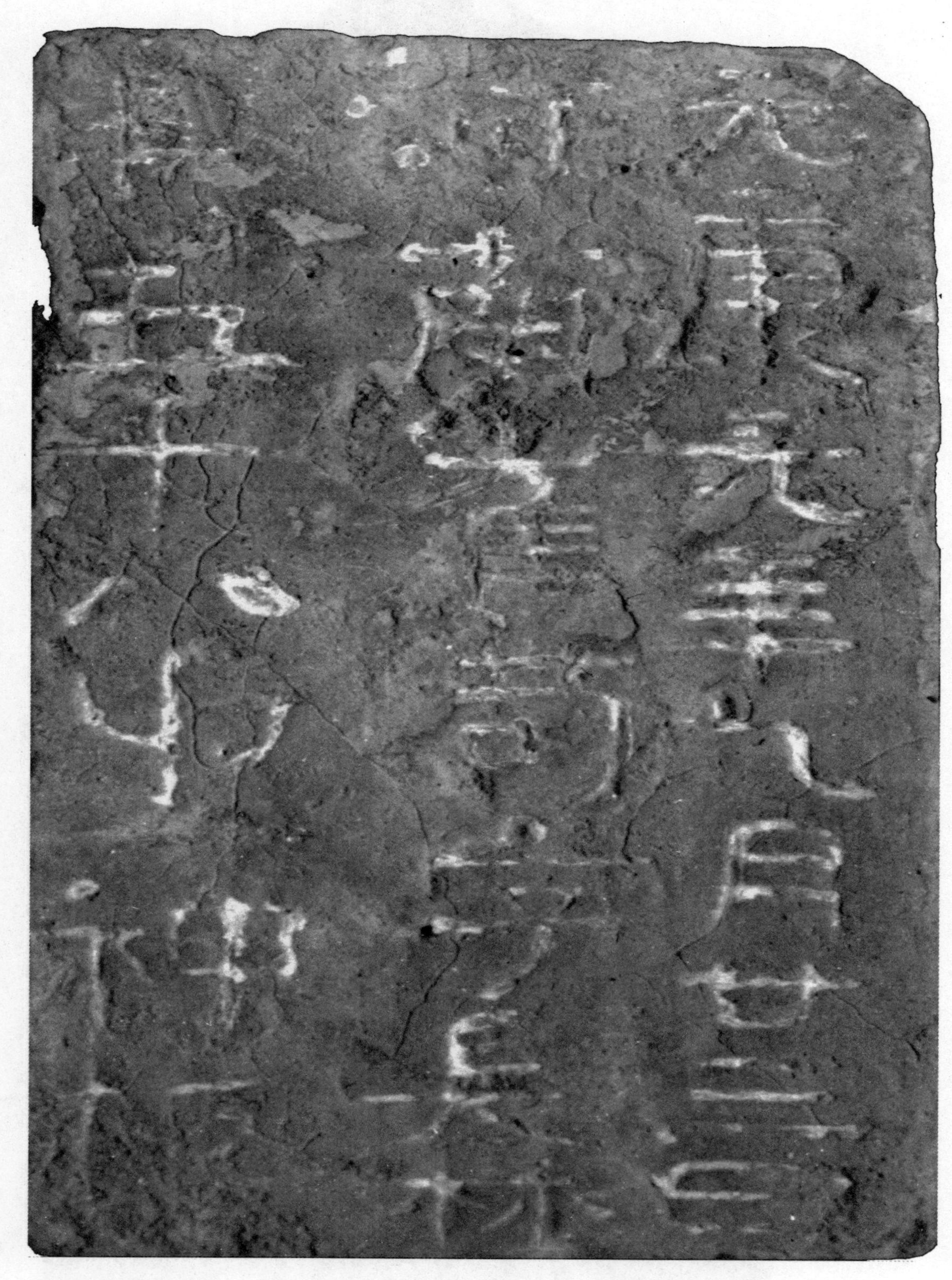

六　晉崔苟磚銘

無首題

共3行,滿行9字　320×170

元康元年(291)九月二十三日葬

2003年冬,河南省洛陽市孟津縣出土,旋歸洛陽某氏。

七　晋徐氏磚銘

無首題

共3行，滿行14字　280×150

元康三年（293）三月二十三日葬

2005年冬，河南省洛陽市孟津縣邙山出土，旋歸孫氏。

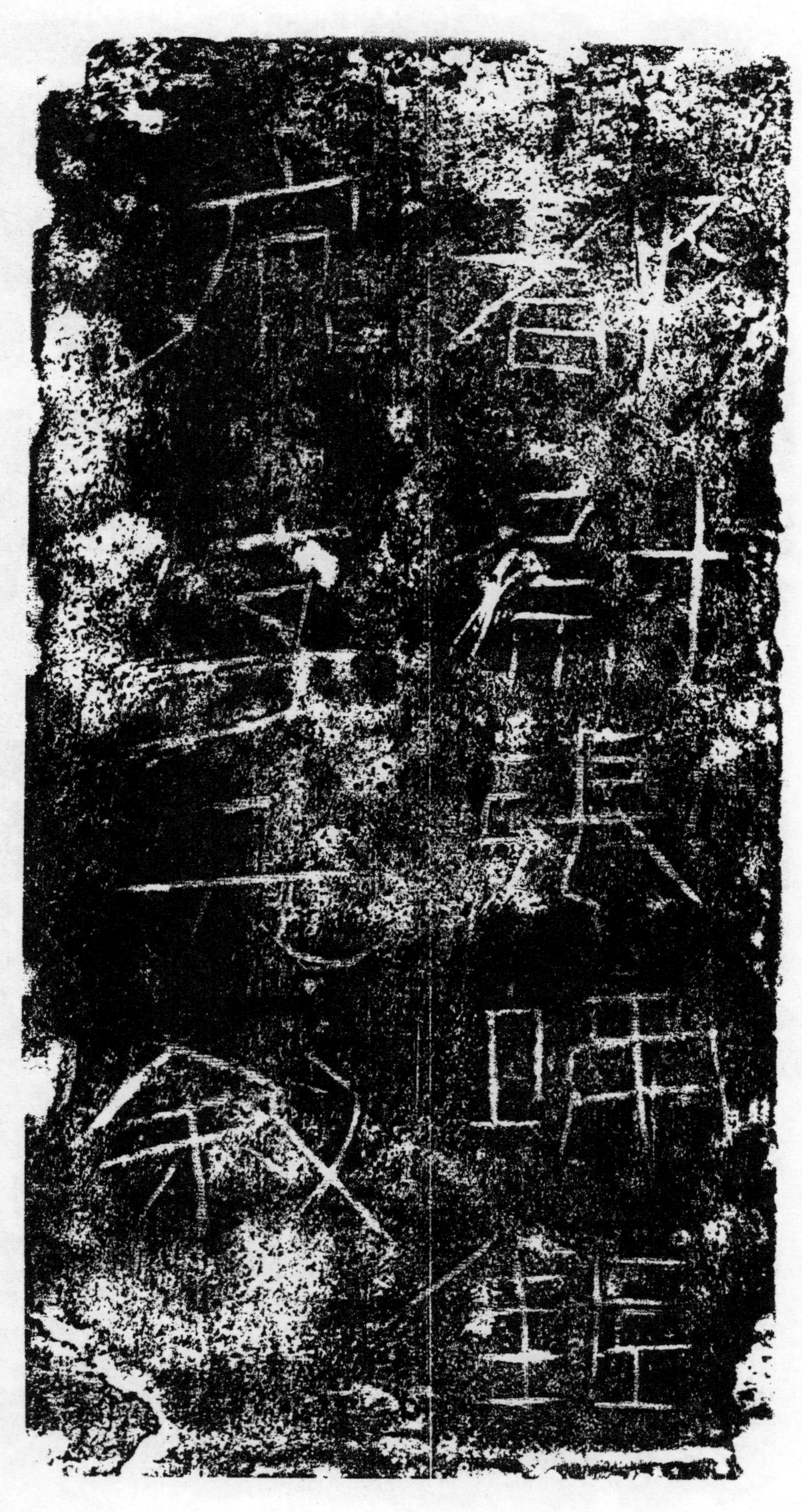

八　晉張嘯磚銘

無首題

共2面，正面共2行，首行5字，次行4字　背面1行，行8字　370×190

元康八年（298）四月二十八日葬

2005年冬，河南省洛陽市出土。

晉張嘯磚銘

九 晉李遷磚銘

無首題

共3行,行6、5字不等 200×155

元康九年(299)八月十日葬

2006年夏,河南省洛陽市孟津縣平樂鎮北出土,旋歸洛陽趙氏。

十　晉黃宗息女磚銘

無首題

共3行，滿行7字　315×160

永寧元年（301）八月十二日葬

2005年秋，河南省洛陽市出土。

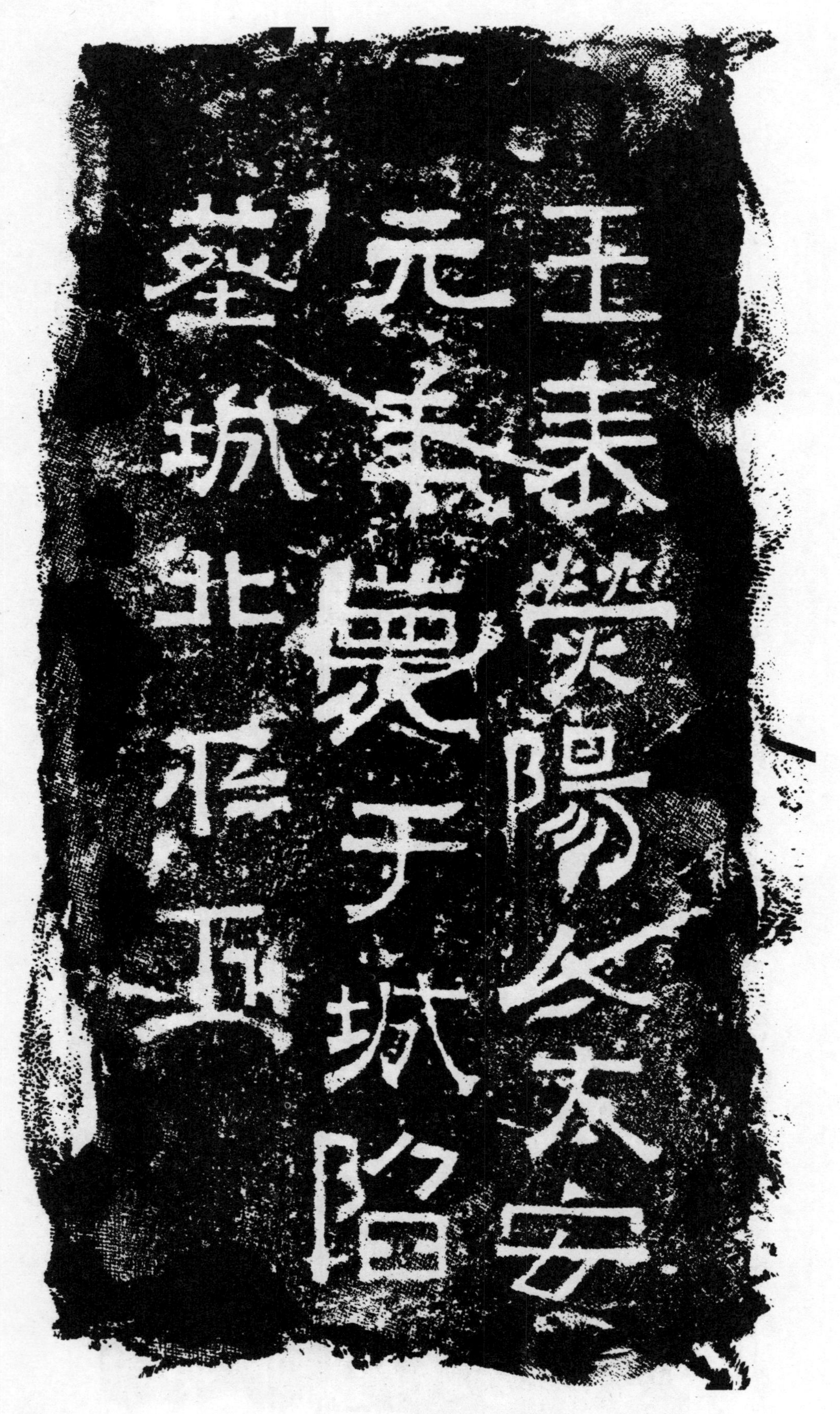

十一　晉王表磚銘

無首題

共3行,滿行7字　350×180

太安元年(302)葬

2003年,河南省洛陽市孟津縣平樂鎮出土,旋歸邱氏。

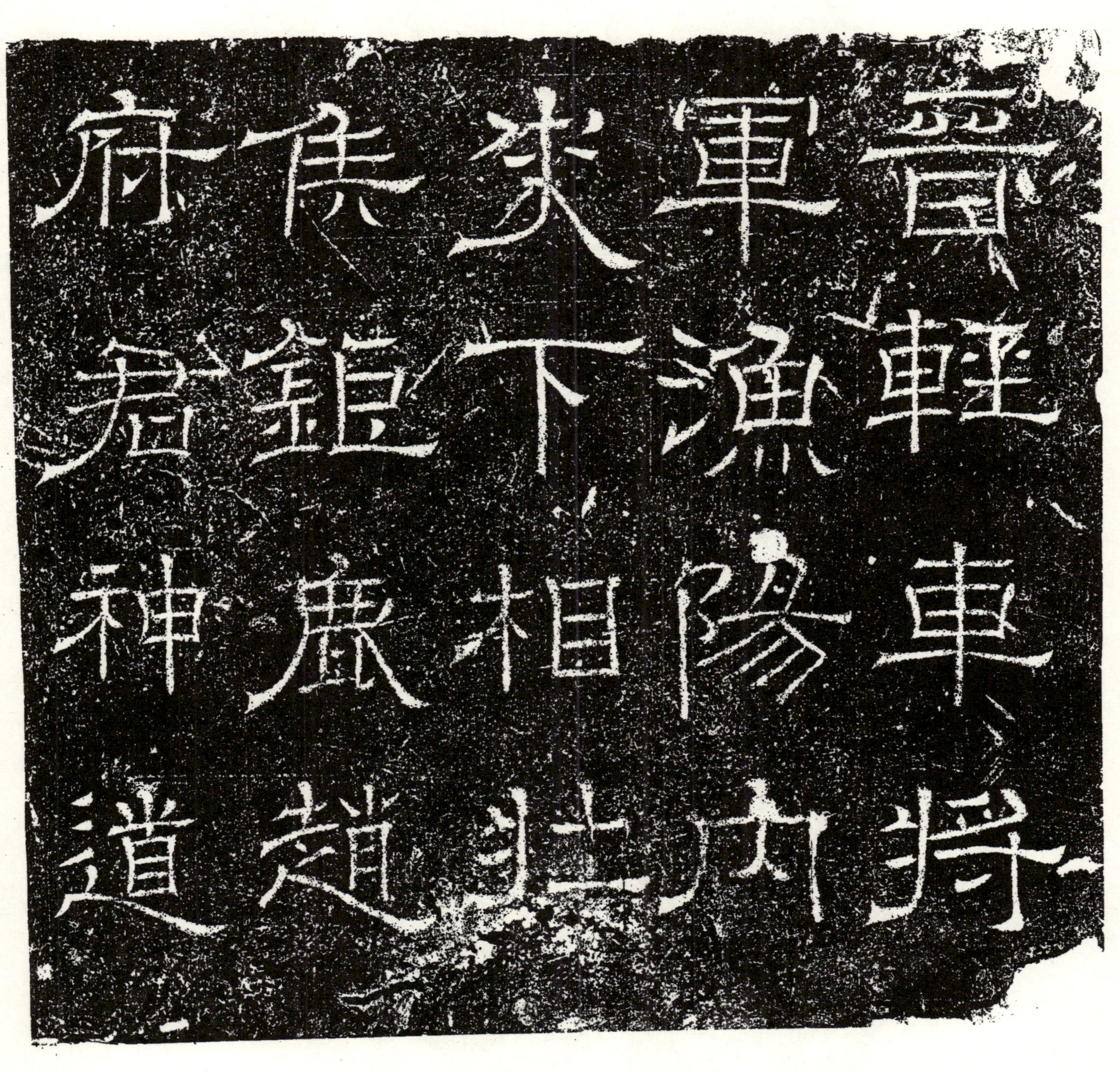

十二　晉趙君神道

首題："晉輕車將軍漁陽内史下相壯侯鉅鹿趙府君神道"

共5行，滿行4字　400×430

2004年春，河南省洛陽偃師市出土，先歸洛陽古玩城李氏，旋歸中國軍事博物館李氏。

十三　晉張軍磚銘

無首題

共 1 行，行 7 字　330×175

2004 年 12 月下旬，河南省洛陽市孟津縣平樂鎮金村東北出土，旋歸洛陽師氏。從文字書法看，應爲晉代磚銘無疑。

十四　魏韓猛妻媛馬銘

首題："皇興三年十月廿日揚威將軍新平太守"

共2行，首行16字，次行15字　1132×178

皇興三年（469）十月二十日葬

2002年，河南省洛陽市出土。

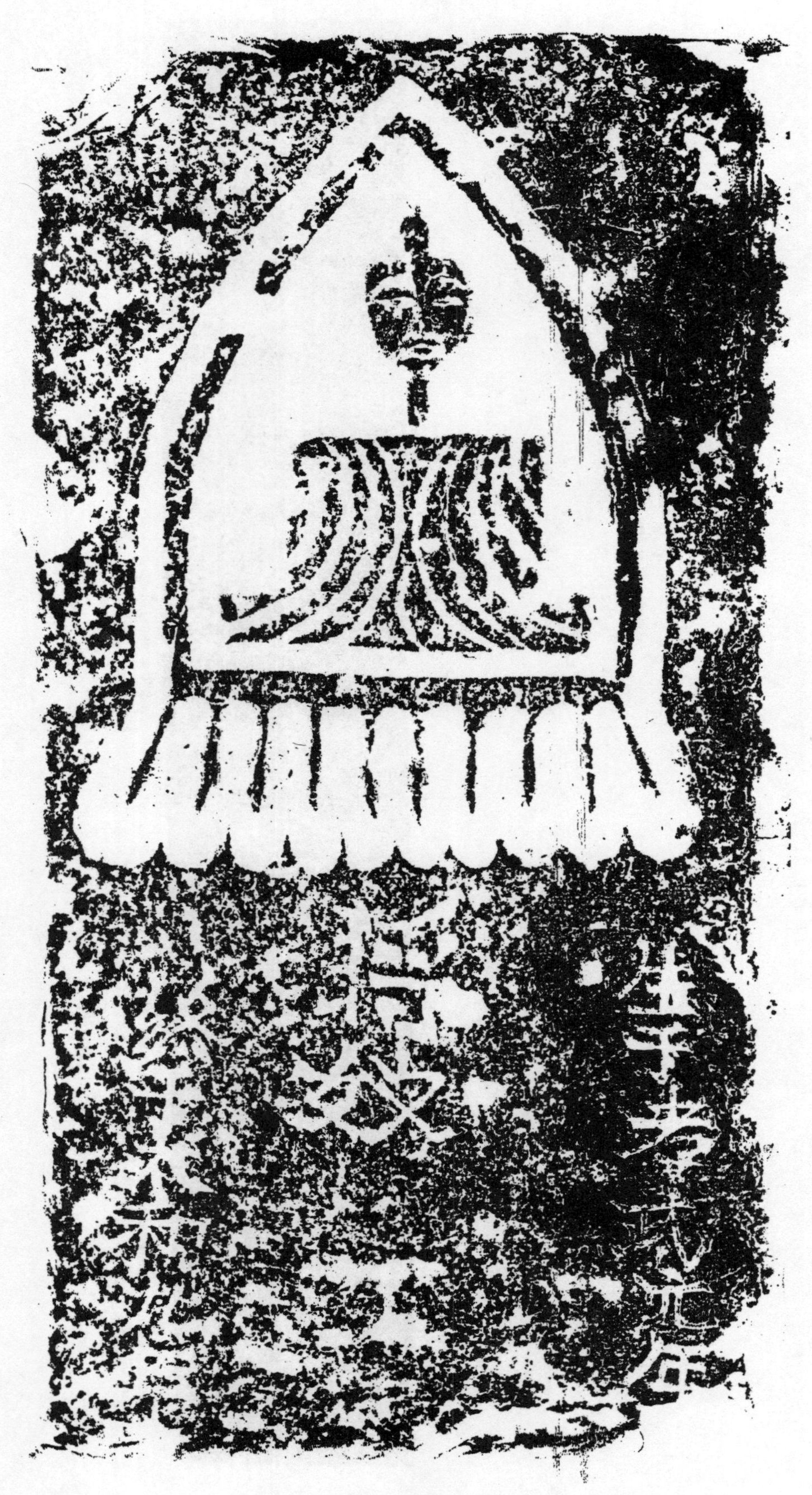

十五　魏將奴磚銘

無首題

共3行，行6、2字不等　365×175

孝武元年(420)生　太和九年(485)卒

2000年，河南省洛陽偃師市出土，旋歸洛陽張氏。

按："孝武"年號，史籍無載。南朝宋劉裕曾稱"孝武帝"，其人是否爲"孝武帝"元年生，亦未可知。據史籍載，孝武帝稱帝的第一個年號爲"永初"，共3年(420~422)。此按不知確否？

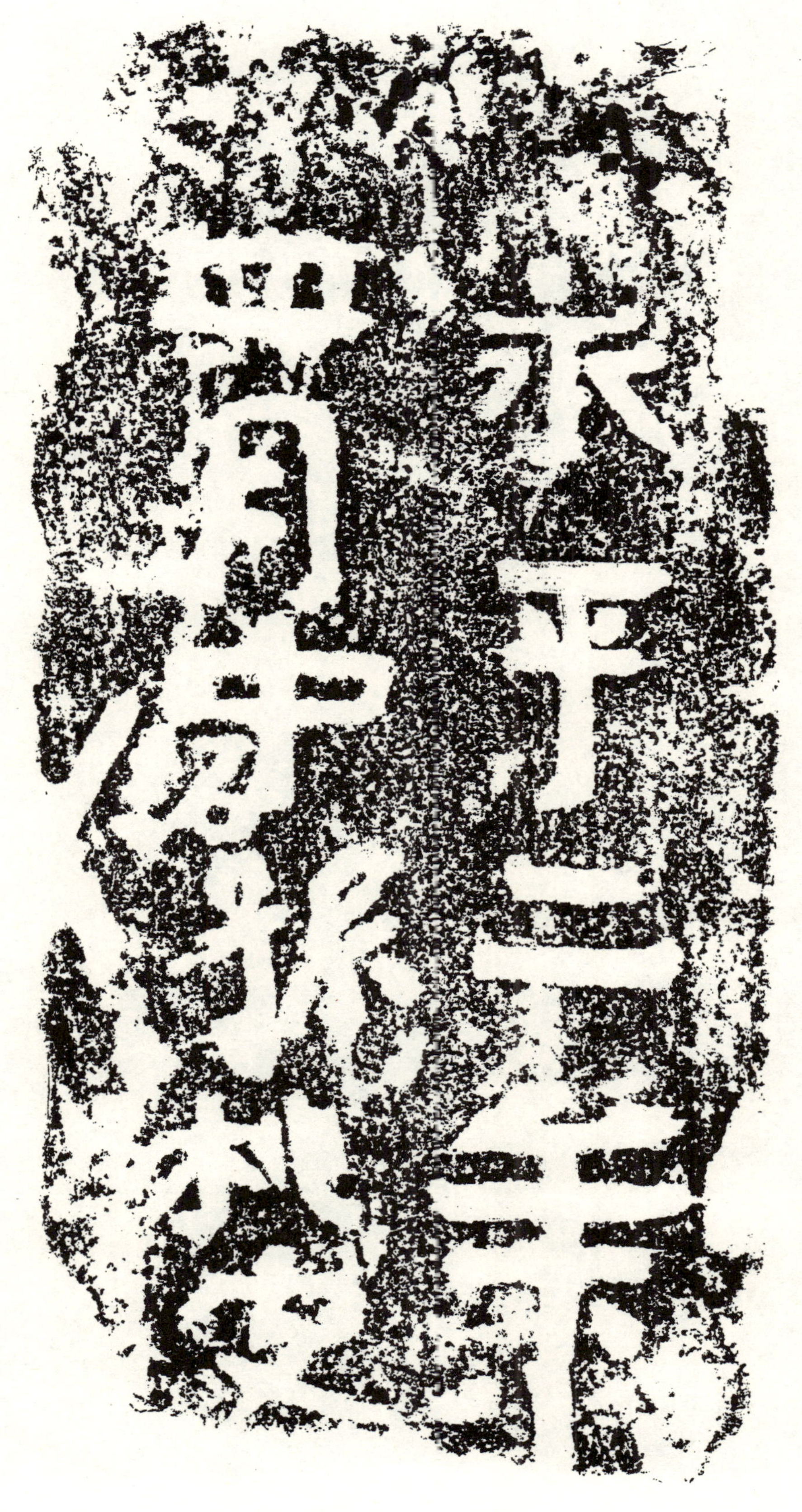

十六　魏孫桃史銘

無首題

共2行,滿行6字　275×135

永平二年(509)四月葬

2004年秋,河南省洛陽市出土,旋歸李氏。

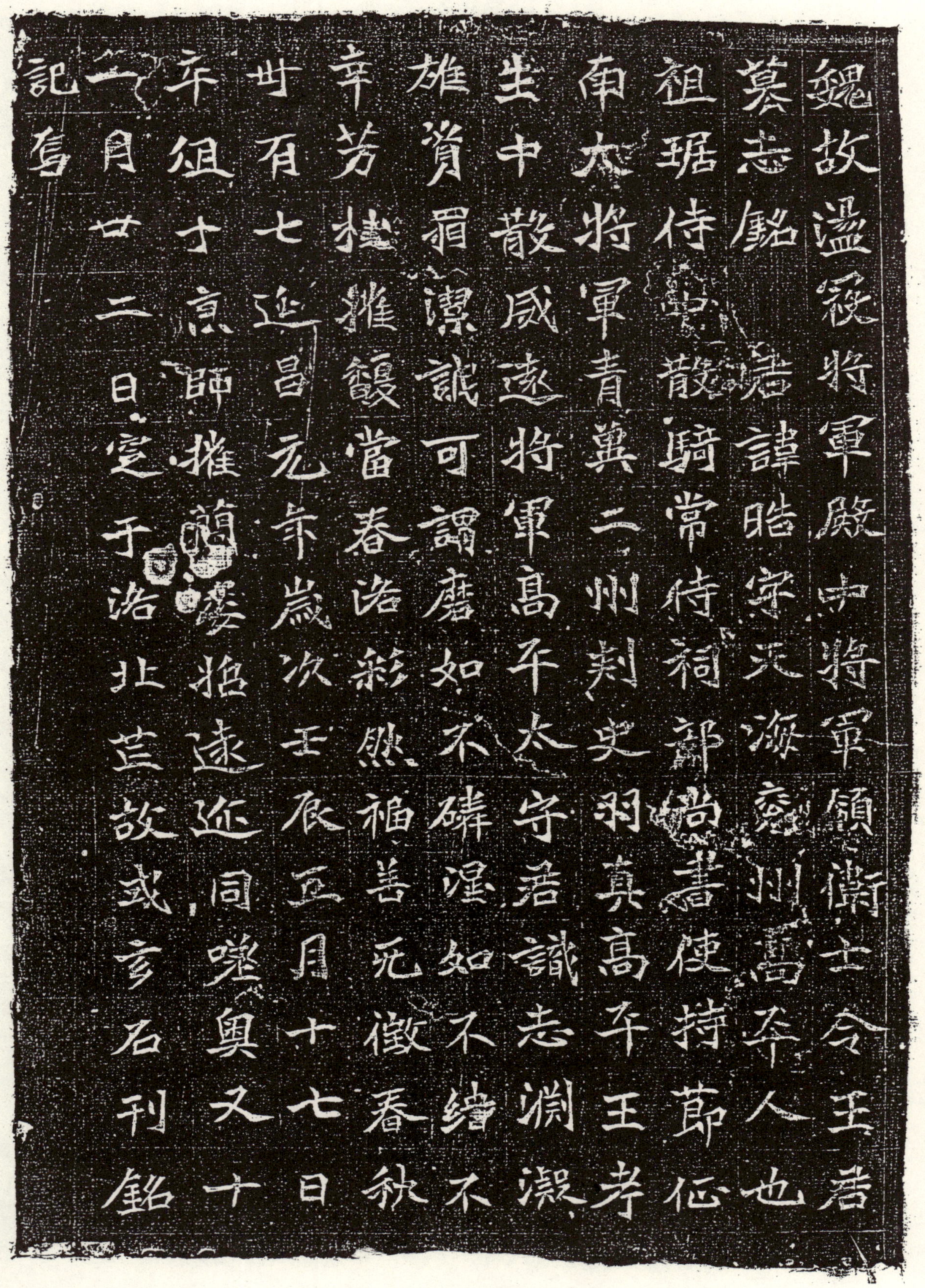

十七　魏王晧墓誌

首題："魏故盪寇將軍殿中將軍領衛士令王君墓志銘"

共 11 行，滿行 16 字　420×295

延昌元年（512）五月十七日卒　延昌二年（513）十一月二十二日葬

2003 年春，河南省洛陽市孟津縣冢頭村東出土，旋歸王氏，又歸趙氏。

十八　魏王晧墓莂

無首題

共 5 行，满行 18 字　470×145

延昌二年（513）十一月二十二日葬

此墓莂“朱書錢劵爲明白莫復相索”与墓誌同出。

十九　魏比丘尼僧芝墓誌

首題："魏故比丘尼統法師釋僧芝墓誌銘"

共31行，滿行32字　700×675

熙平元年（516）正月十九日卒　正月二十四日葬　僧和　道和撰銘

2000年春，河南省洛陽市孟津縣平樂鎮朱倉村西南1500米處出土（在當時營房内），旋石佚，今僅存張善良藏拓本一枚。

二〇　魏元通直妻于昌容銘

首題："大魏恭宗景穆皇帝曾孫夏州刺史始平順公第二子元通直之妻于命婦銘"

共 14 行，滿行 15 字　480×480×85

熙平元年（516）四月二十九日卒　八月二十七日葬

1998 年 6 月，河南省洛陽市孟津縣朝陽鄉南陳莊村出土，旋歸洛陽古代藝術館。

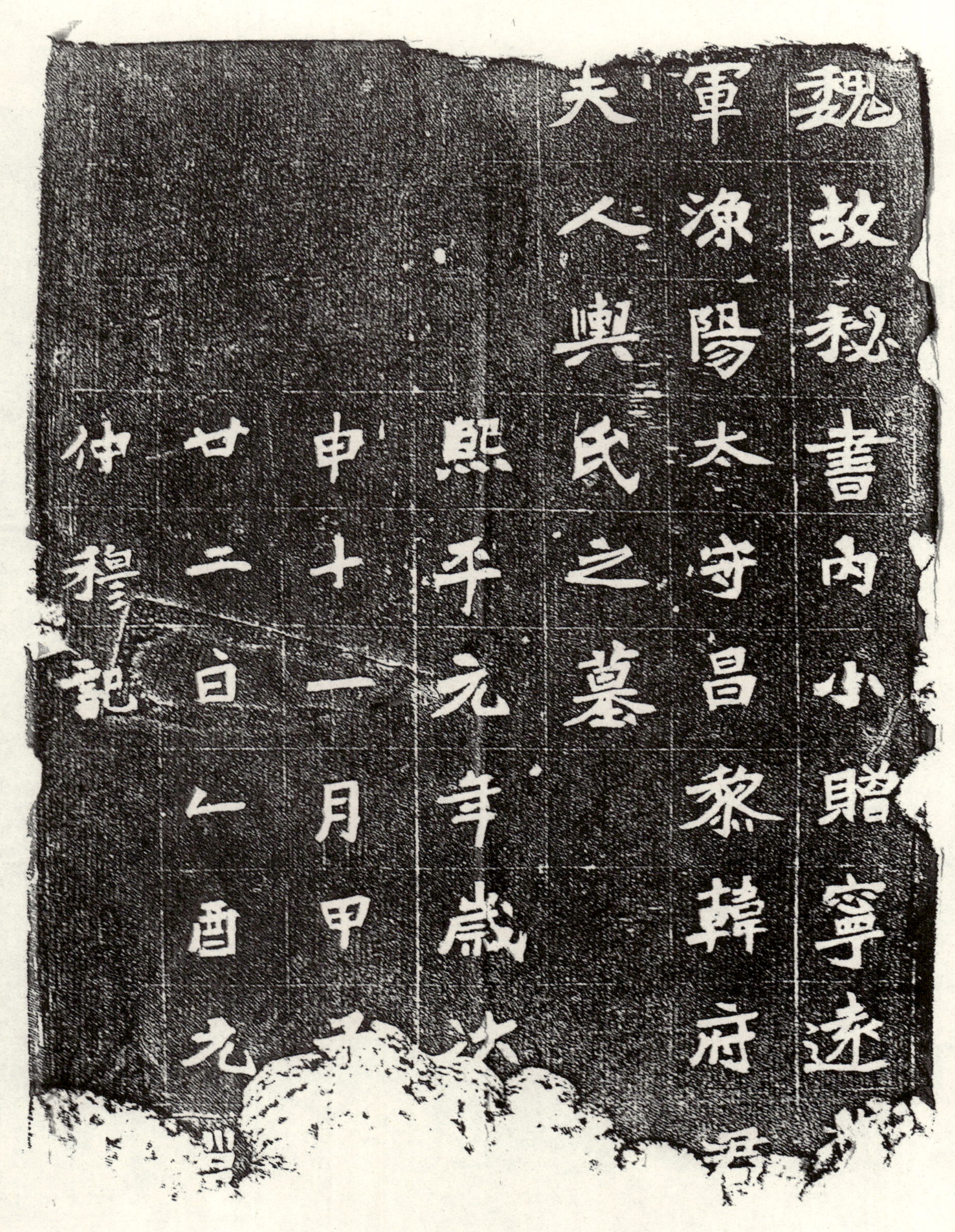

二一　魏韓君夫人輿氏墓誌

首題："魏故秘書内小贈寧遠將軍漁陽太守昌黎韓府君夫人輿氏之墓"

共7行，滿行10字　240×185

卒年不詳，熙平元年（516）十一月二十二日葬

2006年夏初，河南省洛陽市孟津縣麻屯鎮出土，旋歸洛陽古玩城孟氏。

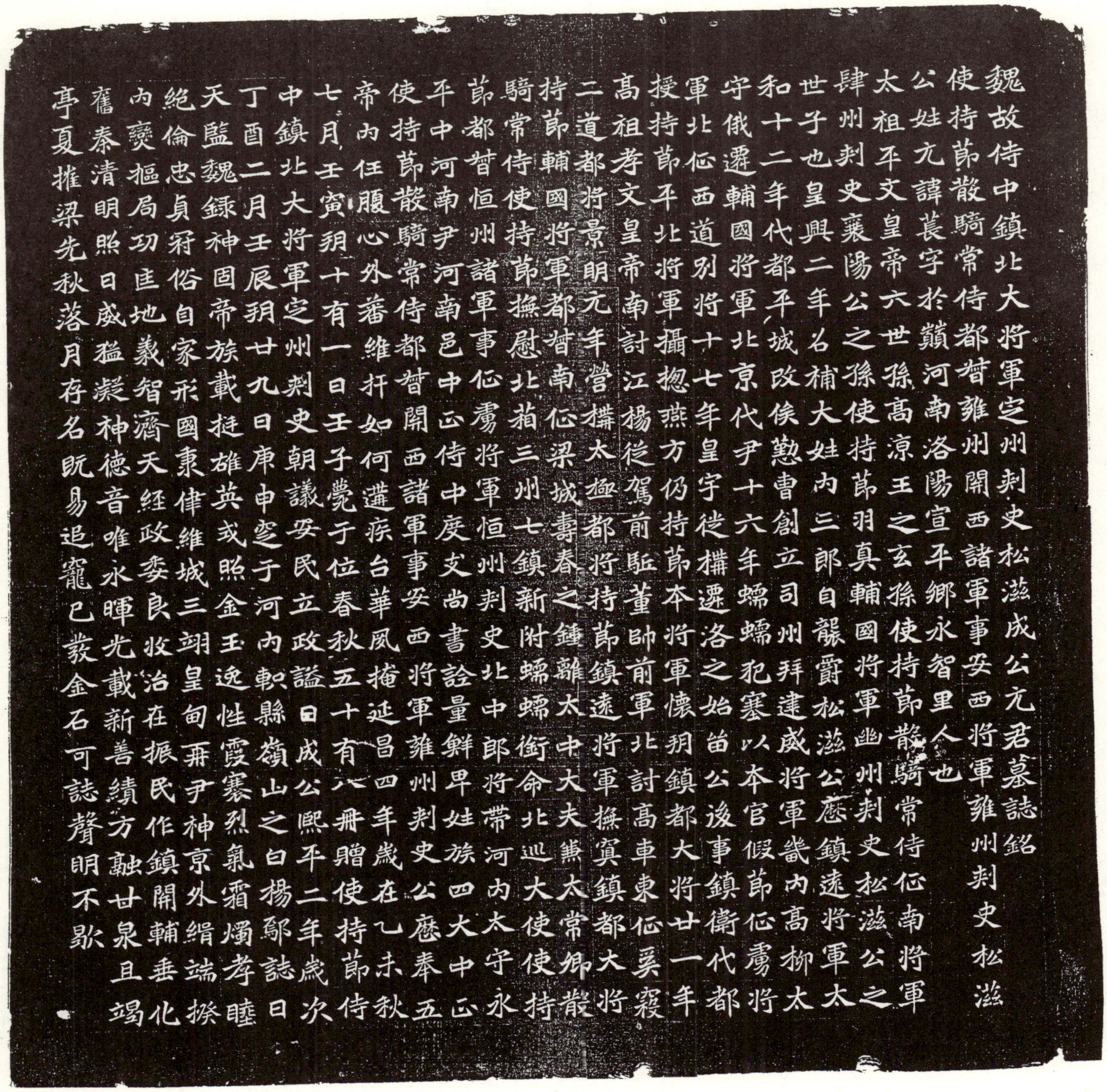

魏故侍中鎮北大將軍定州刺史松滋成公元君墓誌銘
使持節散騎常侍都督雍州關西諸軍事安西將軍雍州刺史松滋
公姓元諱萇字於巔河南洛陽宣平鄉永智里人也
太祖平文皇帝六世孫高涼王之玄孫使持節散騎常侍征南將軍
肆州刺史襄陽公之孫使持節羽真輔國將軍幽州刺史松滋公之
世子也皇興二年名補大姓內三郎自襲爵松滋公歷鎮遠將軍太
和十二年代都平城改侯懃曹創立司州拜建威將軍畿內高柳太
守俄遷輔國將軍北京代尹十六年蠕蠕犯塞以本官假節征虜將
軍北征西道別將十七年皇宇徙構遷洛之始苗公後事鎮衛代都
授持節平北將軍攝揔燕方仍持節本將軍懷朔鎮都大將廿一年
高祖孝文皇帝南討江揚從駕前驅董帥前軍北討高車東征奚寇
二道都將景明元年營構太極都將持節鎮遠將軍撫冥鎮都大將
持節輔國將軍都督南征梁城壽春之鍾離太中大夫兼太常卿散
騎常侍使持節撫慰北蕃三州七鎮新附蠕蠕銜命北巡大使使持
節都督恒州諸軍事征虜將軍恒州刺史北中郎將帶河內太守永
平中河南尹河南邑中正侍中度支尚書詮量鮮卑姓族四大中正
使持節散騎常侍都督關西諸軍事安西將軍雍州刺史公歷奉五
帝內任腹心外蕃維扞如何遘疾台華風掩延昌四年歲在乙未秋
七月壬寅朔十有一日壬子薨于位春秋五十有六冊贈使持節侍
中鎮北大將軍定州刺史朝議安民立政謚曰成公熙平二年歲次
丁酉二月壬辰朔廿九日庚申窆于河內軹縣嶺山之白楊鄔誌曰
天監魏錄神固帝族載挺雄英茂照金玉逸性霞褰烈氣霜燭孝睦
絕倫忠貞冠俗自家形國秉律維城三翊皇甸再尹神京外緝端揆
內變樞局功匡地義智濟天經政委良牧治在振民作鎮開輔垂化
奮泰清明照日威猛凝神德音唯永暉光載新善績方融甘泉且竭
亭夏推梁先秋落月存名既易追寵已蒙金石可誌聲明不歇

二二　魏元萇墓誌

首題:“魏故侍中鎮北大將軍定州刺史松滋成公元君墓誌銘”

共 26 行,滿行 26 字　790×795

延昌四年(515)七月十一日卒　熙平二年(517)二月二十九日葬

2003 年,河南省濟源市出土,旋歸洛陽古玩城侯氏。

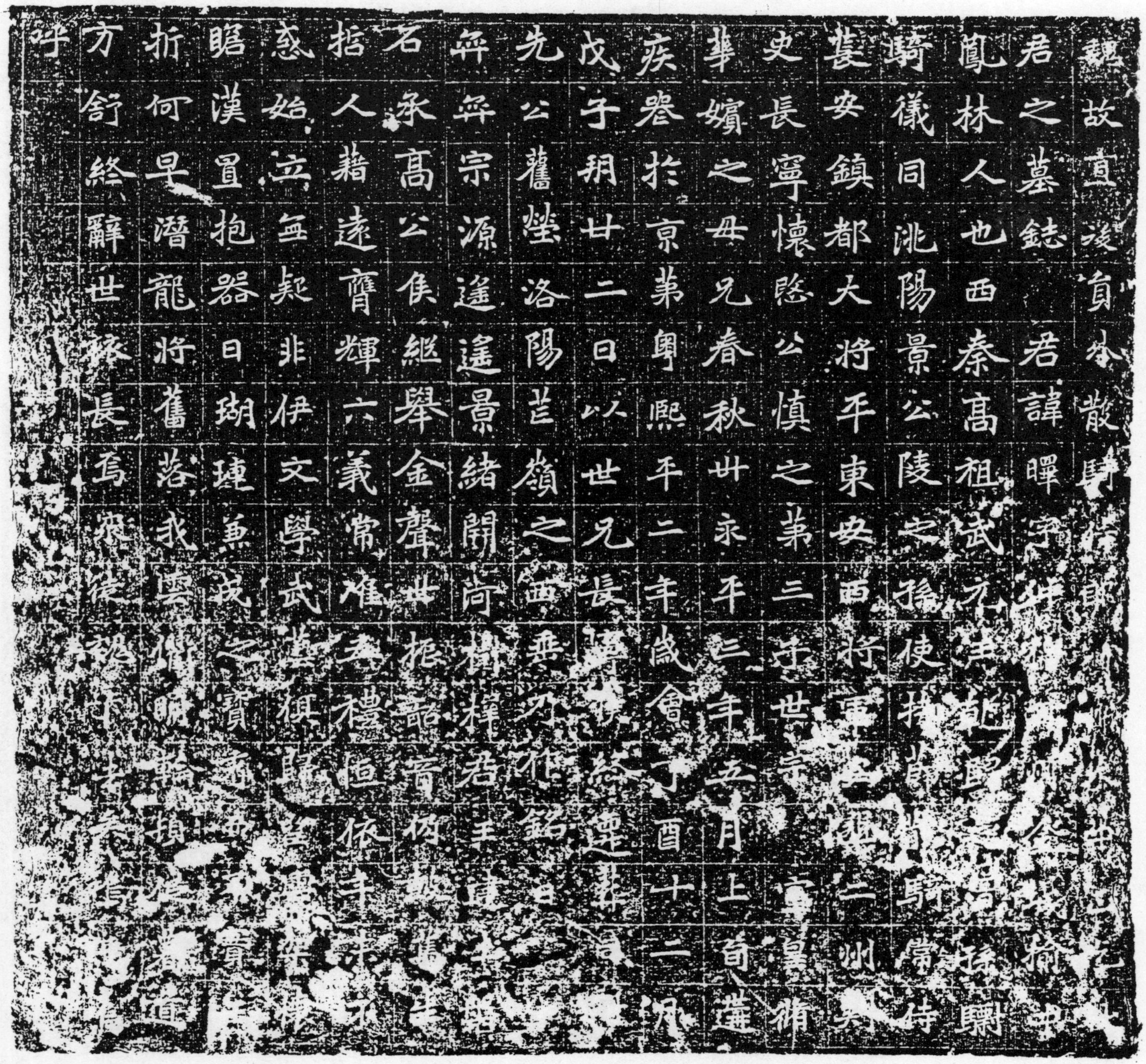

二三　魏乞伏曅墓誌

首題：“魏故直後員外散騎侍郎□□大中正乞伏君之墓誌”

共 18 行，滿行 17 字　435×445

永平三年（510）五月上旬卒　熙平二年（517）十二月二十二日葬

2003 年，河南省洛陽市孟津縣出土，先歸洛陽張氏，旋歸洛陽師範學院。

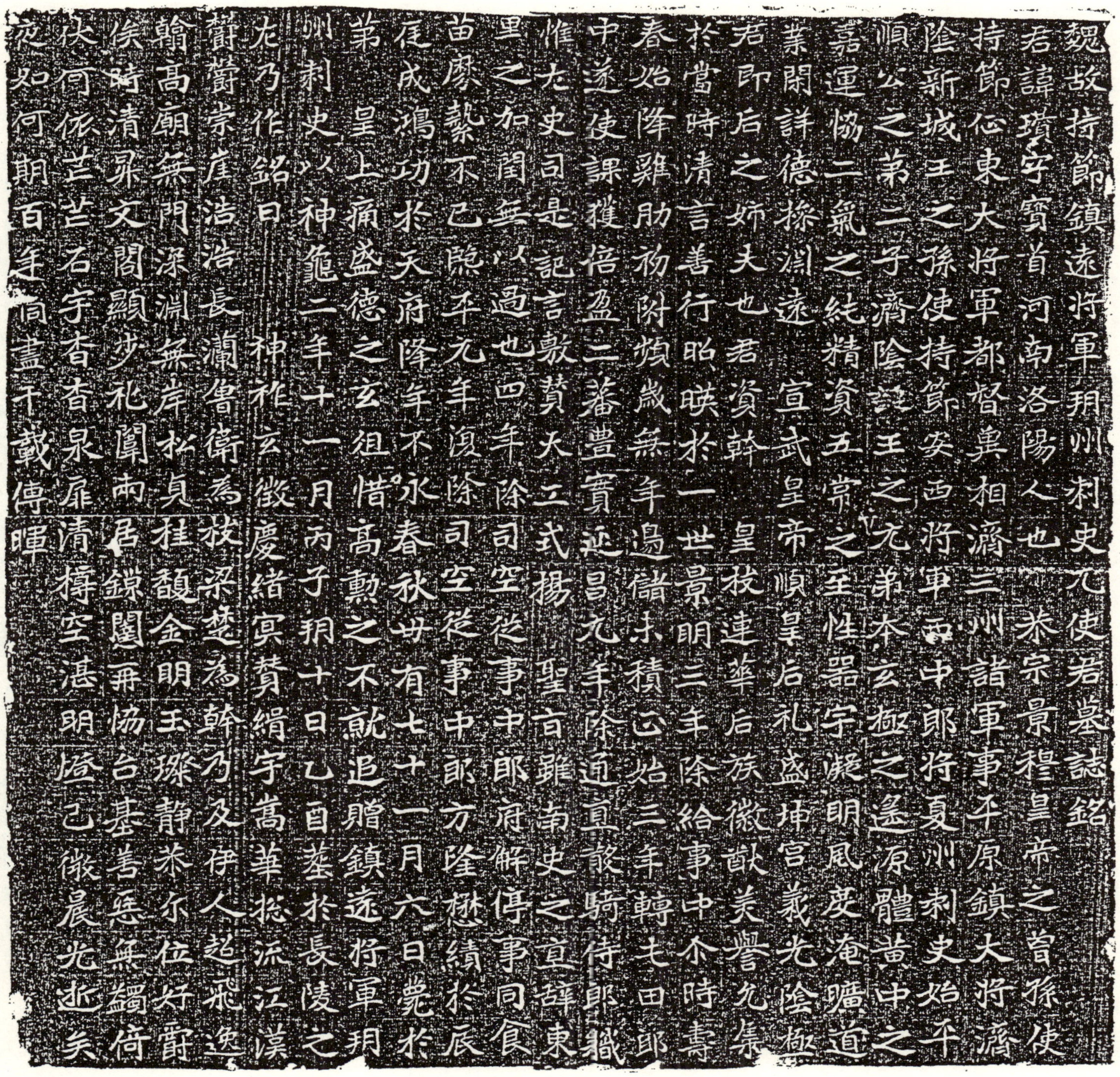

二四 魏元瓚墓誌

首題:“魏故持節鎮遠將軍朔州刺史元使君墓誌銘”

共23行,滿行23字　485×480

熙平元年(516)十一月六日卒　神龜二年(519)十一月十日葬

2004年春,河南省洛陽市孟津縣出土,旋歸鄭州王氏,8月王氏順喜兄過洛,贈余拓本一枚。

二五 魏羅宗墓誌

首題："魏故持節輔國將軍洛州刺史趙郡武公羅使君墓誌銘"

共30行，滿行22字　580×795

神龜元年（518）九月二十日卒　神龜二年（519）十一月二十七日葬

2004年秋，河南省洛陽市北邙山出土，旋歸洛陽張氏。

大魏故假節鎮遠將軍恒州刺史謚曰
宣公元使君墓誌銘
君諱譿字安國河南洛陽人也　顯祖
獻文皇帝之孫使持節車騎大將軍都
督中外諸軍事特進司州牧趙郡王之
第五子歷官羽林監直閤將軍春秋廿
有一以神龜三年三月十四日薨于洛
陽　帝用悼懷追贈假節鎮遠將軍恒
州刺史十一月十四日卜窆於洛陽之
西山瀍澗之東乃裁銘曰
丹電流暉慶源伊始苞姬締構複漢壃
理業固維城宗茂驎趾爰挺若人風飈
秀起瑰瑋內暎英華外發亭亭孤朗如
彼秋月昂昂獨鶱如彼滅没天津未汎
雲翮己摧銷光祕響晷往寒來陳衣盡
席奠酒空臺九京徒想邈矣悠哉

二六　魏元譿墓誌

首題："大魏故假節鎮遠將軍恒州刺史謚曰宣公元使君墓誌銘"

共16行，滿行15字　610×625

神龜三年(520)三月十四日卒　十一月十四日葬

1932年，河南省洛陽縣北邙山出土，現藏開封博物館。2004年6月9日，余以150元購得拓本一枚。

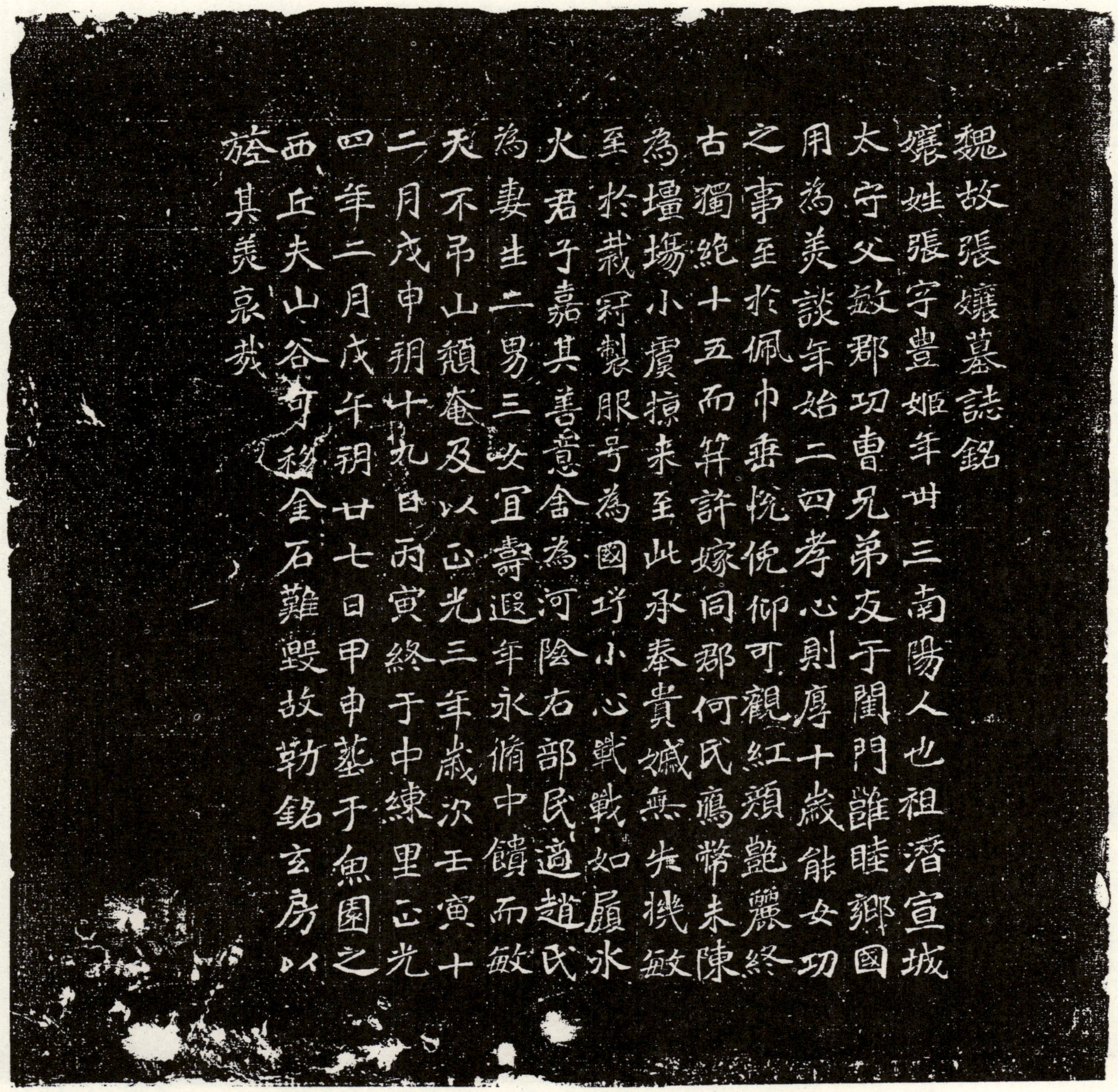

二七　魏張孃墓誌

首題："魏故張孃墓誌銘"

共15行，滿行17字　500×495

正光三年（522）十二月十九日卒　正光四年（523）二月二十七日葬

2001年，河南省洛陽市郊區邙山鎮井溝村出土，旋歸洛陽古代藝術館。

二八　魏王虬墓誌

首題："魏故餚藏令王君墓誌銘"

共28行，滿行28字　640×635

正光三年（522）正月二十六日卒　正光四年（523）二月二十七日葬

2005年冬，河南省洛陽市孟津縣北邙山出土，旋歸北京劉氏。

二九　魏裴譚墓誌

首题:“魏故平南將軍使持節豫州刺史蘭陵郡開國公裴君墓誌”

共23行,滿行24字　側面5行,滿行22、21字不等　670×675

正光五年(524)九月十九日卒　孝昌元年(525)十月二日葬

2005年春,河南省洛陽市孟津縣邙山出土,旋歸某氏。2006年2月,孟津縣文史辦謝光林主任傳拓贈余。

三〇　魏張問墓誌并蓋

魏故尚書祠部郎安東府司馬張府君墓誌
君諱問字靈龜南陽西鄂人其先漢侍中衡之後晉散騎常侍征西將
軍太宰高平公方即君之七世也自茲以降無忝前脩軒冕之榮仍世
相襲祖濟秘書著作郎中書侍郎大鴻臚領謁者僕射將命秦晉專對
之美妙冠當時父逸中書侍郎領秘書著作郎征南大將軍淮南王府
長史秉筆鳳墀敷演之工獨映今古君幼而好學博究墳典特以明經
弱冠爲國子助教訓洽甫闡德超鱗閣須之復以地優器敏乃拜皇子
南安王國郎中令遷尚書祠部郎除安東府司馬毗緝樞端贊勷蕃務
所在著績加以風猷瓌奇機吐詳潤言容之麗談者歸焉方當簪貂紐
組鼎降軒陛而天不照善灾禝橫罹春秋五十有四以景明二年七月
廿四日遘疾終于永平里第粵三年十一月窆於京東畢陶山陽于時
舉等荒幼遂闕誌銘今茶蓼奄集玄堂再開仰惟徽烈靡記俯懼陵谷
有遷敢及餘痛追述先志鐫石壤陰其詞曰
帝緒雖邈星原猶在代襲榮芬世纂朝彩峩峩侍中巍巍太宰若人繼
之弥昭弥秀無典不鑒無經不究弱年挂芳式摸轂胄既昇禮禁擅蕙
衢樞越毗戎略允懋蕃隅如何不淑奄晦松區卷露方春韜光未夕玄
宮重開幽扉再闔敢述餘休敬題泉石
夫人樂良王氏漢吏部尚書徐州刺史武城公脩之後晉中書侍郎太
子庶子給事黃門侍郎衛尉卿都官尚書建平公援即夫人五世也祖
毓本州主薄別駕燕勃海太守建平公父休鄴功曹明威將軍燕郡太
守並以儒轂流徽著聲前代夫人稟河岳之靈誕韶華之質姿氣凝婉
風神秀邁柔敏之志發自天然貞淑之量得之衿抱信可以貽儀二族
參芳六列矣而昊天不吊春秋七十有九以正光六年三月十二日遘
疾而殞粵孝昌元年十一月八日祔於府君神櫬之右遷窆於京南維
氏岡原迺作銘曰
自晉徂燕慶緒維緜豈搞樞秀尔踵台賢篤生淑美來嬪雋哲豫邁金
貞姿琴玉潔奄從川逝永安地久敬刊幽區式播無朽

魏張問墓誌并蓋

首題:“魏故尚書祠部郎安東府司馬張府君墓誌”

共 27 行,滿行 27 字　575×565

誌蓋篆書:“魏故南陽張府君墓誌”　3 行,行 3 字　496×500

景明二年(501)七月二十四日卒　孝昌元年(525)十一月八日葬

2003 年春,河南省洛陽市孟津縣邙山出土,旋歸侯氏。

三一　魏趙億墓誌

首題："魏故陵江將軍朔方太守趙府君墓誌"

共 15 行，滿行 20、19 字不等　300×300

孝昌二年（526）四月二十八日卒　閏十月八日葬

2003 年秋，河南省洛陽市出土，先歸洛陽古玩城孟氏，余購得拓本一枚。

三二　魏穆景冑墓誌

首題："大魏故龍驤將軍廣州刺史穆使君墓誌銘"

共19行，滿行21字　550×530

卒年不詳　建義元年（528）五月五日葬

2005年秋，河南省洛陽市孟津縣送莊鄉出土，旋歸洛陽魏氏。

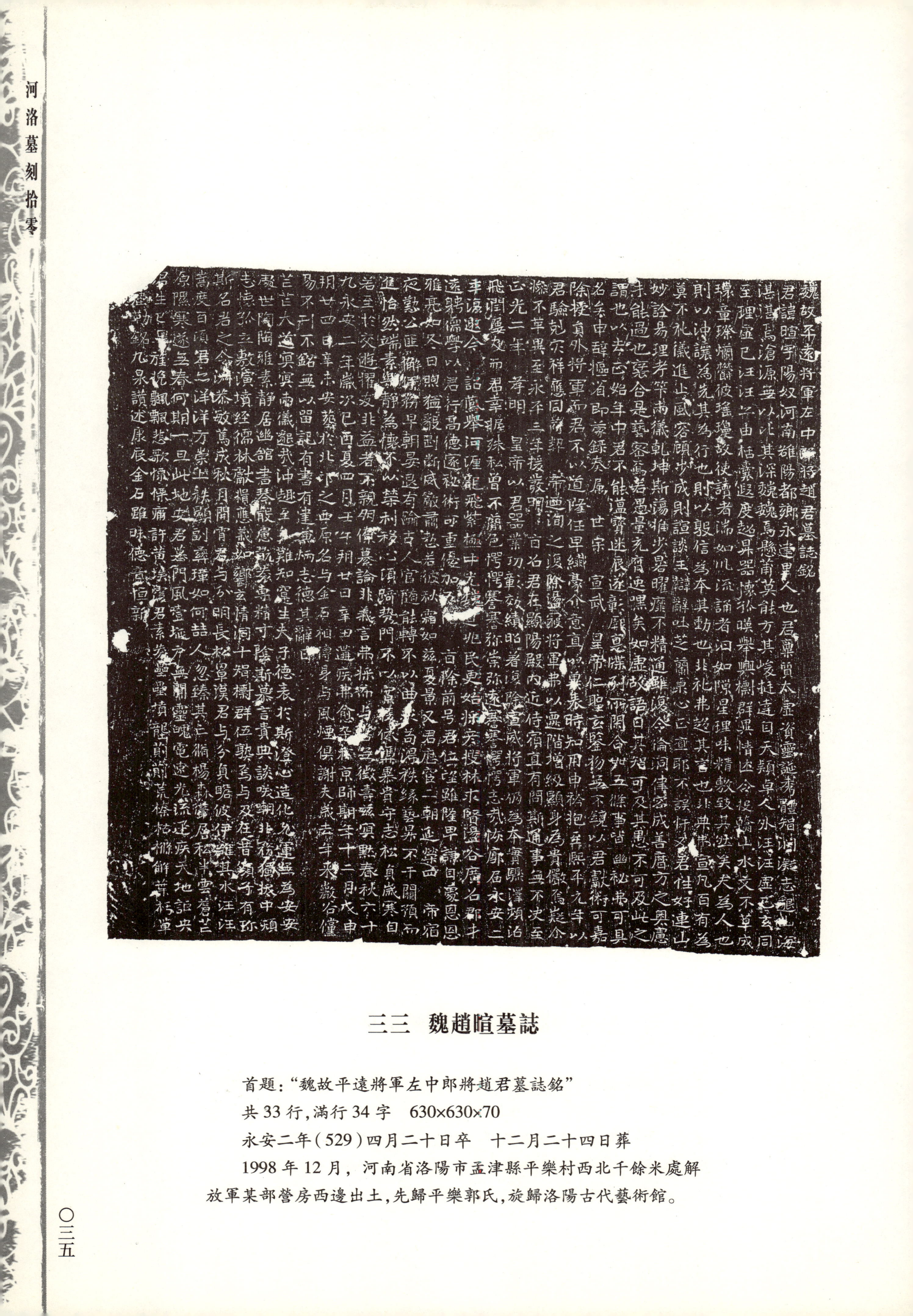

三三　魏趙暄墓誌

首題："魏故平遠將軍左中郎將趙君墓誌銘"

共 33 行，滿行 34 字　630×630×70

永安二年（529）四月二十日卒　十二月二十四日葬

1998 年 12 月，河南省洛陽市孟津縣平樂村西北千餘米處解放軍某部營房西邊出土，先歸平樂郭氏，旋歸洛陽古代藝術館。

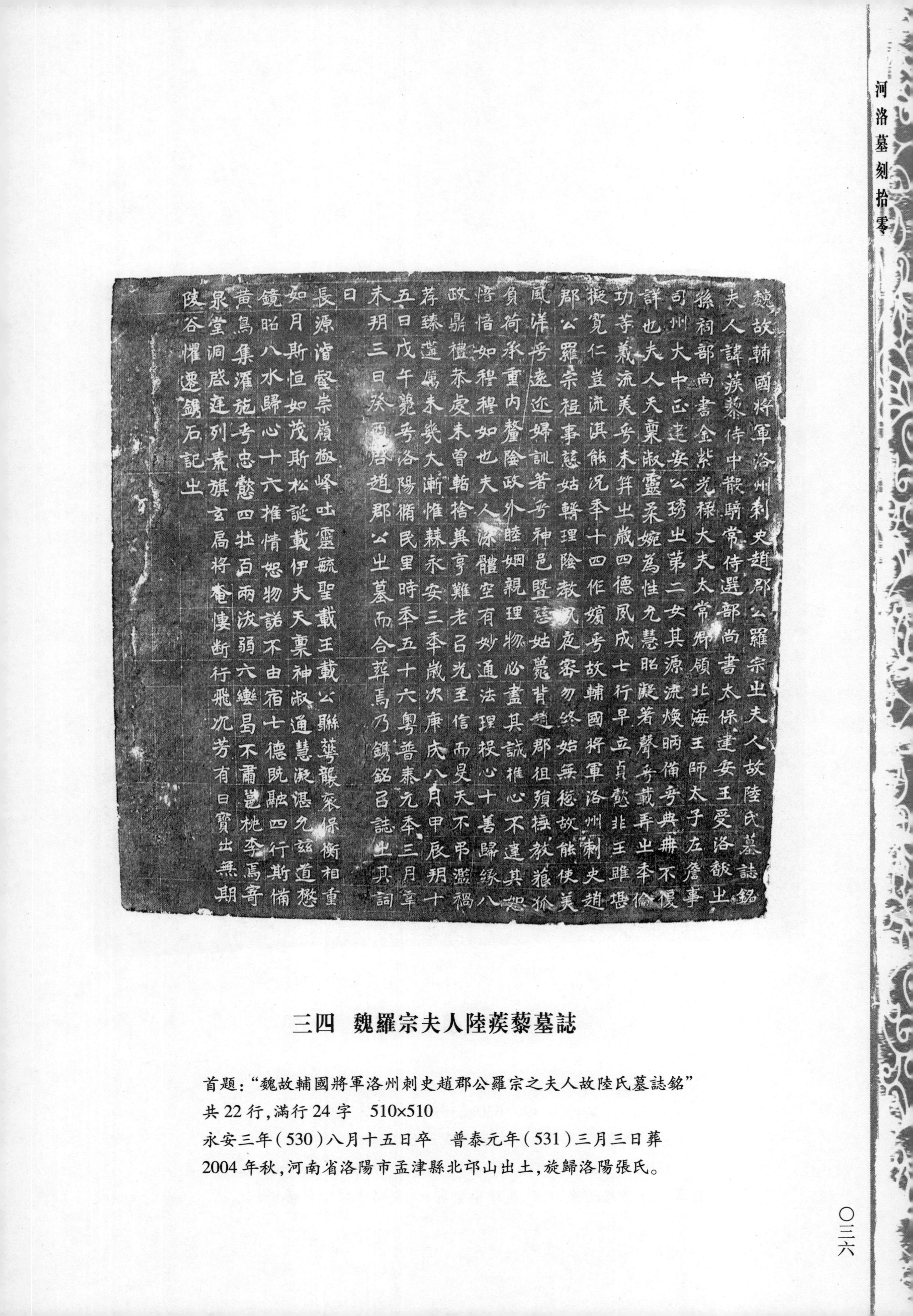

三四　魏羅宗夫人陸蒺藜墓誌

首題："魏故輔國將軍洛州刺史趙郡公羅宗之夫人故陸氏墓誌銘"

共 22 行，滿行 24 字　510×510

永安三年（530）八月十五日卒　普泰元年（531）三月三日葬

2004 年秋，河南省洛陽市孟津縣北邙山出土，旋歸洛陽張氏。

三五　魏張太和墓誌并蓋

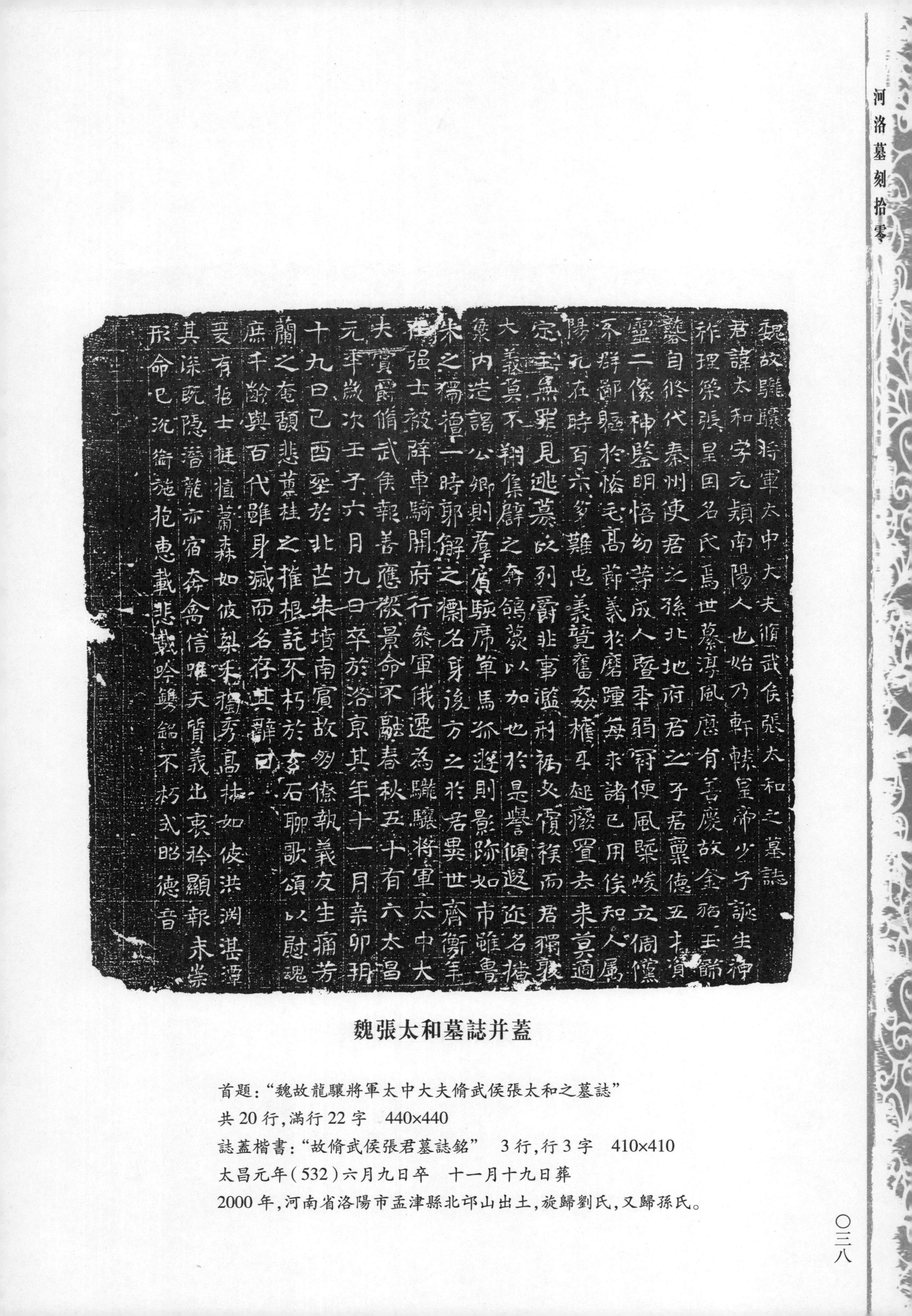

魏張太和墓誌并蓋

首題:“魏故龍驤將軍太中大夫脩武侯張太和之墓誌”

共20行,滿行22字　440×440

誌蓋楷書:“故脩武侯張君墓誌銘”　3行,行3字　410×410

太昌元年(532)六月九日卒　十一月十九日葬

2000年,河南省洛陽市孟津縣北邙山出土,旋歸劉氏,又歸孫氏。

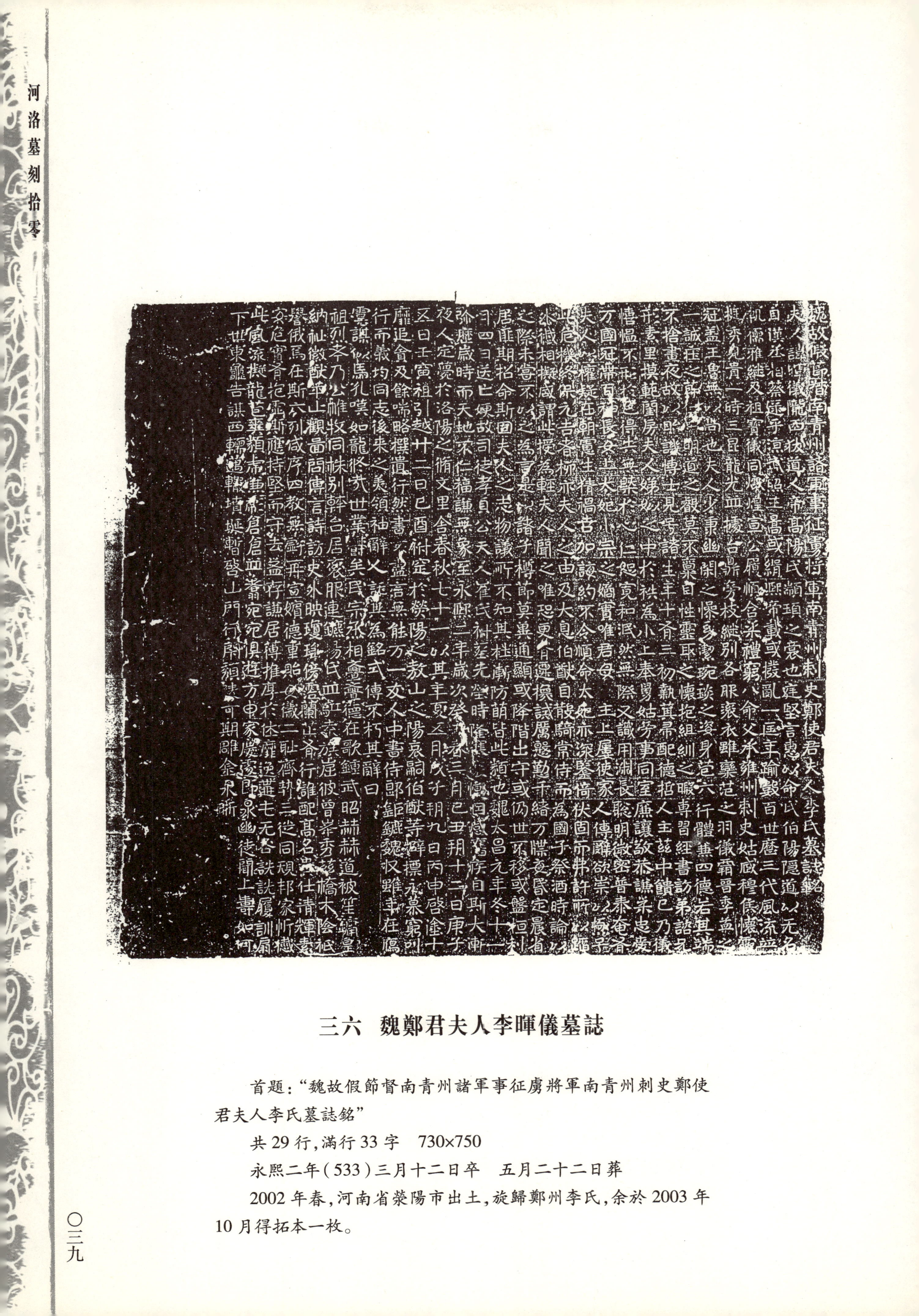

三六　魏鄭君夫人李暉儀墓誌

首題:"魏故假節督南青州諸軍事征虜將軍南青州刺史鄭使君夫人李氏墓誌銘"

共29行,滿行33字　730×750

永熙二年(533)三月十二日卒　五月二十二日葬

2002年春,河南省滎陽市出土,旋歸鄭州李氏,余於2003年10月得拓本一枚。

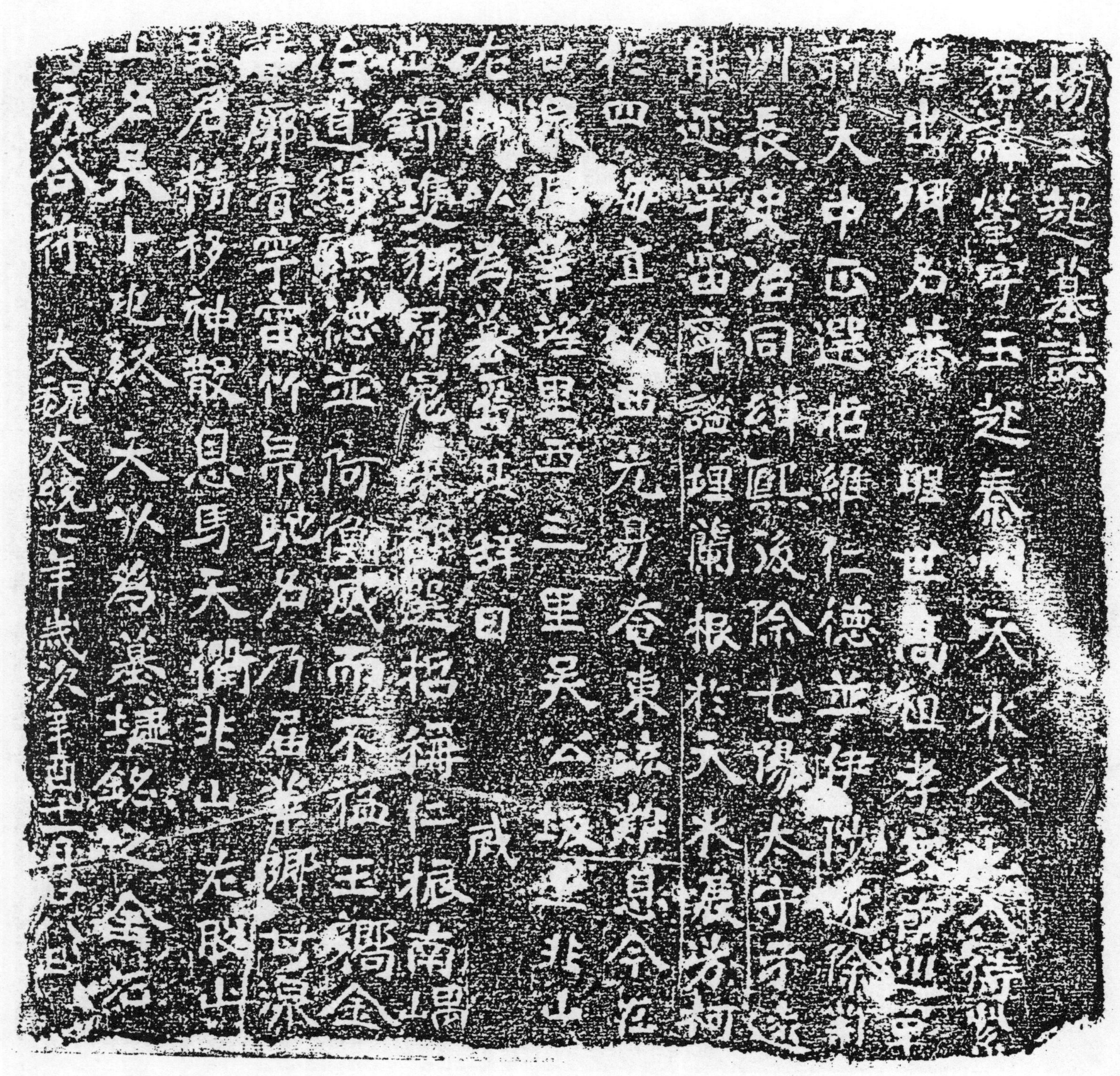

三七　魏楊瑩墓誌

首題："楊玉起墓誌"

共15行,滿行15字　295×280

大統七年(541)十一月二十八日葬

2005年春,河南省洛陽市宜陽縣出土,旋歸洛陽古玩城金氏。

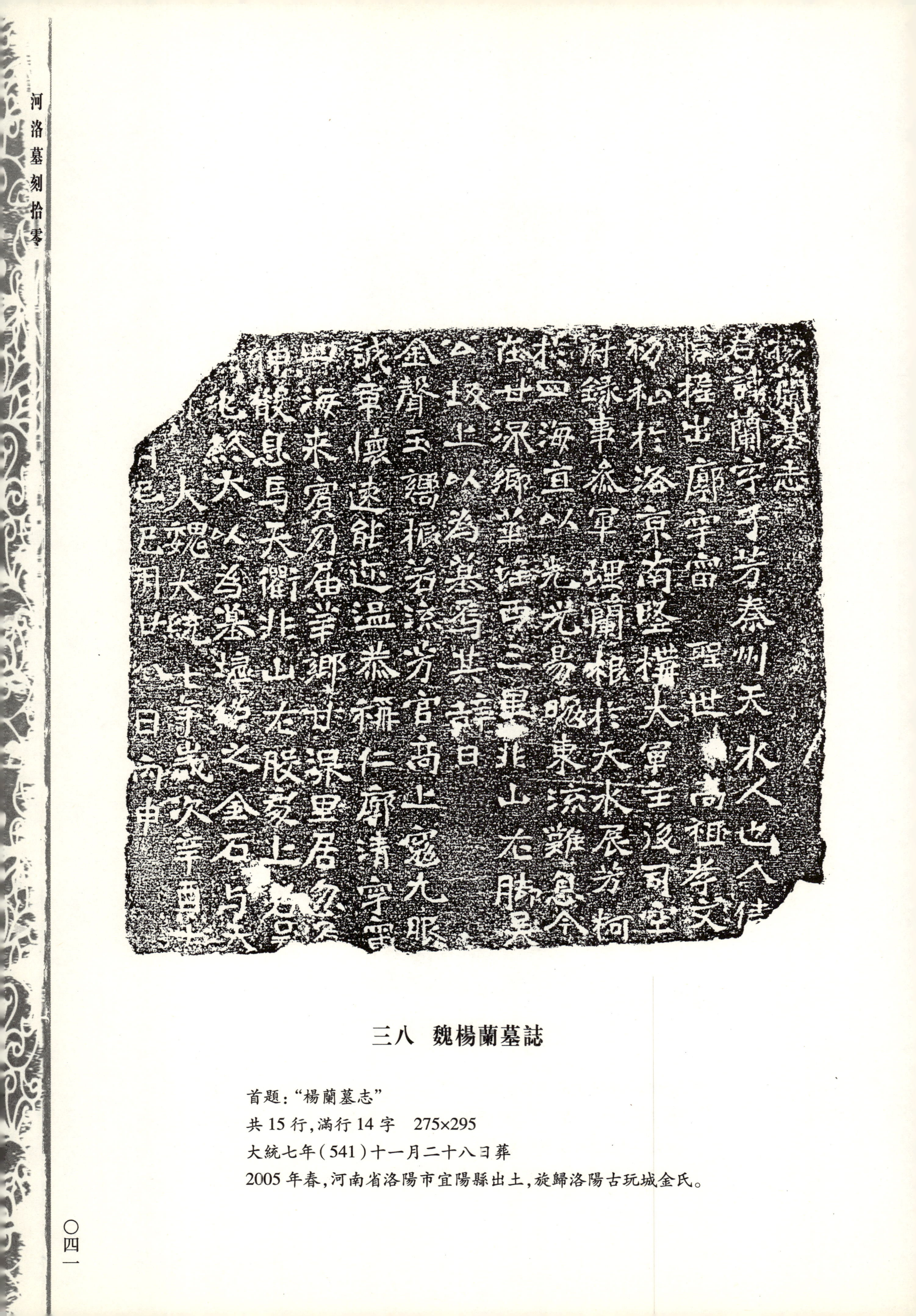

三八　魏楊蘭墓誌

首題：“楊蘭墓志”

共 15 行，滿行 14 字　275×295

大統七年（541）十一月二十八日葬

2005 年春，河南省洛陽市宜陽縣出土，旋歸洛陽古玩城金氏。

三九　陳衛和石棺銘

首題："陳故衛將軍石棺銘并序"

共7行，滿行28字　735×320（上）　735×285（下）

太建二年（570）十一月葬

2005年夏，河南省洛陽孟州市出土。

四〇　齊乞伏保達墓誌

首題："齊故驃騎大將軍潁川太守齊昌鎮將乞伏君墓誌"

共20行，滿行20字　455×450

武平元年（570）十二月十一日卒　武平二年（571）二月十八日葬

1921年，河北省南部出土。

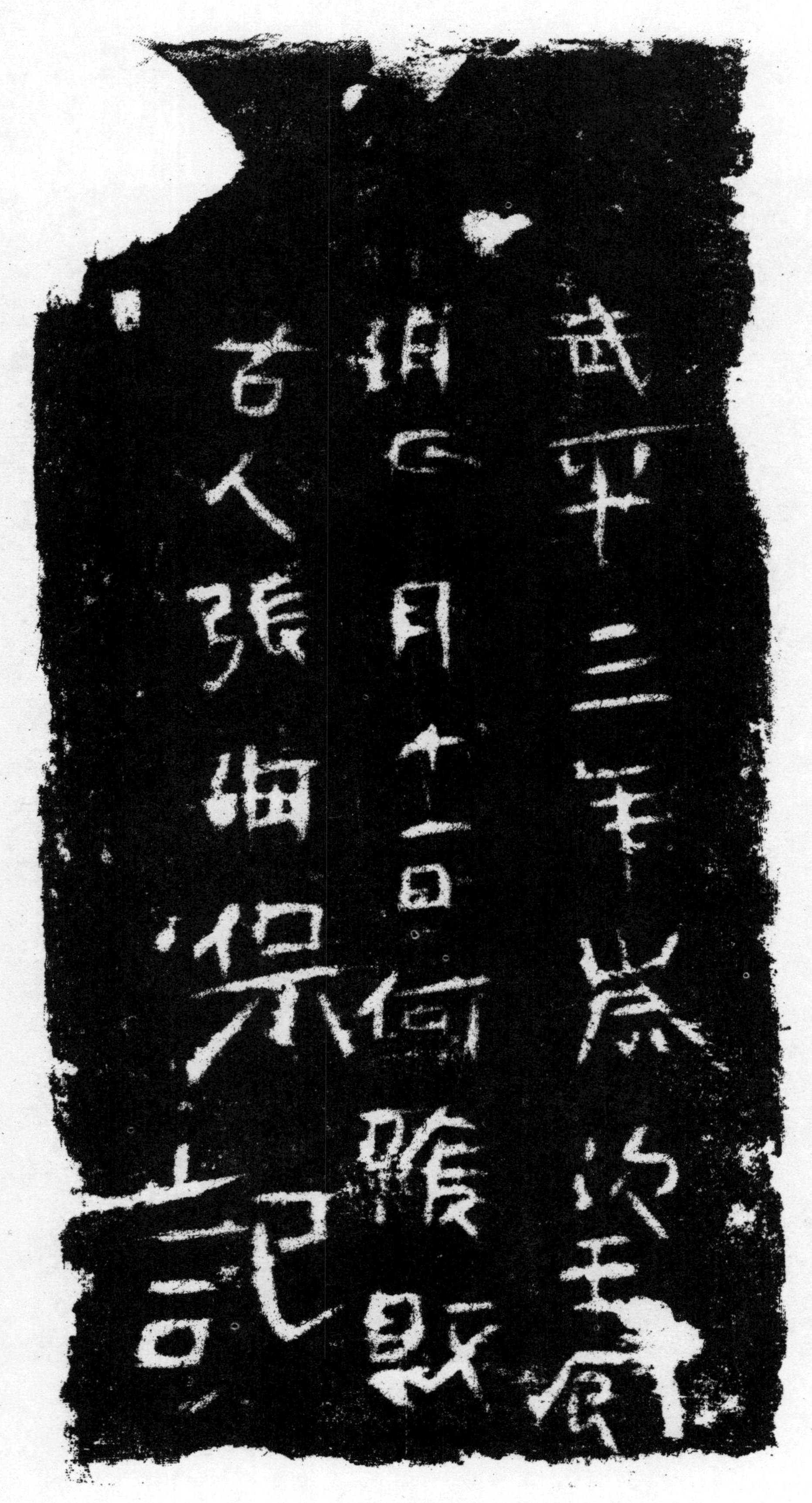

四一　齊張徊保記

無首題

共3行,满行9字　300×150

武平三年(572)正月十一日葬

2005年秋,河南省洛陽市出土。

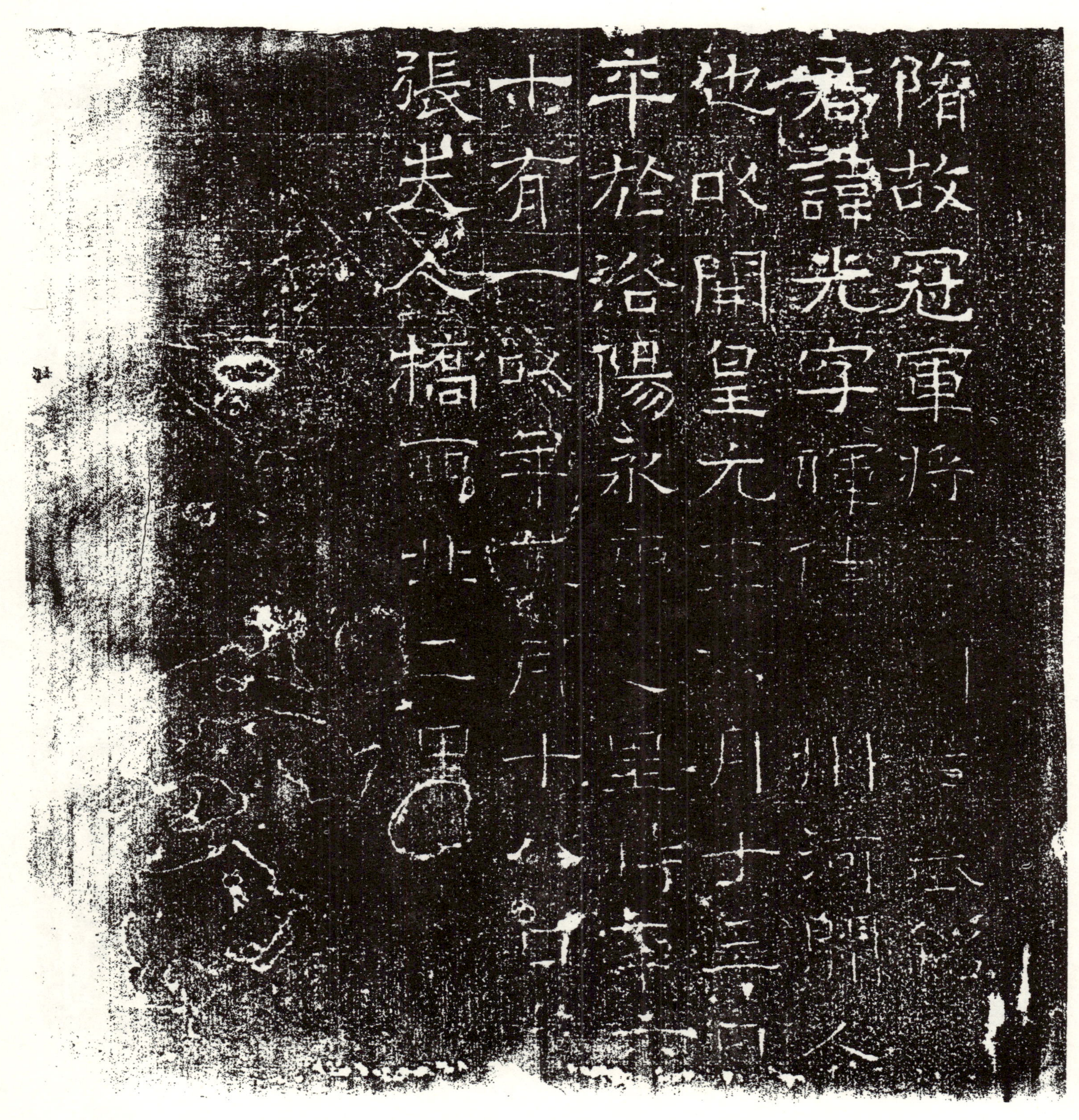

四二　隋□光墓誌

首題："隋故冠軍將軍□君墓銘"
共6行，满行11字　300×300
開皇元年（581）六月十三日卒　六月十八日葬
2000年，河南省洛陽市出土。

四三　隋李貴夫人王氏合祔墓誌并蓋

君諱貴字士榮隴西人也其先帝顓頊之苗胤李伯陽之
後原流繼而不竭枝葉繁而未窮世載日月之明家隆天
地之德風度閑凝器韻清舉體緼珠玉心懸水鏡固能標
名孺子檀響神童若夫人義一生之任孝第百行之本乃
庶幾於自然寔率由於天性及就傅離經從師問道三隅
自反五行兼運琢磨衿抱砥礪心神窮天地之至工盡生
邑之能事花藻鬱其吐色綺縠紛以成文秀質與鐘山等
閭奇才共鄧林比茂驟雨未移其念迅雷不擾其心乃嘗
途之準的寔人倫之模楷齊故錄尚書趙郡王高須拔補
常侍委以家業君約己治身履道居正藝兼文武體備剛
柔春秋七十有二卒於洛陽夫人太原王氏苞四德而訓
庭守一節而清素行年卅有九先卒於臨漳開皇三年歲
次癸卯閏十二月乙未朔十五日乙酉卜兆於洛陽城西
南十里蘇村西北合葬諸子璨兒等仰瞻帷幕長無就養
之方俯侍机筵永結晨昏之恨勒銘幽壤敢作頌云
天地交泰日月通明王羊致福金雞効靈挺茲國寶秀此
人英顯奇河目著異山庭其一飛纓入侍履屐王朝鵷波容
與環闔逍遙云類岌岌緌緌影影道冠輔政名蓋羣僚其二
聲高日下響振在陰輕財重讓念道維深毀臺施實割地
酬金生滅在念感果為心其三逝水難留泪光永背草露夜
團松風曉急寘蒙日遠咨嗟河及從墓咸哀辭墳佇泣其四
長息詮任瑯瑘公舍人第二息璨兒三息青兒四息童子

隋李貴夫人王氏合祔墓誌并蓋

無首題

共 22 行，滿行 22 字　565×565

誌蓋篆書："齊故趙郡王國常侍李君王夫人等墓誌"　4 行，行 4 字　460×470

開皇三年（583）閏十二月十五日葬

2003 年秋，河南省洛陽市孟津縣北邙山出土，旋歸劉氏，又歸孫氏。

四四　隋元儉墓誌并蓋

公諱儉字孝約河南洛陽人魏常山康王之曾孫分攡
嶠壼聰暉日月祖尉燕恒朔肆相五州刺史愛遺方部
聲播歌謠考季海司空馮翊簡穆王強類盧牟遷依晉
鄭公曰生丹穴飈茲仁義之彩似降玄枵蹈夫規矩之
迹魏大統末調為給事中尋加五等師遷直閤將軍殿
中監換掌式上士周天和初授師都督又遷大都督頭
之除使持節儀同三司封烏水縣開國侯仍出行廿州
刺史追為蕃部大夫大隨統曆除洵州刺史進爵為公
轉溫州刺史矚言畏壘方施社稷西河之騎徒迎艾江
之虎飜送以開皇四年八月廿一日薨於位春秋五十
前夫人抱罕念氏繼室博陵崔氏即以五年歲次乙巳
二月戊子朔廿二日己酉並合葬於洛陽河南縣之北
原委水何窮尚留揚塵之語深谷無影或興為岸之說
故飛英騰茂刻琰雕瓊其銘曰
炳靈惟漢降神於嶽以德餘風人英迴擢相金且照文
圭已琢乃事飜飛初求官學牙門俊傑良家騎射我攝
虎賁孰不推謝入陪帷弈流聲藹藉賞論郡縣賢稱杞
梓吾從大夫令問不已乘傳時出褰帷至止水火無行
風俗斯理平生詎幾零落無時魂兮安在山川閒之遠
非蠅弔來同馬革東嶽常期北邙真宅霧深連曉月明
通夕但見松楊空成古昔

隋元儉墓誌并蓋

無首題

共 21 行，滿行 21 字　575×570

誌蓋篆書："隋故溫州使君元公銘"　3 行，行 3 字　460×460

開皇四年（584）八月二十一日卒　開皇五年（585）二月二十二日葬

2005 年春，河南省洛陽市孟津縣出土。

君諱濟字廣度陝州弘農人也氏胄之興顯於
方策厥先吕望逢揆會於磻溪遇周師於文武
祖盛荊州別駕積勳疊効隆家盛國孝貴安邑
縣令善政功清恩謠滿道君稟潤王山承光寶
業體含五德心惇萬善志在遠大不以近小介
懷從軍立計脈沙苑之重難論功報賞除肥城
於縣伯邑班五等位在三階後遷趙郡王開府
騎兵參軍事自天統四年府主薨背懸車抗節
栖心空有之間畢竟無言之理霜縈疹慧若火
生蓮春秋七十有三卒於懷德里臨終稱十念
不息弘揩未斁癃歸淨土孝子道俗兄弟等慟
切邦鄉悲酸齎路嗚呼哀哉以大隋開皇十二
年歲次壬子正月丁未朔十五日辛酉葬於黃
門檐西洛水之北東眺嵩山南望石嶺銘曰
遐承姜胤邇屬經傳餘慶鐘美世挺英賢公侯
必復啓封於先入鄉咸敬出士君憐親行六度
顯化三有形變四歸神生量壽土墳易壞金石
難朽壹赴泉門千齡永久

四五　隋吕濟墓誌

無首題

共 18 行，滿行 18 字　385×390

天統四年（568）卒　開皇十二年（592）正月十五日葬

2003 年冬，河南省洛陽市白馬寺鎮出土，旋歸洛陽古玩城李氏。此拓本由劉君田贈。

四六　隋張盛墓誌

首題："維大隋開皇十二年歲次壬子九月甲辰朔十二日己卯故陝州大中正張君墓誌"

共 16 行，滿行 16 字　410×415

開皇十二年（592）八月二十九日卒　九月十二日葬

2003 年秋，河南省洛陽市孟津縣出土，旋歸北京劉氏，又歸洛陽孫氏。

四七　隋成肆虎神銘記

無首題

共3行,滿行11字　470×230

開皇十八年(598)二月十九日葬

2005年秋,河南省洛陽市出土,旋歸唐氏。

四八　隋裴覬墓誌并蓋

隋裴覬墓誌并蓋

無首題

共24行，滿行24字　610×615

誌蓋篆書："隋故廣德將軍洛州鎧曹参軍裴君墓銘"　4行，行4字　495×490

仁壽二年(602)九月二十五日卒　十一月十一日葬

2005年秋，河南省洛陽市孟津縣北邙山出土，旋歸洛陽豫深文博城李氏，又歸孫氏。

四九　隋王夏墓誌

無首題

共 18 行，滿行 18 字　405×400

仁壽四年（604）七月二十八日卒　十一月十七日葬

2005 年秋，河南省洛陽市孟津縣張方橋馮村之北一里出土，旋歸孟氏傳拓。

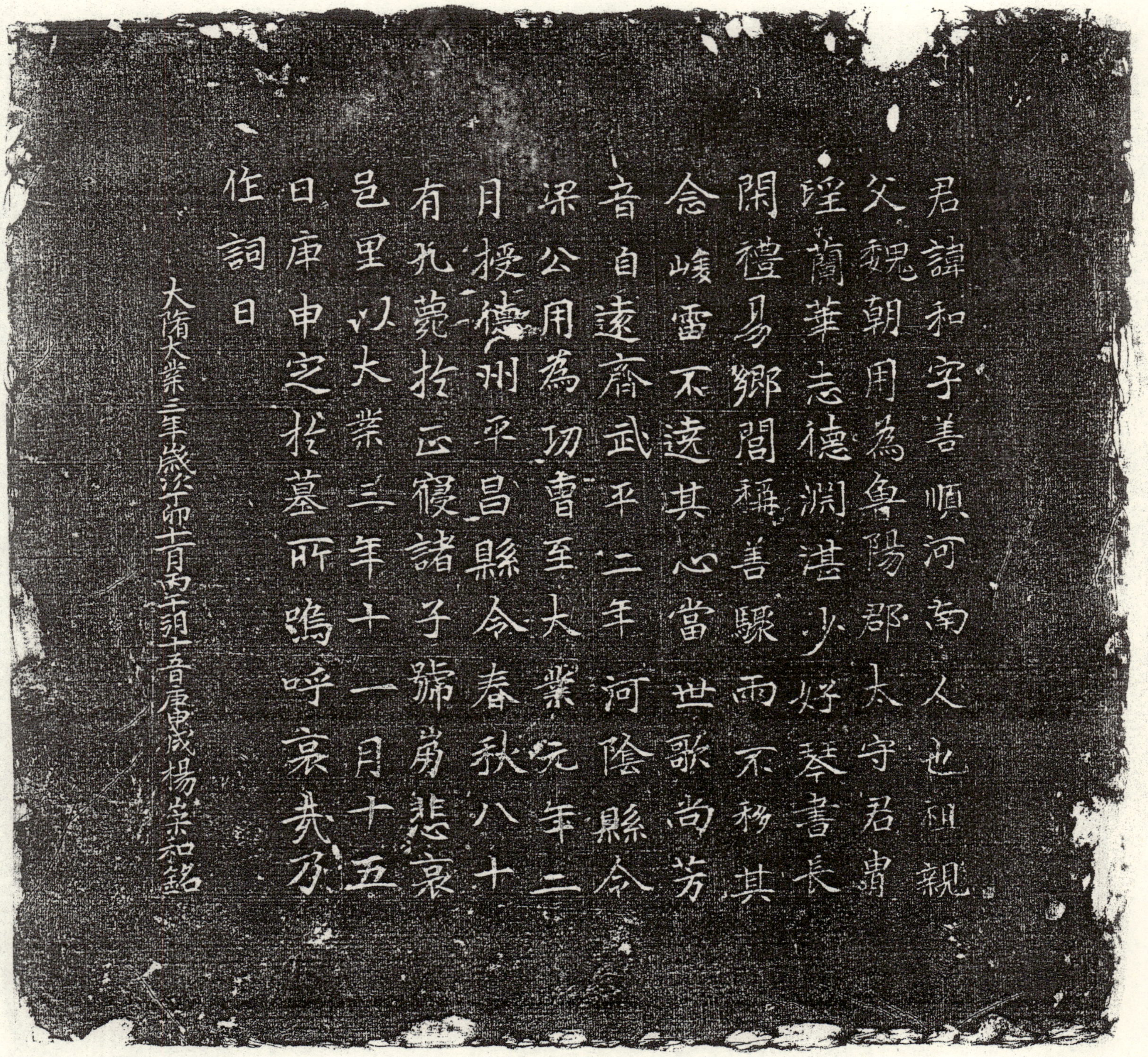
君諱和字善順河南人也祖親
父魏朝用為魯陽郡太守君肅
理蘭華志德淵湛少好琴書長
閑禮易鄉閭稱善驟而不移其
念峻雷不遠其心當世歌尚芳
音自遠齊武平二年河陰縣令
梁公用為功曹至大業元年二
月授德州平昌縣令春秋八十
有九薨於正寢諸子號踊悲哀
邑里以大業三年十一月十五
日庚申窆於墓所嗚呼哀哉乃
作詞曰
大隋大業三年歲次丁卯十一月丙午朔十五日庚申故楊宗和銘

五〇 隋楊和墓誌

無首題

共13行,滿行12字　480×500

大業三年(607)十一月十五日葬

2002年夏,河南省洛陽市孟津縣出土,旋歸何氏傳拓。2003年12月,贈余一枚,石藏洛陽師範學院。

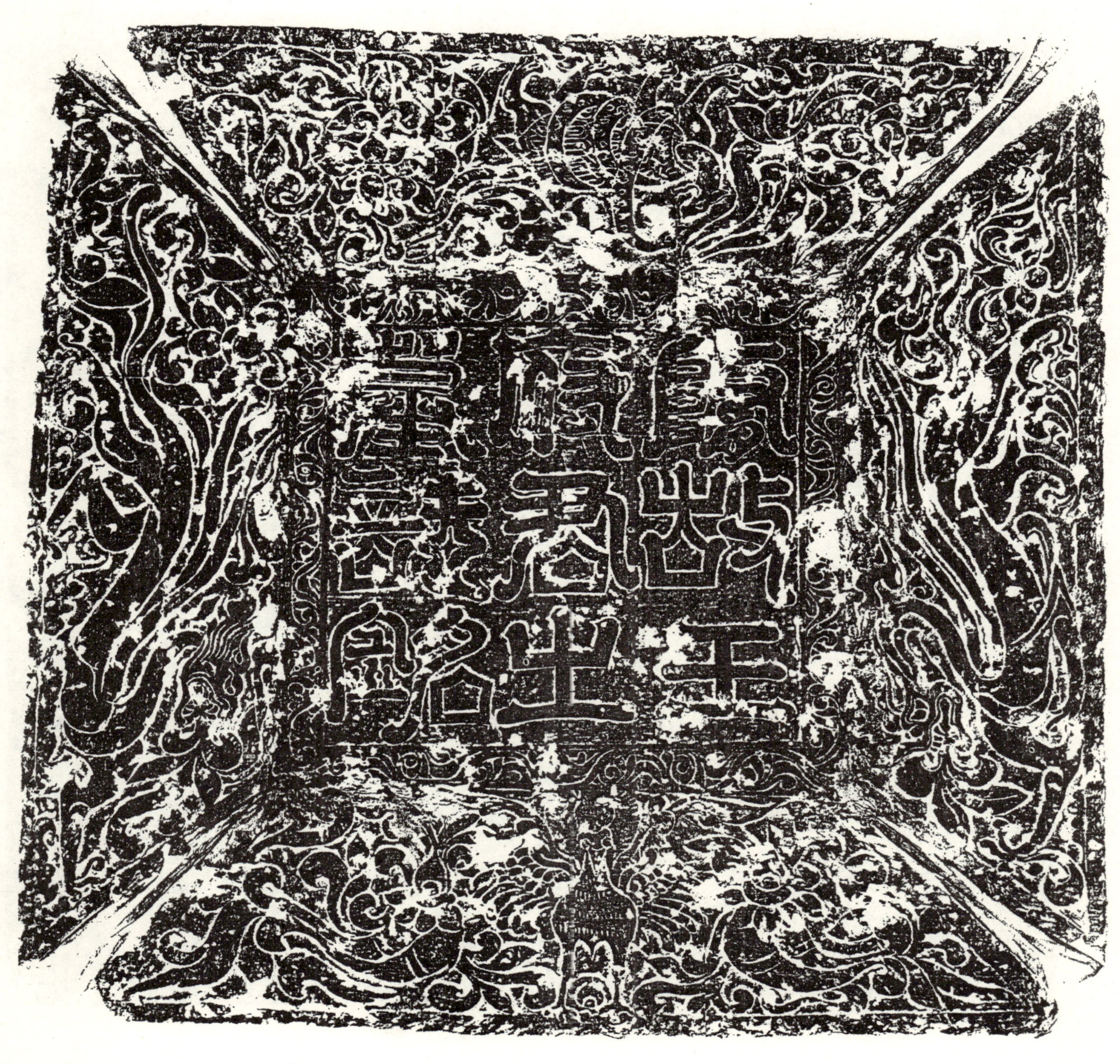

五一　隋王伯墓誌并蓋

隋王伯墓誌并蓋

首題："齊輕車將軍通事舍人黃縣開國男王君墓誌并序"

共25行，滿行25字　570×565

誌蓋篆書："隋故王府君之墓誌銘"　3行，行3字　320×330

大業四年(608)五月二十八日卒　大業五年(609)十一月二十二日葬

2004年冬，河南省洛陽市孟津縣出土，旋歸劉坡王氏。

五二　隋王光墓誌

首題：“隋故王君墓誌銘并序”

共 21 行，滿行 20 字　480×470

大業十年（614）八月二十六日卒　大業十一年（615）一月二十一日葬

2003 年冬，河南省洛陽市白馬寺鎮出土，旋歸洛陽古玩城孟氏。

五三　隋李善墓誌

首題:"隋故内給事内承奉内常侍李君墓誌銘"
共 18 行,滿行 18 字　430×430
大業十一年(615)十一月二十一日葬
2004 年,河南省洛陽市邙山鎮出土,旋歸井溝村某氏,何氏傳拓。

五四　隋宋俊墓誌

無首題

共 23 行，滿行 22 字　460×460

大業四年（608）卒　大業十二年（616）正月十九日葬

2002 年秋，河南省洛陽市伊川縣出土，旋由洛陽何氏傳拓贈余，誌石現藏千唐誌齋。

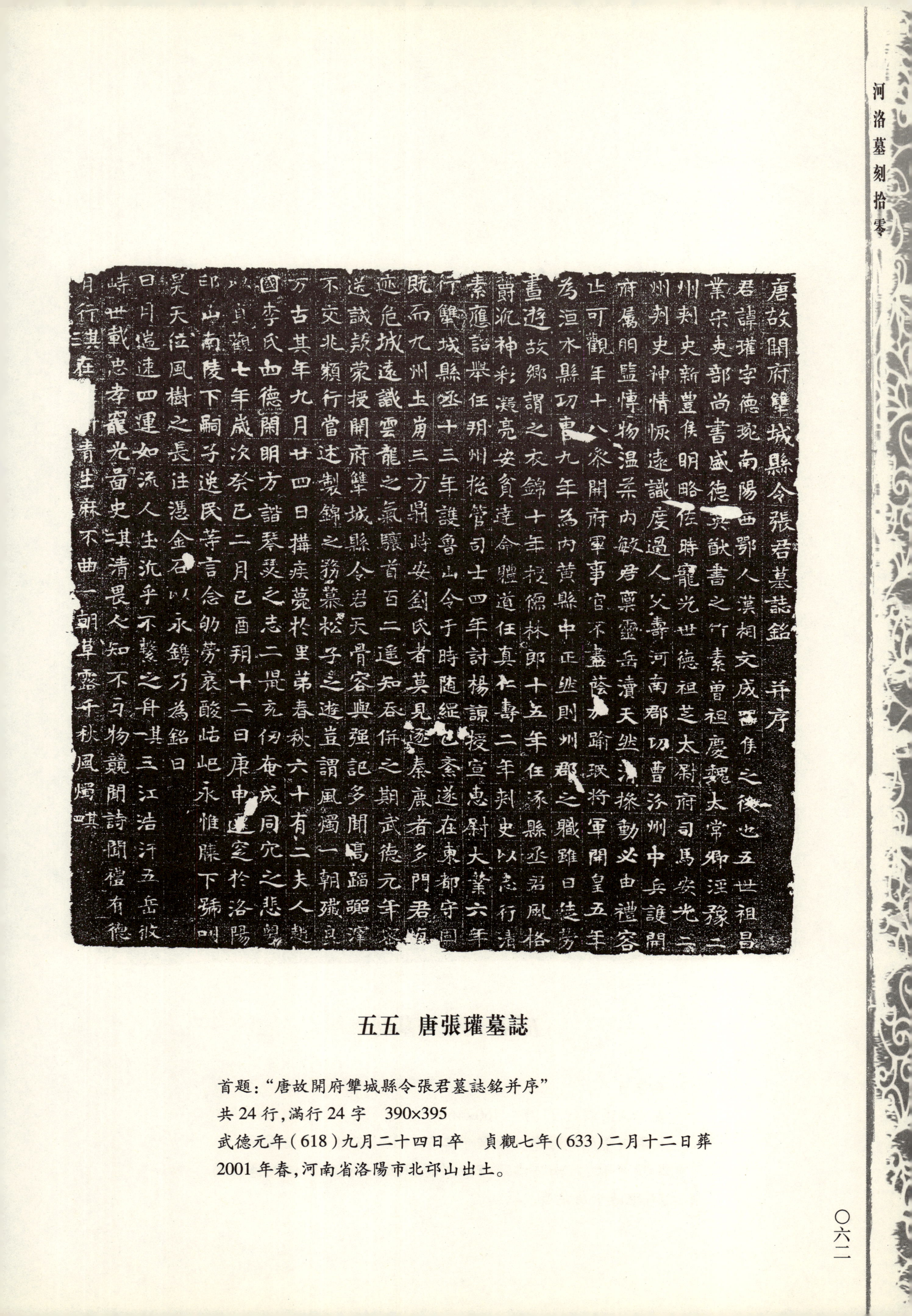

五五　唐張瓘墓誌

首題："唐故開府犨城縣令張君墓誌銘并序"

共24行，滿行24字　390×395

武德元年（618）九月二十四日卒　貞觀七年（633）二月十二日葬

2001年春，河南省洛陽市北邙山出土。

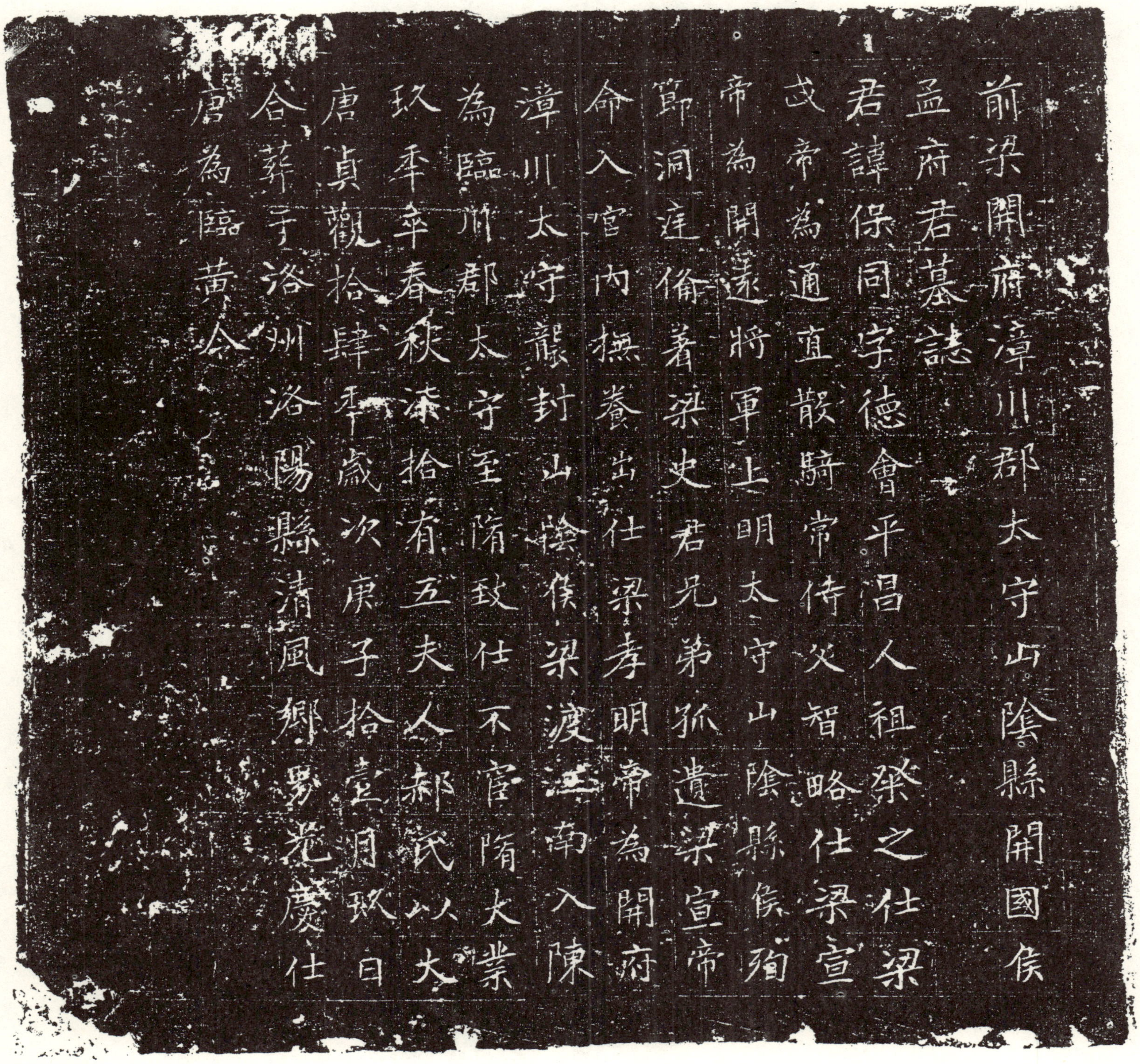

五六　梁孟保同墓誌

首題："前梁開府漳川郡太守山陰縣開國侯孟府君墓誌"

共 13 行，滿行 15 字　480×470

大業九年（613）卒　貞觀十四年（640）十一月九日葬

民國間，河南省洛陽縣北邙山出土。

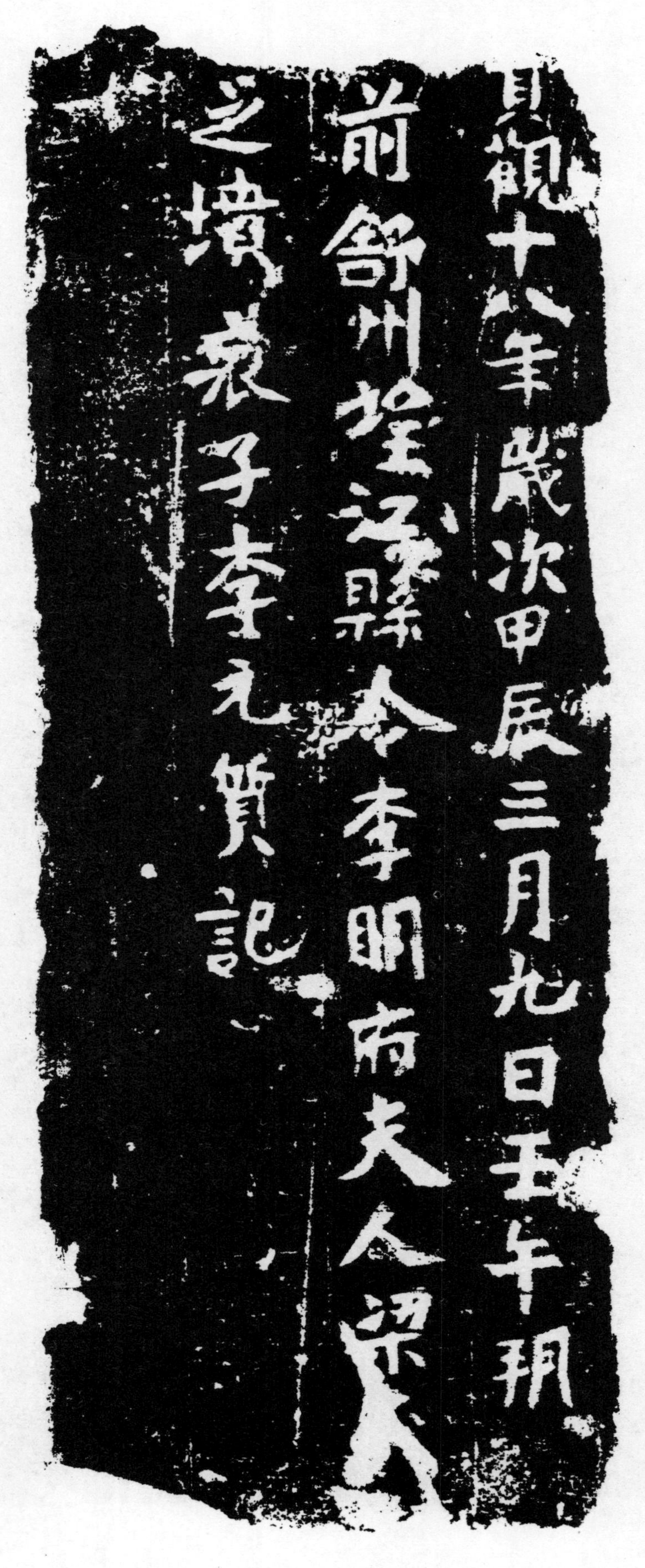

五七　唐梁氏磚銘

無首題

共3字,滿行16字　450×170

卒年不詳　貞觀十八年(644)三月九日葬　李元質撰

2006年1月,河南省洛陽市孟津縣邙山出土,旋歸洛陽董留根。

五八　唐蕭汾墓誌

首题："大唐故亭山縣令蕭府君墓誌銘并序"

共 32 行，滿行 32 字　720×720

貞觀二十年（646）六月四日卒　十月十二日葬

2001 年冬，河南省洛陽市孟津縣出土。

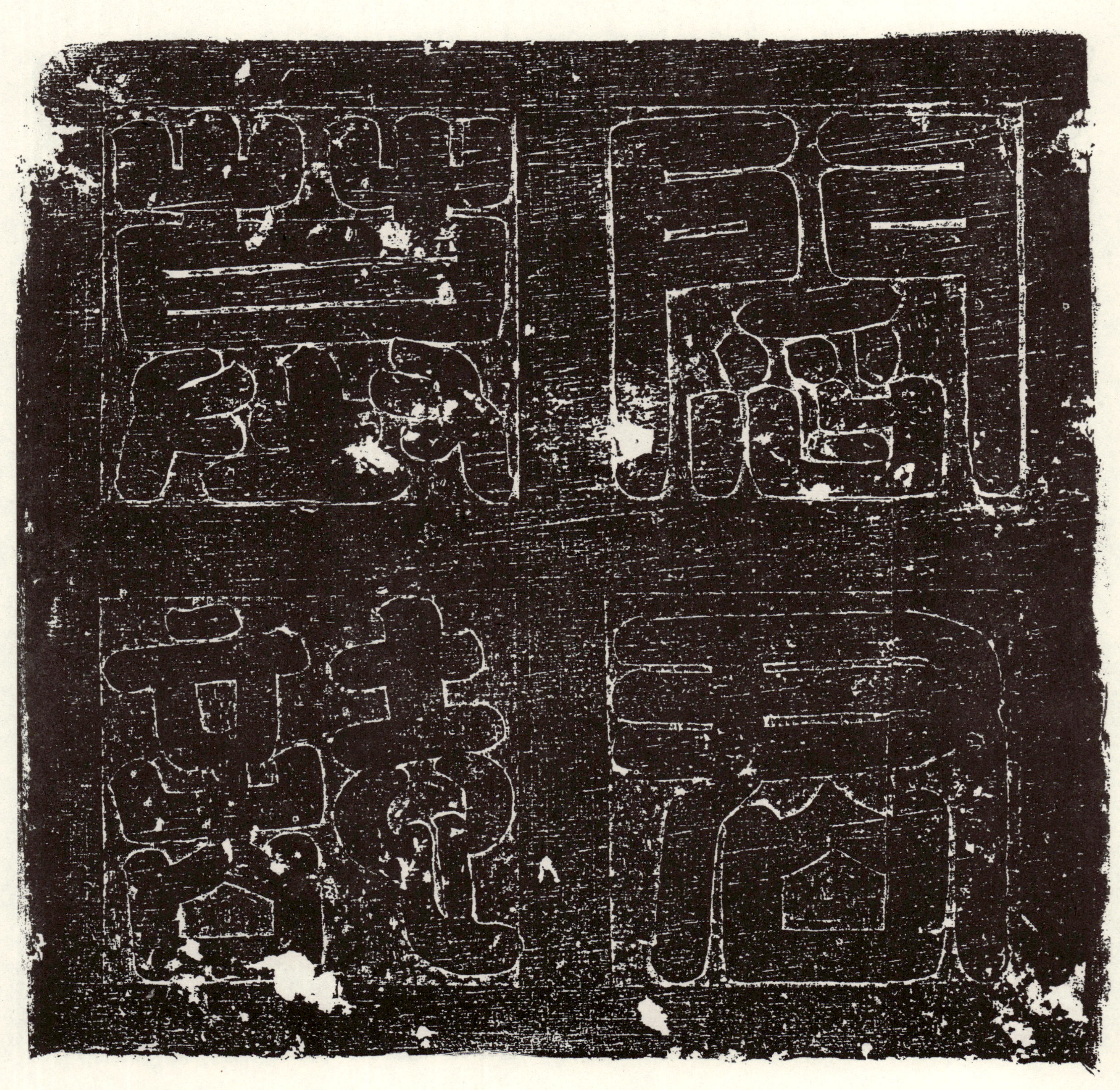

五九　唐閻休墓誌并蓋

唐閻休墓誌并蓋

首題："大唐故銀青光禄大夫左屯衛洛泉府折衝都尉閻君墓誌銘并序"

共27行，滿行27字　570×585

誌蓋篆書："閻君墓誌"　2行，行2字　440×445

貞觀十九年（645）十二月六日卒　貞觀二十年（646）十一月二十一日葬

2003年冬，河南省洛陽偃師市出土，旋歸洛陽古玩城孟氏，爲余購得。

六〇 唐賈德墓誌

首題:“唐故吏部文林郎賈君墓銘并序”

共27行,滿行27字 530×520

貞觀二十一年(647)三月十四日卒 四月十七日葬

2003年秋,河南省洛陽市孟津縣出土,歸洛陽張氏。

六一　唐王文隲夫人趙氏墓誌

首題:“大唐集州録事參軍王文隲 夫人趙氏墓誌銘”

共 18 行,滿行 18 字　420×420

貞觀二十三年(649)八月三日卒　九月四日葬

民國年間,河南省洛陽縣北邙山出土。

六二 唐孟恭墓誌

首題："大唐故楚州山陽縣令孟君墓誌銘"
共24行，滿行24字 620×630
貞觀二十三年（649）卒 十二月二日葬
2002年春，河南省洛陽市孟津縣出土。

六三　唐袁貞墓誌并蓋

唐袁貞墓誌并蓋

首題："唐故袁夫人墓誌銘序"

共23行，滿行22字　525×525

誌蓋篆書："大唐故袁夫人墓誌銘"　3行，行3字　440×440

永徽三年（652）二月八日卒　三月三日葬

2000年，河南省洛陽市北邙山出土。

六四　唐杨奉墓誌并蓋

唐杨奉墓誌并蓋

首題："唐故楊君墓誌銘并序"

共19行，滿行19字　390×390×65

誌蓋篆書："楊君墓誌"　2行，行2字　360×360

永徽四年（653）十月十五日卒　十一月一日葬

2001年，河南省洛陽市出土，先歸洛陽何氏。同年12月5日，歸藏洛陽師範學院。

六五　隋王緒及夫人杜氏墓誌并蓋

隋王緒及夫人杜氏墓誌并蓋

首題："隋故東平郡甄城縣令王君及夫人杜氏墓誌"

共24行，滿行24字　510×520

誌蓋篆書："隋故甄城縣令王君銘"　3行，行3字　435×425

大業三年（607）卒　永徽六年（655）三月十四日葬

2006年春，河南省洛陽偃師市緱氏鎮出土，旋歸洛陽古玩城孟氏。

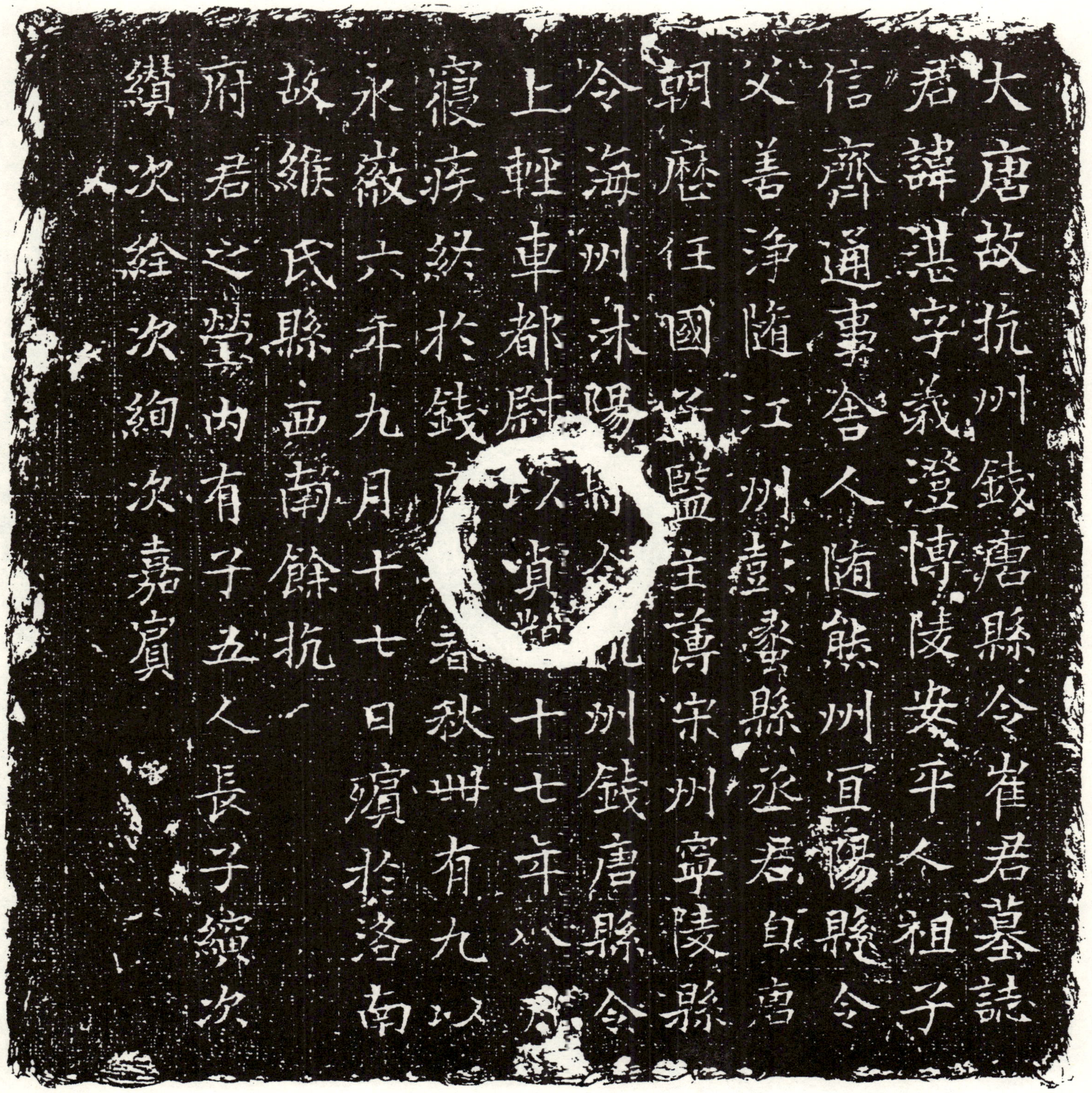

六六　唐崔湛墓誌

首題："大唐故杭州錢唐縣令崔君墓誌"

共 12 行，滿行 13 字　330×325

貞觀十七年（643）八月卒　永徽六年（655）九月十七日葬

2005 年秋，河南省洛陽市偃師市緱氏鎮出土，旋歸洛陽豫深文博城張氏。

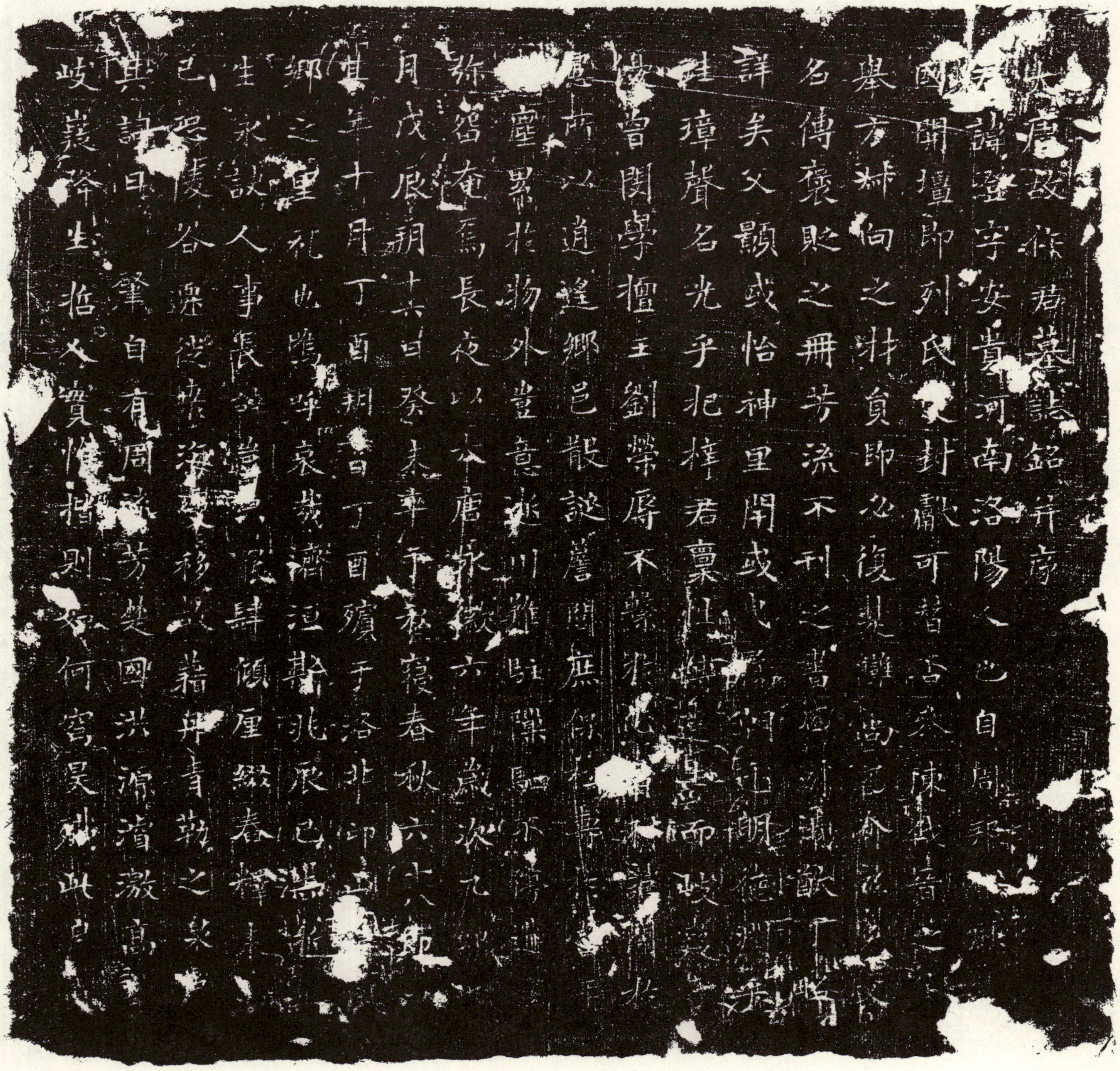

六七　唐仵澄墓誌

首题:“大唐故仵君墓誌銘并序”
共18行,滿行18字　400×400
永徽六年(655)九月二十六日卒　十月一日葬
2001年春,河南省洛陽市孟津縣出土。

六八　唐尹奴子墓誌

首題:“唐故尹君墓誌并序”

共 18 行,滿行 18 字　420×420

顯慶三年(658)二月十日卒　二月二十日葬

2000 年冬,河南省洛陽市城北邙山出土。

六九　唐管惟墓誌并蓋

唐管惟墓誌并蓋

無首題

共24行，滿行25字　440×440

誌蓋篆書："大唐故管君墓誌之銘"　3行，行3字　480×480

顯慶四年（659）四月二十七日葬

2002年冬，河南省洛陽市出土，旋歸龍門謝氏，余得之於洛陽潞澤文博城。

七〇　唐李君夫人姚香墓誌

首題："唐臺登縣令李君故夫人姚氏墓誌銘并序"

共25行，滿行26字　570×580

顯慶三年（658）三月二十四日卒　顯慶五年（660）年正月八日葬

2004年冬，河南省洛陽偃師市出土，歸劉坡村王氏。

七一 唐王耀墓誌

首題:"唐故輕車都尉王君墓誌銘"

共 21 行,滿行 21 字　480×500×80

卒年不詳　龍朔二年(662)二月六日葬

2001 年冬,河南省洛陽市北邙山出土,旋歸洛陽市文物二隊。

七二　唐楊君植墓誌

首題："唐故禦侮副尉武騎尉楊君墓誌銘并序"

共23行，滿行22字　430×445

龍朔二年（662）七月十四日卒　閏七月二十七日葬

2003年冬，河南省洛陽市孟津縣出土，旋由何氏傳拓贈余。

七三 唐吴君夫人張妹子墓誌

首題："唐故吴君張夫人墓誌銘并序"

共16行，滿行17字 370×370

龍朔二年(662)八月十八日卒 九月十六日葬

2001年春，河南省洛陽市北邙山出土。

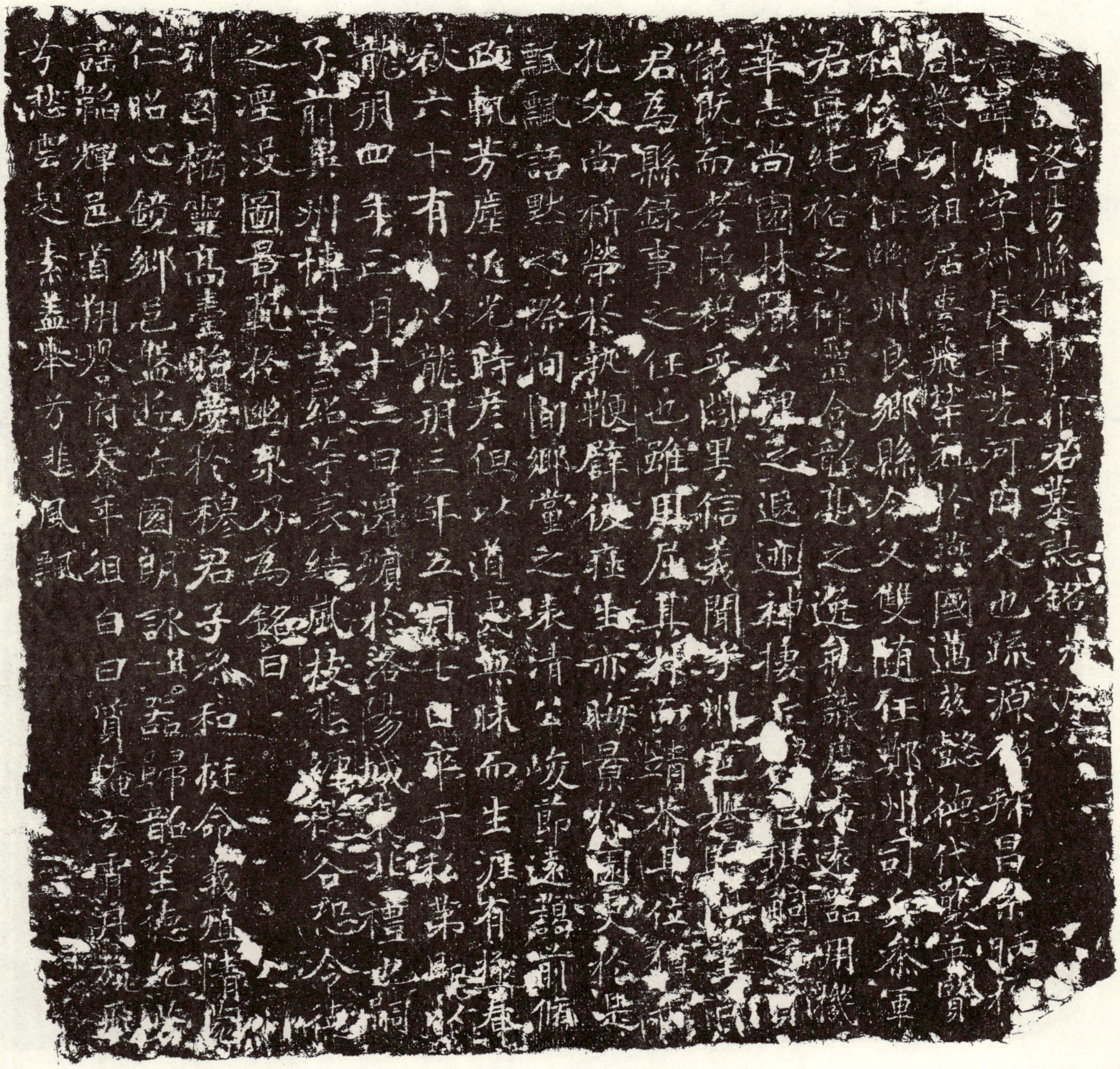

七四　唐郭卿墓誌

首題："唐故洛陽縣録事郭君墓誌銘并序"

共 19 行，滿行 20 字　400×405

龍朔三年（663）五月七日卒　龍朔四年（664）正月十三日葬

2002 年，河南省洛陽市孟津縣出土。

七五　唐張夫人墓誌

無首題

共 8 行，滿行 8 字　230×225

龍朔三年（663）十二月二十九日卒　麟德元年（664）正月十三日葬

2002 年，河南省洛陽市孟津縣出土。

七六　唐柳敳墓誌

首题："大唐故光州定城縣令柳君墓誌銘并序"

共30行，满行30字　565×565

貞觀二十三年（649）卒　麟德元年（664）十一月二十八日葬

2001年，河南省洛陽偃師市北邙山出土。

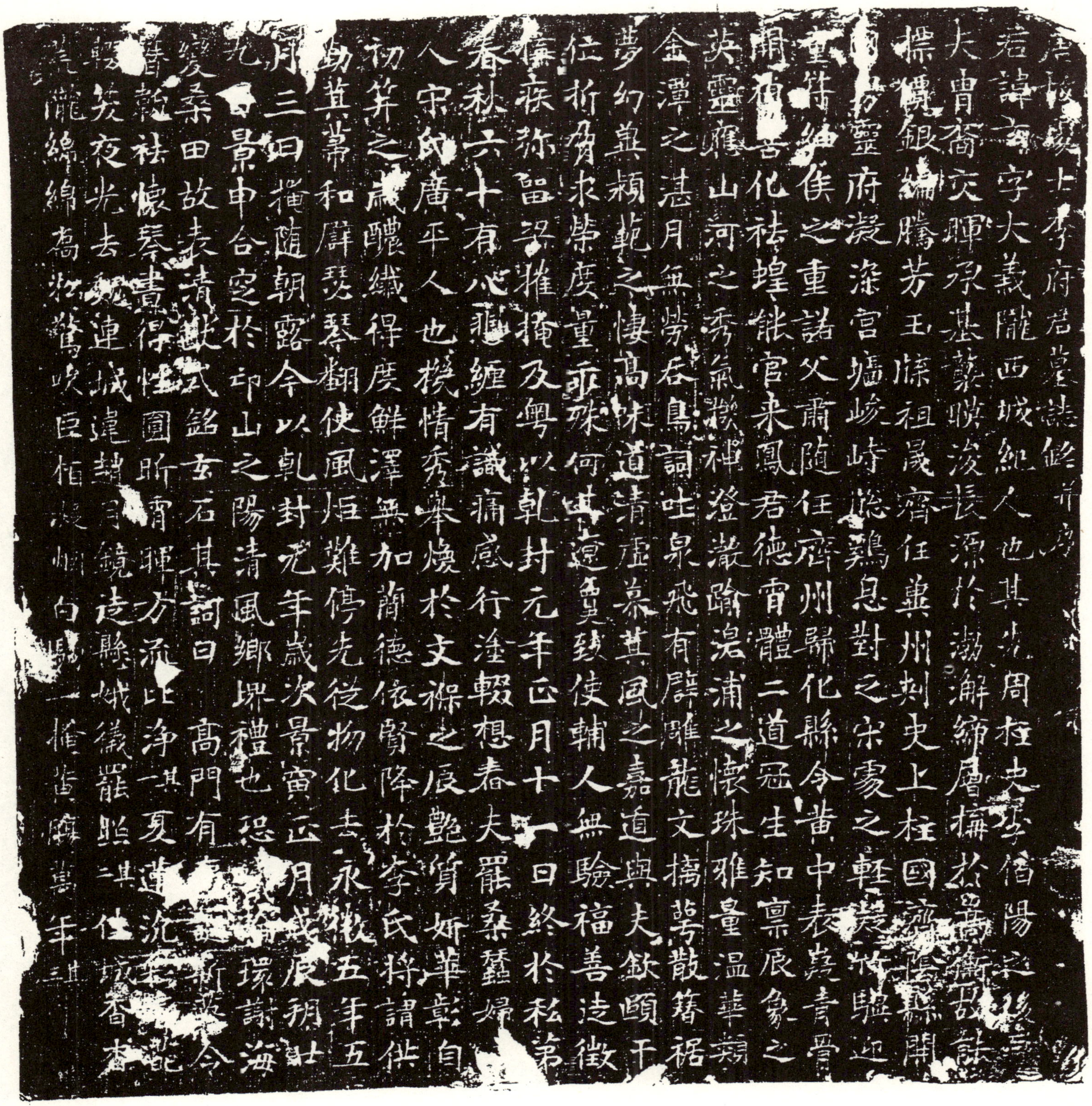
唐故處士李府君墓誌銘并序
君諱玄字大義隴西城紀人也其先周柱史李伯陽之後[illegible]
大冑裔奕輝承基[illegible]映浚長源於渤澥締層構於嵩衡故能
標儁銀編騰芳玉牒祖晟齊任冀州刺史上柱國[illegible]
[illegible]靈府凝滌宮牆嶒峙[illegible]鷄息對之宋豪之輕[illegible]驪迎
重符[illegible]侯之重諸父甫隨任齊州歸化縣令黃中表異青晉
開[illegible]化祛蝗能官來鳳君德冑體二道冠生知稟辰象之
英靈[illegible]山河之秀氣[illegible]禪澄澈[illegible]浦之懷珠雅量温華[illegible]
金潭之湛月無勞吞鳥詞吐泉飛有辟雕龍文摛葩散藉裾
夢幻[illegible]範之[illegible]高昧道清虛慕其風之嘉遁與夫欽頤于
仕折角求榮度量乖殊何其遼[illegible]致使輔人無驗福善徒徵
[illegible]疾彌留[illegible]雅掩及粵以乾封元年正月十一日終於私第
春秋六十有[illegible]纏有識痛感行塗輟想春夫罷桑蠶婦
人宋氏廣平人也[illegible]情秀舉煥於文[illegible]之辰艷質姸華彰自
[illegible]笄之歲醲纖得度鮮澤無加蘭德依賢降於李氏將請供
[illegible]其蘋和辟琴瑟翻使風[illegible]難停先從物化去永徽五年五
月三日掩隨朝露今以乾封元年歲次景寅正月戊辰朔廿
九日景申合窆於邙山之陽清風鄉[illegible]禮也恐[illegible]環謝海
變桑田故表清[illegible]式銘玄石其詞曰　高門有[illegible]　[illegible]新[illegible]令
[illegible]祛懷琴[illegible]得性圖[illegible]霄[illegible]方流[illegible]净其一　夏[illegible]沈[illegible]
輕[illegible]夜光去[illegible]連城[illegible]月鏡徒懸[illegible]儀羅照其二　佳城香杳
[illegible]隴綿綿[illegible]吹巨柏[illegible]白[illegible]一[illegible]萬年其三

七七　唐李玄墓誌

首題:“唐故處士李府君墓誌銘并序”

共 22 行,滿行 23 字　415×410

乾封元年(666)正月十一日卒　正月二十九日葬

2004 年,河南省洛陽市孟津縣送莊鄉出土,旋歸劉坡村王氏,余於同年 6 月 18 日,購得拓本一枚。

七八　唐郭善積墓誌并蓋

唐郭善積墓誌并蓋

首題:"唐故郭大夫墓誌銘并序"

共 24 行,滿行 24 字　515×505

誌蓋篆書:"郭君誌銘"　2 行,行 2 字　385×395

麟德二年(665)十月一日卒　乾封元年(666)二月二十三日葬

2003 年春,河南省洛陽市孟津縣出土,旋歸何氏。

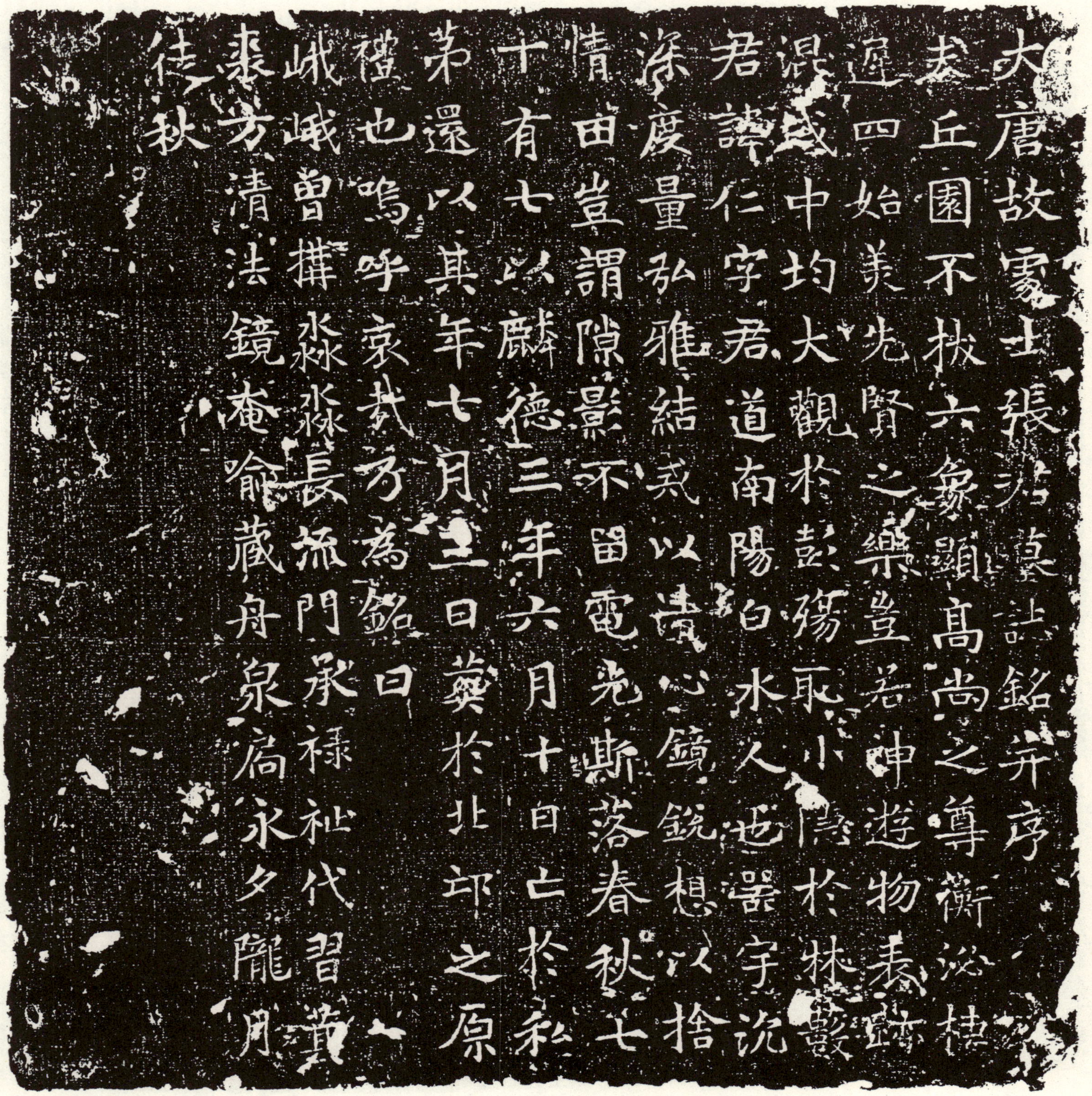
大唐故處士張[illegible]墓誌銘并序
老丘園不拔六象顯高尚之尊衡泌棲
遲四始美先賢之樂豈若神遊物表跡
混域中均大觀於彭殤取小隱於林藪
君諱仁字君道南陽白水人也器宇沉
深度量弘雅結氣以遺心鏡鋭想以捨
情田豈謂隙影不留電光斯落春秋七
十有七以麟德三年六月十日亡於私
第還以其年七月三日葬於北邙之原
禮也嗚呼哀哉乃爲銘曰
峨峨曾搆淼淼長流門承禄祉代習簪
裘方清法鏡奄喻藏舟泉扃永夕隴月
徒秋

七九　唐張仁墓誌

首題:“大唐故處士張君墓誌銘并序”

共13行,滿行15字　445×430

麟德三年(麟德僅二年,此應爲乾封元年)(666)六月十日卒七月三日葬

該石出土時地不詳。

八〇　唐劉孝幹墓誌

首題:“大唐故處士劉君墓誌銘并序”

共 24 行,滿行 26 字　470×470×70

貞觀十八年(644)三月八日卒　乾封元年(666)十月十日葬

2004 年冬,河南省洛陽市白馬寺董村北出土,旋歸陳村某氏。

八一　唐姚靜通墓誌并蓋

唐姚靜通墓誌并蓋

首題：“大唐故倍戎尉姚君墓誌銘并序”

共19行，滿行18字　410×425

誌蓋篆書：“姚君誌銘”　2行，行2字　440×455

總章二年（669）三月二十日卒　四月十三日葬

2005年9月，河南省洛陽市龍門鎮出土，旋歸孫氏。

八二　唐袁德墓誌

首題：“唐故渭州白馬縣令袁公墓誌銘并序”

共 26 行，滿行 26 字　500×515

總章二年（669）七月二十七日卒　十一月九日葬

2003 年春，河南省洛陽市孟津縣出土，旋歸白馬寺王氏。

八三　唐劉君夫人韓淨識墓誌并蓋

唐劉君夫人韓淨識墓誌并蓋

首題:"大唐故劉府君韓夫人墓誌銘并序"

共25行,滿行25字　490×505

誌蓋篆書:"劉君之誌"　2行,行2字　380×375

總章二年(669)十二月十五日卒　總章三年(670)正月二十三日葬

2002年,河南省洛陽市孟津縣出土。

八四　唐甄庭言墓誌并蓋

唐甄庭言墓誌并蓋

首題："唐故桂州始安縣令甄府君墓誌銘并序"

共25行，滿行25字　710×705

誌蓋篆書："甄府君銘"　2行，行2字　740×730

咸亨三年（672）四月一日卒　咸亨四年（673）十月二十八日葬

2001年，河南省洛陽市孟津縣出土。

八五　唐吕恶墓誌

首題："唐故吕夫人墓誌銘并序"
共18行,满22字　500×505
咸亨二年(671)六月二十九日卒　咸亨四年(673)十一月九日葬
2005年9月,河南省洛陽市孟津縣出土,歸洛陽陳氏。

八六　唐李胡墓誌

無首題

共 19 行，滿行 20 字　435×430

貞觀十八年（644）六月二十八日卒　上元二年（675）正月四日葬

2002 年，河南省洛陽市孟津縣出土。

八七　唐高氏墓誌

首題："大唐建州建安縣尉故夫人高氏墓誌銘并序"

共 20 行，滿行 20 字　460×460

咸亨五年（674）三月十日卒　上元二年（675）十月三日葬

2003 年秋，河南省洛陽市孟津縣出土，旋歸洛陽豫深文博城張氏。

八八　唐張脛墓誌并蓋

唐張脛墓誌并蓋

首題："唐故右監門中郎將張府君墓誌銘并序"

共36行，滿行34字　570×650

誌蓋篆書："張君之銘"　2行，行2字　630×615

總章元年（668）十一月十九日卒　上元三年（676）閏三月四日葬

2001年，河南省洛陽市伊川縣萬安山出土。

八九　唐嚴道墓誌

首題:“唐故源州平涼縣令嚴君墓誌并序”

共23行,滿行23字　495×505

貞觀十七年(643)六月三日卒　上元三年(676)四月十二日葬

2003年12月,河南省洛陽市洛龍區龍門鎮張溝村出土,旋歸洛陽古玩城孟氏。

九〇 唐徐迪墓誌并蓋

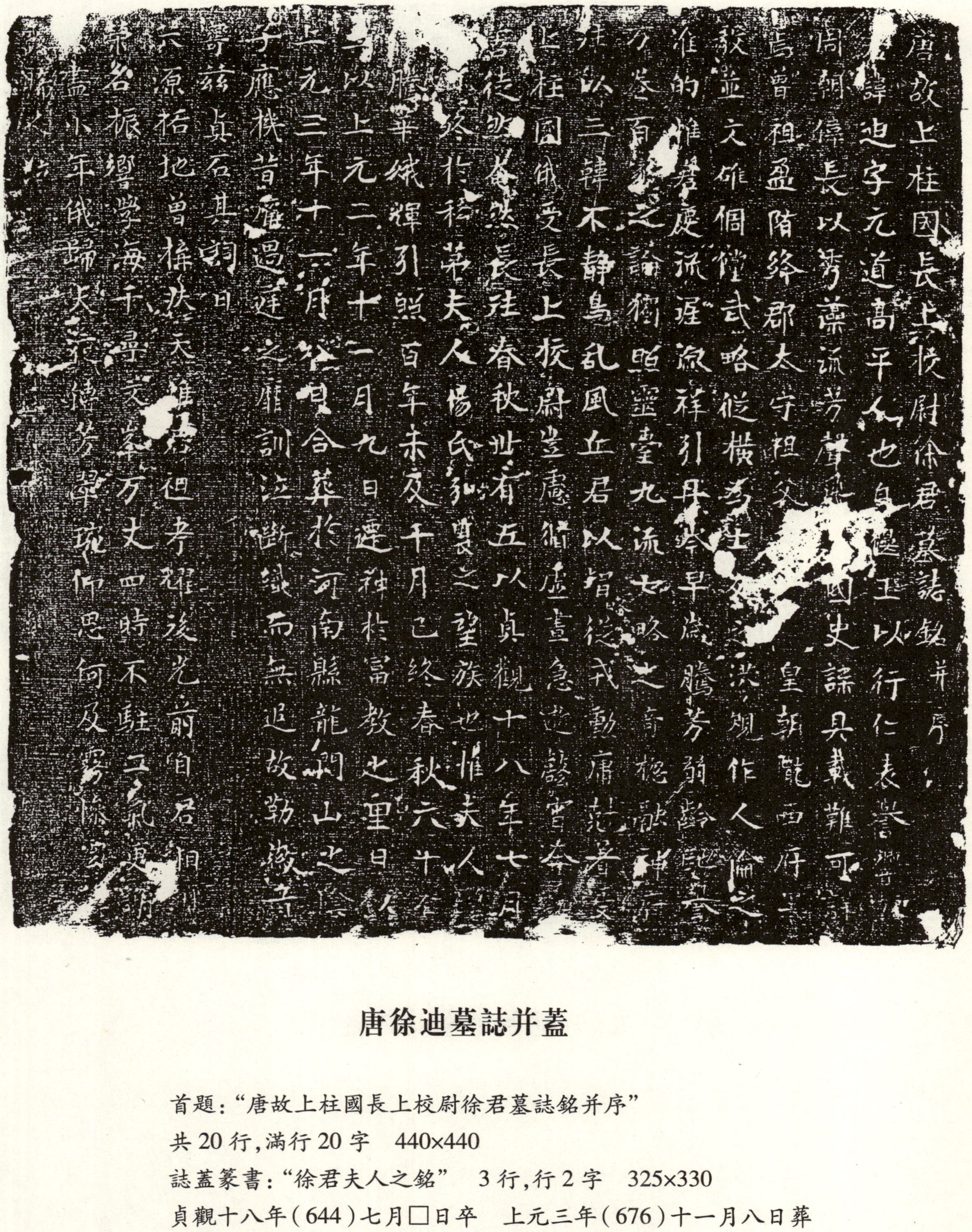

唐徐迪墓誌并蓋

首題:"唐故上柱國長上校尉徐君墓誌銘并序"
共20行,滿行20字　440×440
誌蓋篆書:"徐君夫人之銘"　3行,行2字　325×330
貞觀十八年(644)七月□日卒　上元三年(676)十一月八日葬
2004年冬,河南省洛陽市龍門鎮出土,歸洛陽何氏。

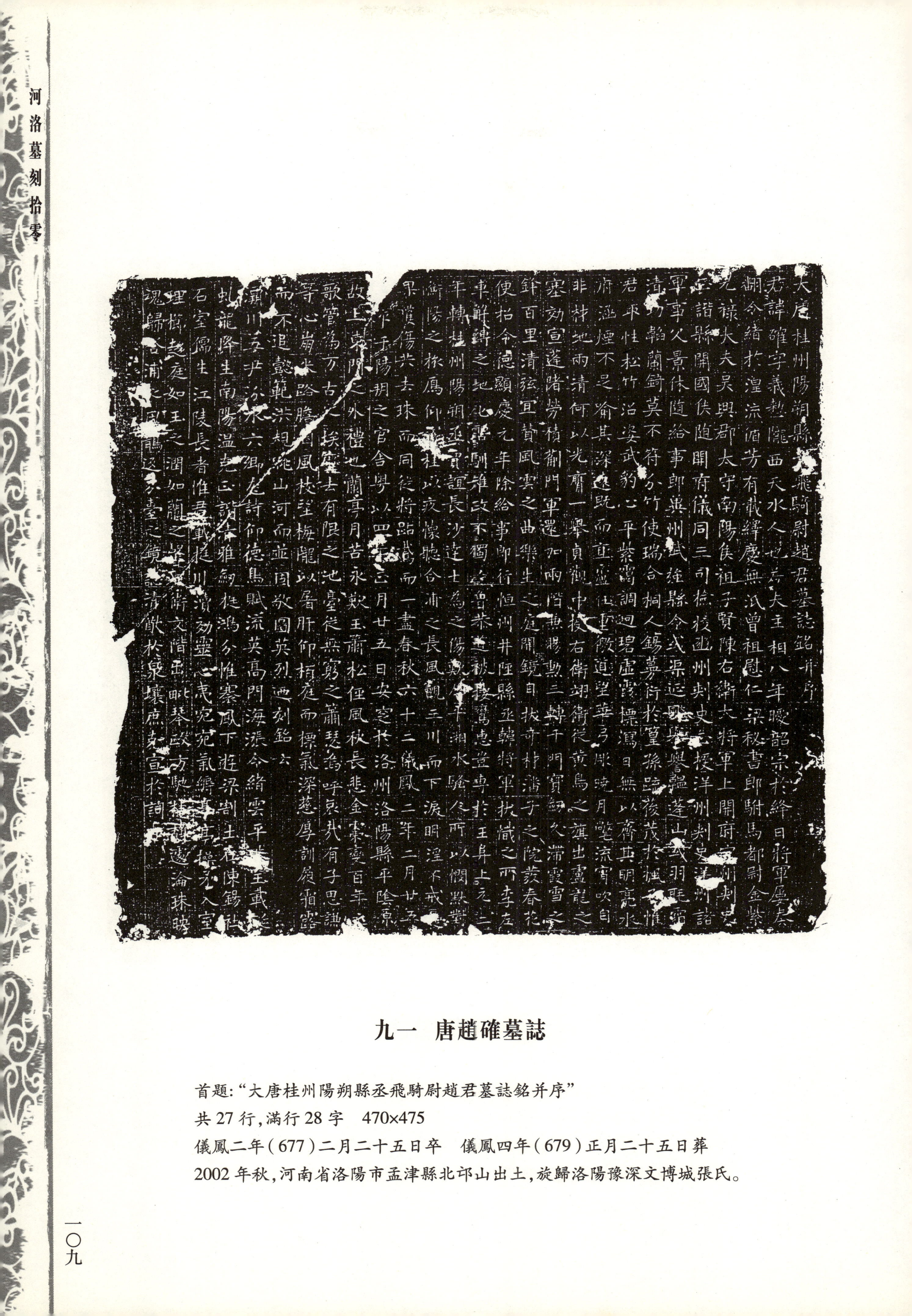

九一　唐趙確墓誌

首題:"大唐桂州陽朔縣丞飛騎尉趙君墓誌銘并序"

共27行,滿行28字　470×475

儀鳳二年(677)二月二十五日卒　儀鳳四年(679)正月二十五日葬

2002年秋,河南省洛陽市孟津縣北邙山出土,旋歸洛陽豫深文博城張氏。

九二　唐劉猷墓誌

首題："唐故□節處士劉公墓誌并序"

共26行，滿行26字　435×435

儀鳳三年（678）八月二十九日卒　調露元年（679）九月二十五日葬

2003年秋，河南省洛陽偃師市出土，旋歸白馬寺王氏。

九三　唐王君妻徐令輝墓誌

首題："大唐處士琅耶王府君故妻東海徐夫人墓誌銘并序"

共29行，滿行30字　515×515

貞觀十一年（637）七月一日卒　調露元年（679）十月二十三日葬

2002年，河南省洛陽市伊川縣出土，旋歸洛陽豫深文博城張氏，余於2003年11月23日得之。

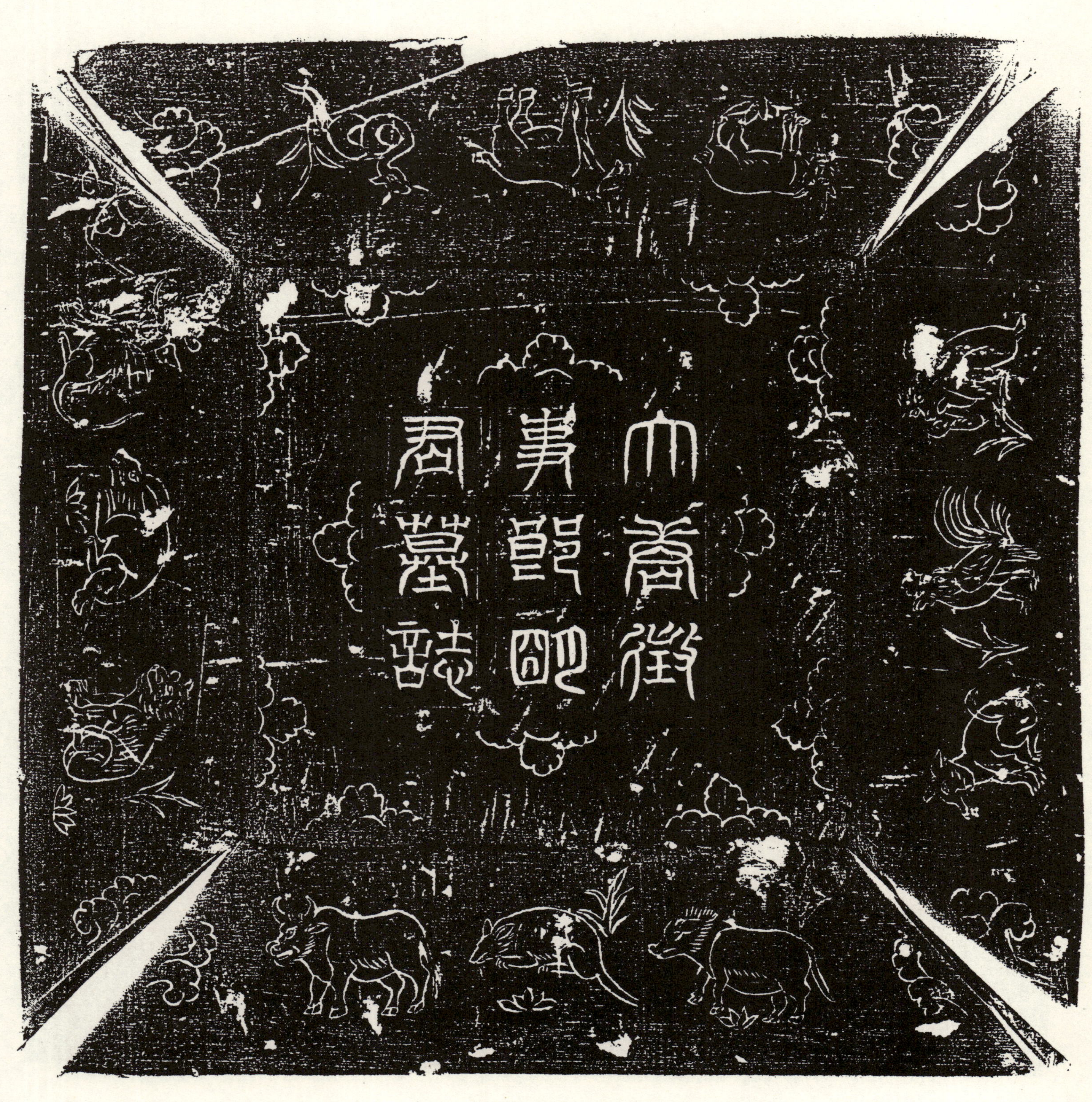

九四　唐明崇覽墓誌并蓋

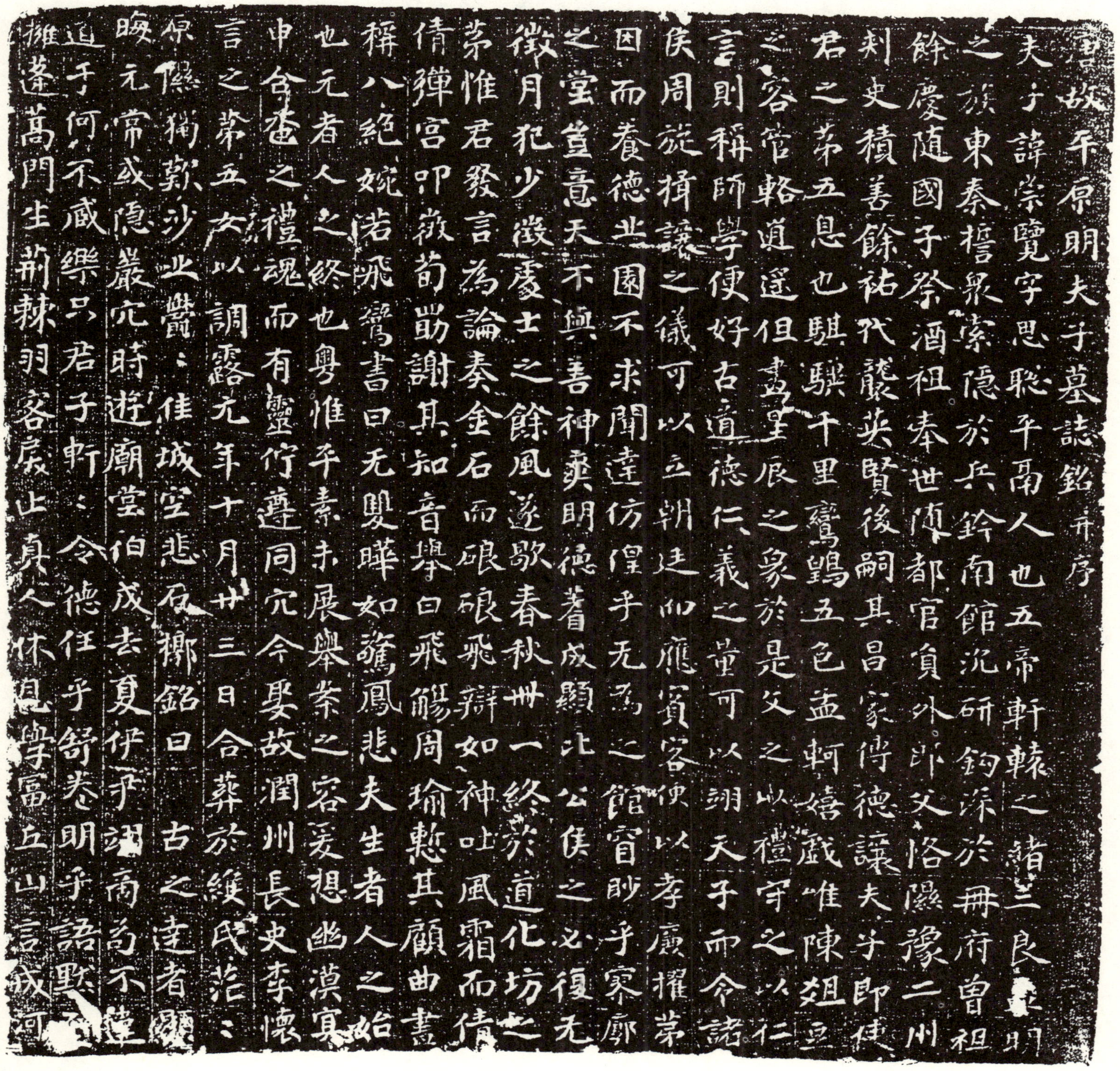

唐明崇覽墓誌并蓋

首題:“唐故平原明夫子墓誌銘并序”

共22行,滿行22字　左側3行,滿行22字　395×385

誌蓋篆書:“大唐徵事郎明君墓誌”　3行,行3字　245×245

調露元年(679)十月二十三日葬

2005年秋,河南省洛陽偃師市緱氏鎮出土,旋歸洛陽古玩城孟氏。

九五　唐麴安墓誌

首題："唐故麴君墓誌銘并序"

共19行，满行19字　355×345

顯慶五年（660）八月十三日卒　調露元年（679）十一月十六日之後葬

2000年冬，河南省洛陽市出土。

九六　唐薛矩墓誌并蓋

唐薛矩墓誌并蓋

首題："唐故朝散郎行洛州洛陽縣尉薛君墓誌銘并序"

共32行，滿行32字　560×560

誌蓋篆書："大唐故薛府君墓誌銘"　3行，行3字　575×580

調露元年（679）十二月三日卒　十二月二十六日葬

2001年，河南省洛陽市伊川縣出土。

九七　唐康磨伽墓誌

首題："大唐故游擊將軍康府君墓誌銘并序"

共25行，滿行25字　575×575

永淳元年（682）四月三日卒

該誌出土於河南省洛陽市孟津縣平樂鎮，出土時間不詳。

九八　唐亡宫之銘

首题："大唐亡宫之銘"

共9行，滿行16字　480×475

永淳二年（683）七月十八日卒　七月□日葬

2004年初冬，河南省洛陽市出土，先歸洛陽古玩城孟氏，旋歸偃師市李氏。

九九 唐楊德深墓誌

首題："大唐故汅州録事参軍事上騎都尉楊府君墓誌銘并序"

共24行，滿行24字 500×500

永淳二年（683）九月二十九日卒 嗣聖元年（684）正月二十三日葬

2005年冬，河南省洛陽市伊川縣萬安山出土，旋歸唐氏。

一〇〇 唐杜奇墓誌

首題:“唐故并州壽陽縣主簿杜君墓誌之銘并序”

共24行,滿行25字 580×585×110

乾封三年(668)正月十一日卒 垂拱元年(685)十月十三日葬

2003年春,河南省洛陽市孟津縣委粟原出土,先歸洛陽何氏,同年11月6日,歸藏洛陽師範學院。

一〇一　唐高真行墓誌

首題："大唐故前□□□□□安州高府君墓誌銘并序"

共44行，滿行44字　1040×1050×320

文明元年（684）九月二日卒　垂拱元年（685）十月三十日葬

2005年8月，河南省洛陽市伊川縣萬安山出土，先歸平樂郭氏，旋歸洛陽師範學院。

一〇二　唐鄒大方墓誌并蓋

唐鄒大方墓誌并蓋

首題:“大唐故幽州漁陽縣令鄒君墓誌銘并序”
共26行,滿行25字　470×470×110
誌蓋篆書:“大唐故鄒君墓誌之銘”　3行,行3字　510×510
垂拱元年(685)十一月十三日卒　垂拱三年(687)二月二日葬
2000年,河南省洛陽市伊川縣萬安山出土。

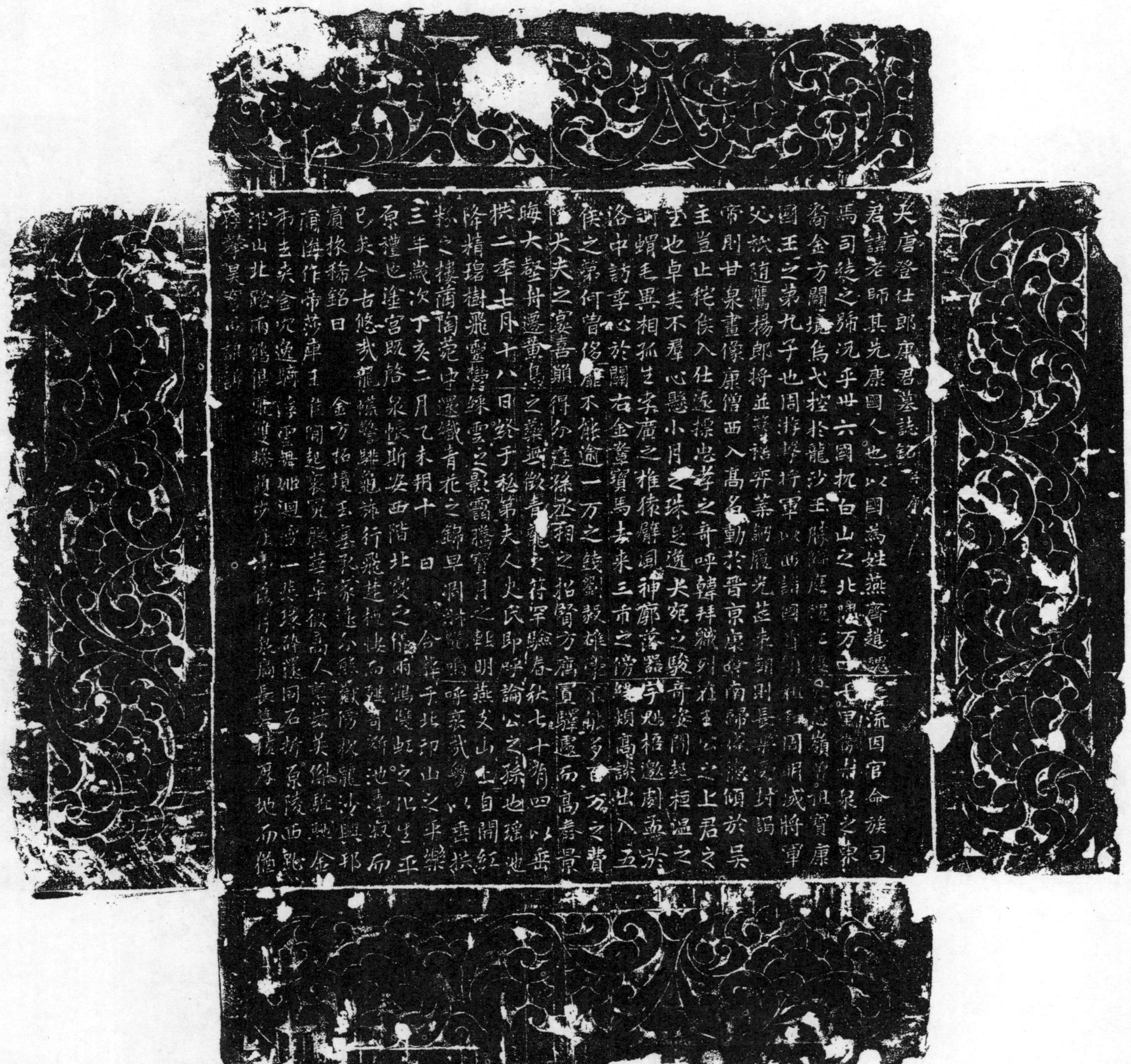

一〇三　唐康老師墓誌

首題："大唐登仕郎康君墓誌銘并序"

共25行，滿行25字　475×475×130

垂拱二年（686）七月十八日卒　垂拱三年（687）二月十日葬

2000年，河南省洛陽市孟津縣出土。

一〇四　唐韋師墓誌并蓋

唐韋師墓誌并蓋

首題："大唐故博州刺史韋府君墓誌銘并序"

共33行，滿行33字　735×730×165

誌蓋篆書："大唐故博州刺史京兆韋府君墓誌之銘"　4行，行4字　580×575

貞觀十五年（641）三月十五日卒　垂拱四年（688）正月十三日葬

2003年夏，河南省洛陽市孟津縣北邙山出土，旋歸洛陽古玩城孟氏，同年秋，鄭州黄氏以6000元購得。

一〇五　唐皇甫文亮墓誌

首題："唐故中散大夫楚鄧隴魏四州刺史鸞臺侍郎清平縣開國男皇甫公墓誌銘并序"

共 34 行，滿行 33 字　615×615

垂拱三年（687）八月卒　垂拱四年（688）十月二十四日葬

2003 年春，河南省洛陽市孟津縣常袋鄉半坡村與小崔溝之間出土，縣文史辦謝光林主任傳拓贈余。

一〇六　唐胡貞範墓誌并蓋

唐胡貞範墓誌并蓋

首題:“大唐中大夫守延州刺史上柱國東海郡開國公故夫人胡氏墓誌銘并序”

共38行,滿行37字　640×650

誌蓋篆書:“大唐故夫人胡氏墓誌”　3行,行3字　695×700

垂拱三年(687)八月十四日卒　垂拱四年(688)十二月一日葬

1997年10月,河南省洛陽市孟津縣權嶺村出土。

一〇七 唐趙興墓誌

首題："大唐故監門直長趙君之墓誌銘"

共23行，滿行24字 585×580

載初元年（690）五月十七日卒 五月二十八日葬

2004年冬，河南省洛陽市出土，旋歸洛陽古玩城李氏。

一〇八　唐趙玄應墓誌

首題："唐故左玉鈐衛天山府右果毅都尉上柱國趙君墓誌銘并序"
共 29 行，滿行 29 字　630×630×145
垂拱二年（686）八月一日卒　天授二年（691）一月三十日葬
1999 年，河南省洛陽市伊川縣呂店鄉袁莊北萬安山出土。

一〇九　周程仁墓誌并蓋

周程仁墓誌并蓋

首題："周故逸人程府君墓誌銘并序"
共 18 行，滿行 18 字　380×375
誌蓋篆書："程君墓誌"　2 行，行 2 字　272×285
天授二年（691）四月二十六日卒　十月十二日葬
2003 年秋，河南省洛陽市出土，旋歸北京劉氏。

一一〇 唐崔玄亮墓誌并蓋

唐崔玄亮墓誌并蓋

首題："唐故雍州涇陽縣丞博陵崔公墓誌銘并序"

共32行，滿行31字　730×730×780

誌蓋篆書："大周故崔府君墓誌銘"　3行，行3字　770×775

貞觀二十三年（649）卒　天授二年（691）十月二十三日葬

2000年秋，河南省洛陽市伊川縣彭婆鄉許營村北萬安山出土，旋歸洛陽市文物二隊。

一一一 唐張君墓誌

首題:“唐故陪戎尉張君墓誌”

共22行,滿行24字 470×480

卒年不詳 天授三年(692)二月葬 張師感撰

2003年冬,河南省洛陽偃師市亳邑鄉出土,旋歸洛陽古玩城李氏,余購得之。

一一二　唐賈師墓誌

首題："唐故文林郎賈府君墓□□□□"

共23行，滿行23字　510×510×100

貞觀二十一年（647）三月十四日卒　長壽二年（693）十月十七日葬

2000年春，河南省洛陽市白馬寺鎮楊凹村出土，旋歸洛陽市文物二隊。

一一三　周馬耻墓誌并蓋

周馬耻墓誌并蓋

首題:“大周故邢州鉅鹿縣丞馬君墓誌銘并序”
共22行,滿行23字　590×575×160
誌蓋篆書:“大周故馬君墓誌之銘”　3行,行3字　605×600
長壽二年(693)八月六日卒　長壽三年(694)一月二十二日葬
1999年冬,河南省洛陽市孟津縣平樂鎮出土。

一一四　周梁玉墓誌

首題："大周處士故夏州長史梁公之誌銘并序"

共24行，滿行23字　380×385

證聖元年(695)閏二月十五日卒　三月八日葬

2003年秋，河南省洛陽市伊川縣出土，旋歸洛陽豫深文博城張氏。

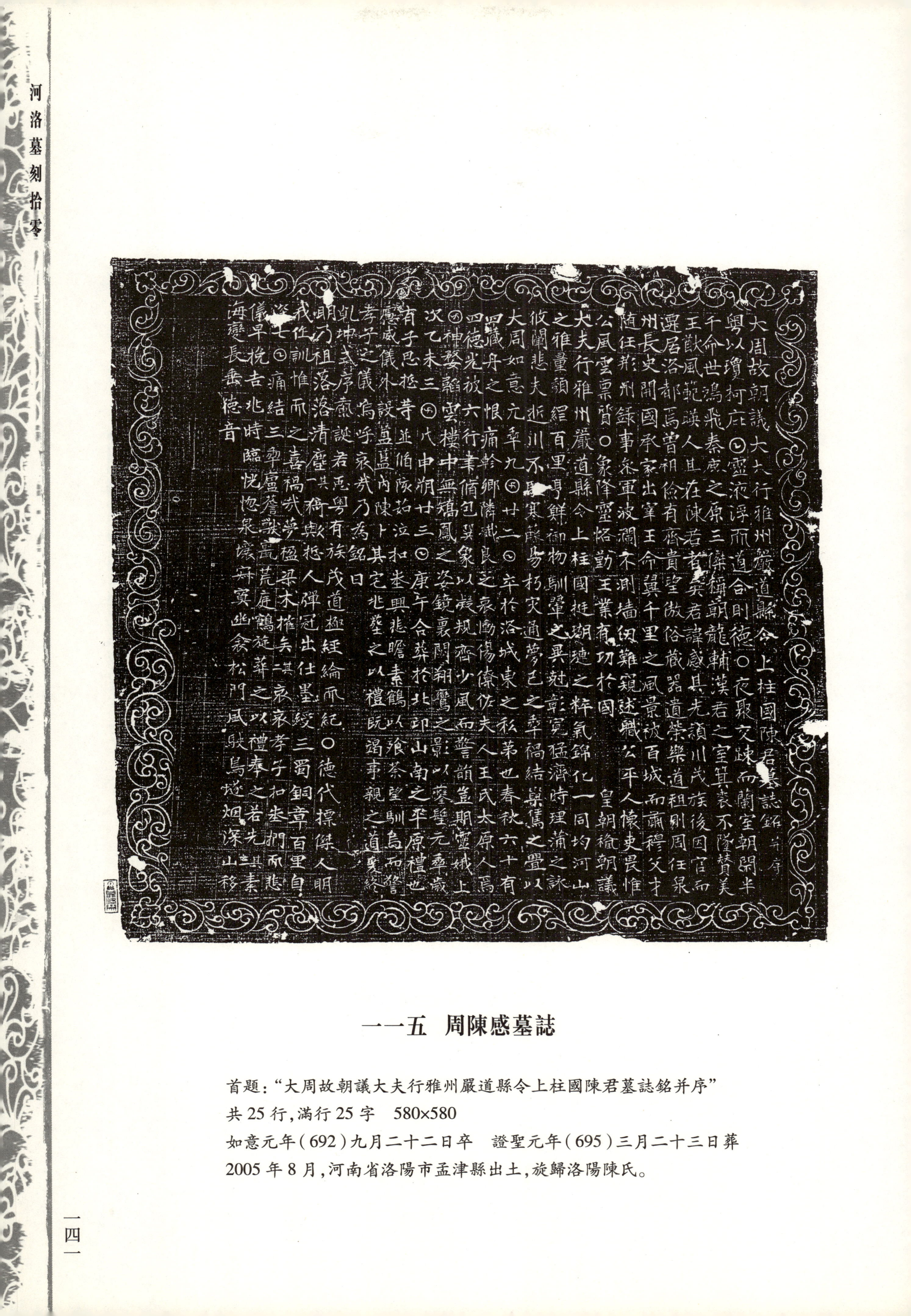

一一五　周陳感墓誌

首題："大周故朝議大夫行雅州嚴道縣令上柱國陳君墓誌銘并序"

共25行，滿行25字　580×580

如意元年（692）九月二十二日卒　證聖元年（695）三月二十三日葬

2005年8月，河南省洛陽市孟津縣出土，旋歸洛陽陳氏。

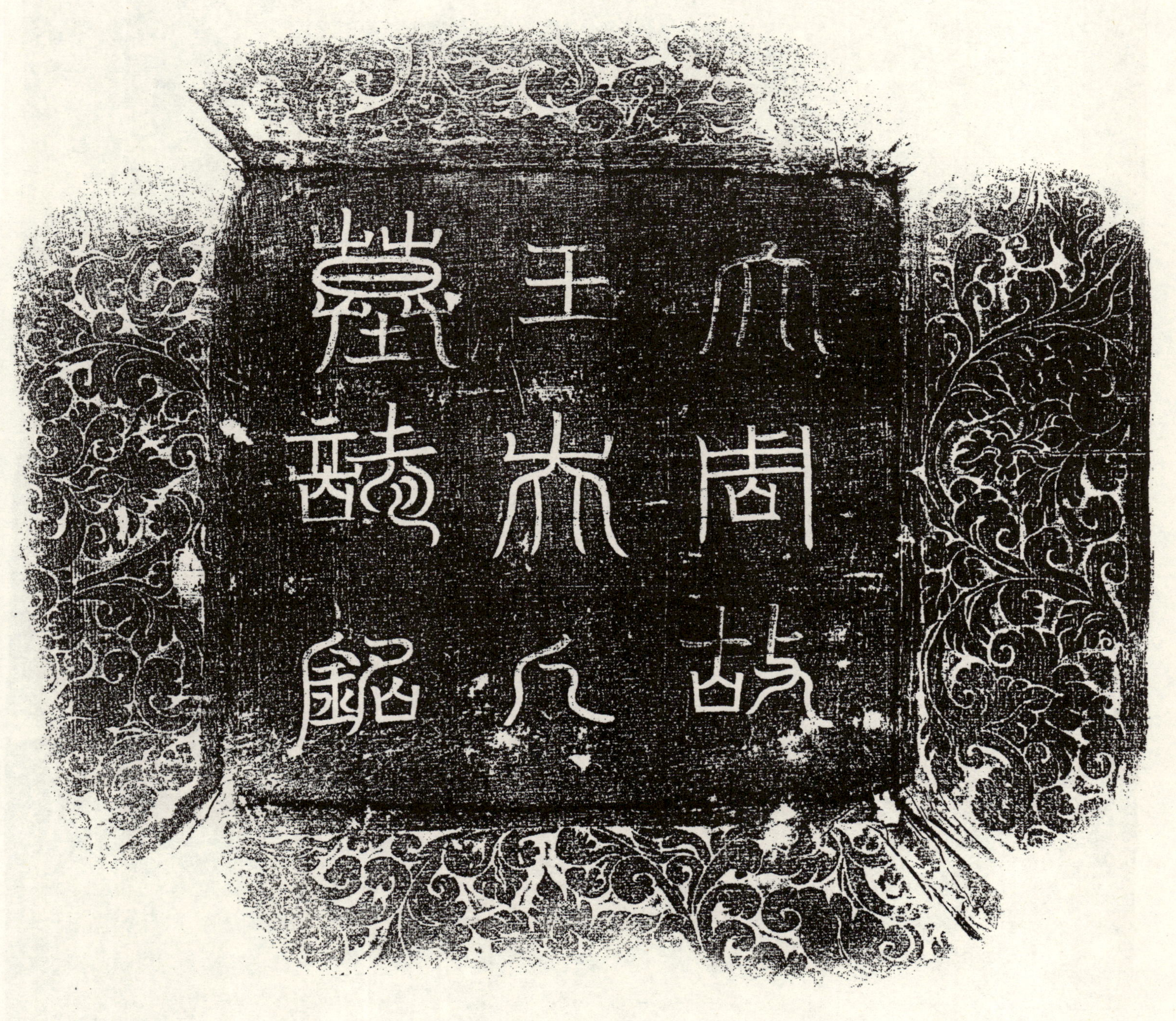

一一六　周王嫈墓誌并蓋

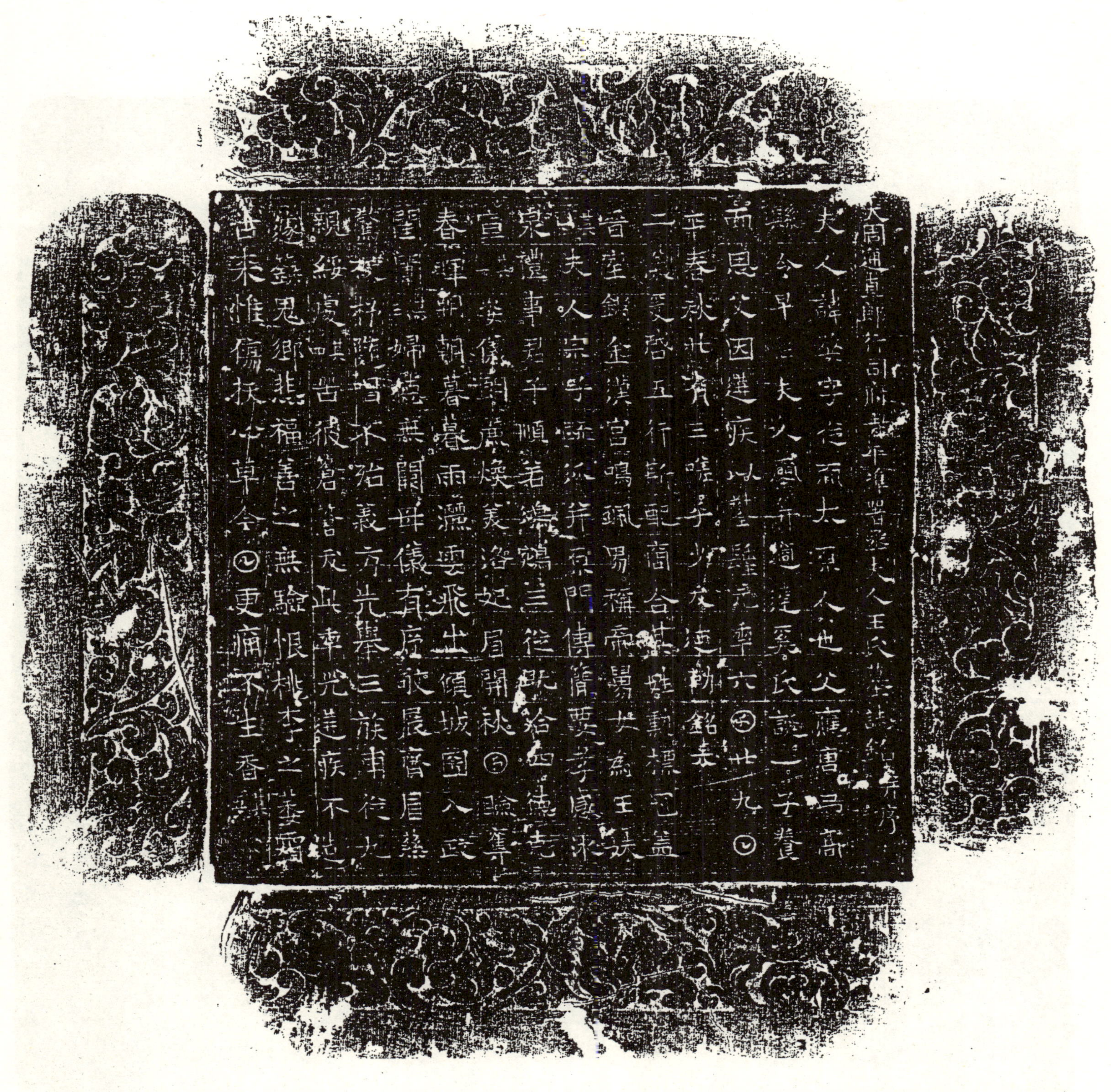

周王嫈墓誌并蓋

首題:“大周通直郎行司府寺平準署丞夫人王氏墓誌銘并序”

共16行,滿行16字　330×330×85

誌蓋篆書:“大周故王夫人墓誌銘”　3行,行3字　220×220

證聖元年(695)六月二十九日卒

2003年秋,河南省洛陽市出土,先歸洛陽古玩城孟氏,旋歸傅氏,余購得拓本一枚。

一一七 周王思訥墓誌

首題："大周故文林郎騎都尉王君墓誌銘并序"

共24行，滿行24字　470×475

證聖元年（695）五月二十日卒　天冊萬歲二年（696）正月十一日葬

河南省洛陽市孟津縣出土，時間不詳。

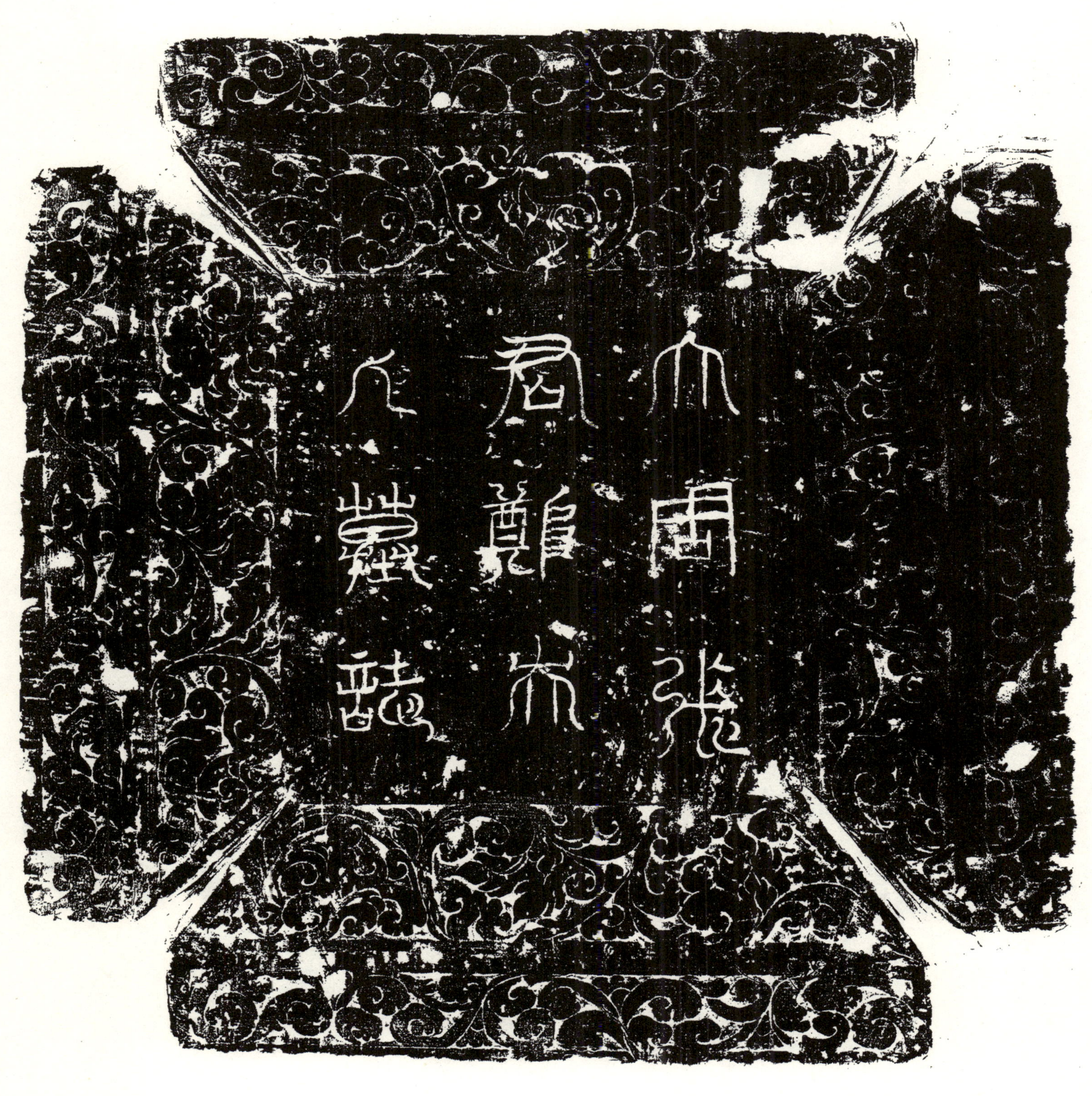

一一八　周張君夫人鄭德墓誌并蓋

周張君夫人鄭德墓誌并蓋

首題："大周故將仕郎張君夫人鄭氏墓誌"

共 18 行，滿行 19 字　425×415×94

誌蓋篆書："大周張君鄭夫人墓誌"　3 行，行 3 字　455×445

萬歲通天二年（697）正月二十七日卒　二月五日葬

1999 年冬，河南省洛陽市出土。

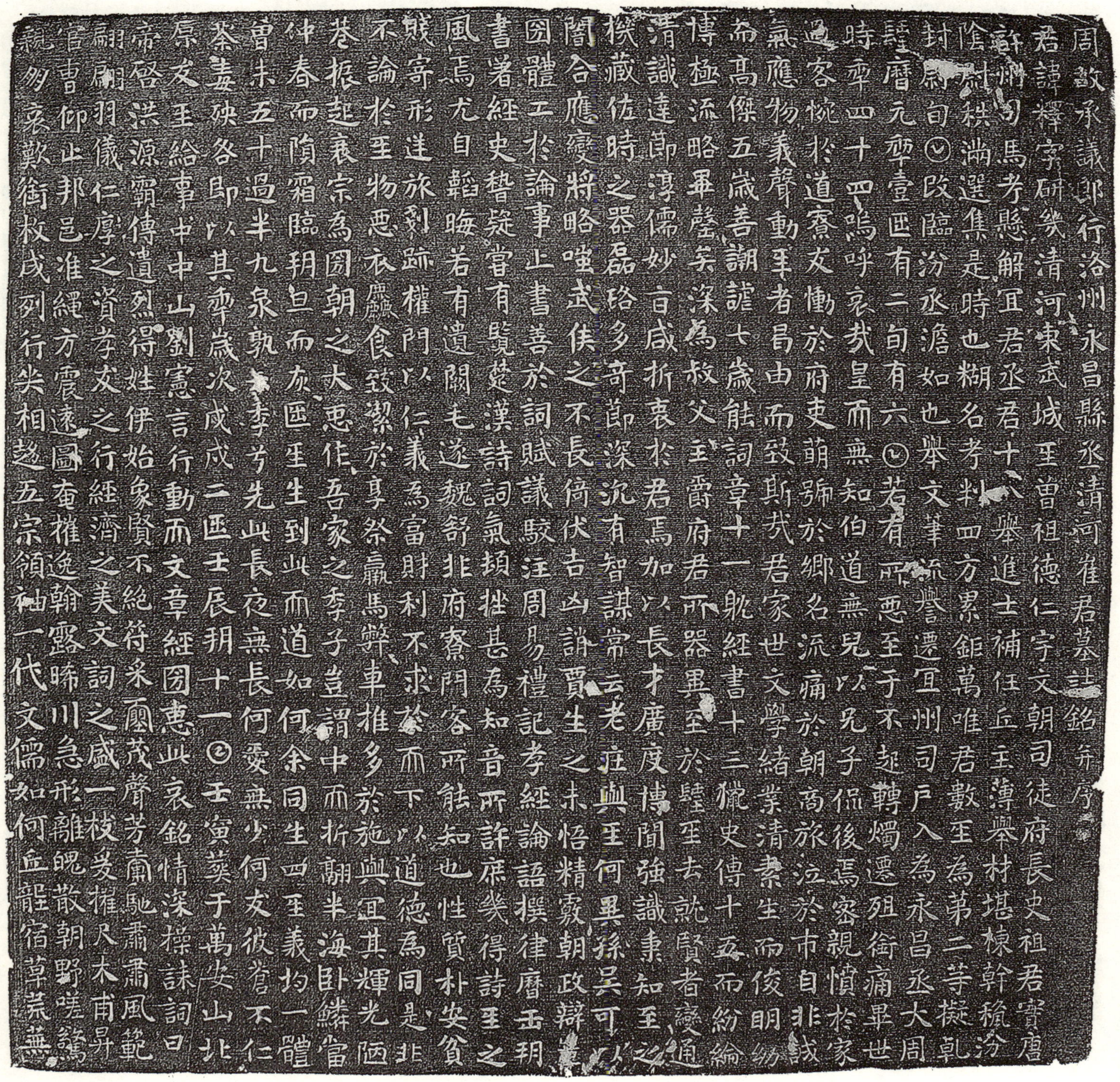

一一九　唐崔釋墓誌

首題："周故承議郎行洛州永昌縣丞清河崔君墓誌銘并序"

共28行，滿行28字　575×570

聖曆元年（698）一月二十六日卒　二月十一日葬　劉憲撰

2005年秋，河南省洛陽偃師市萬安山北出土。

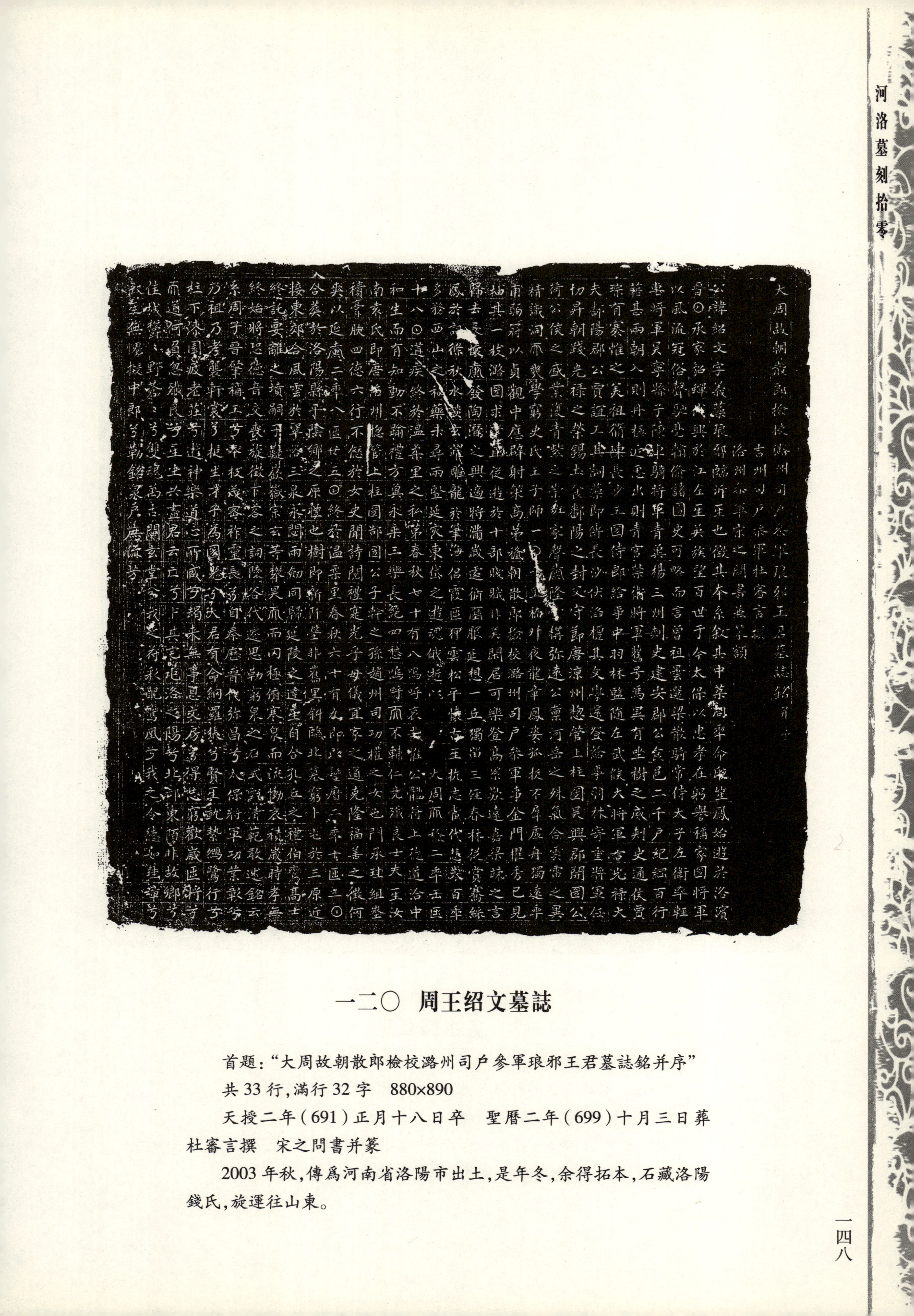

一二〇　周王绍文墓誌

首題:“大周故朝散郎檢校潞州司户參軍琅邪王君墓誌銘并序”

共33行,滿行32字　880×890

天授二年(691)正月十八日卒　聖曆二年(699)十月三日葬

杜審言撰　宋之問書并篆

2003年秋,傳爲河南省洛陽市出土,是年冬,余得拓本,石藏洛陽錢氏,旋運往山東。

一二一　周孟模妻夏侯夫人墓誌并蓋

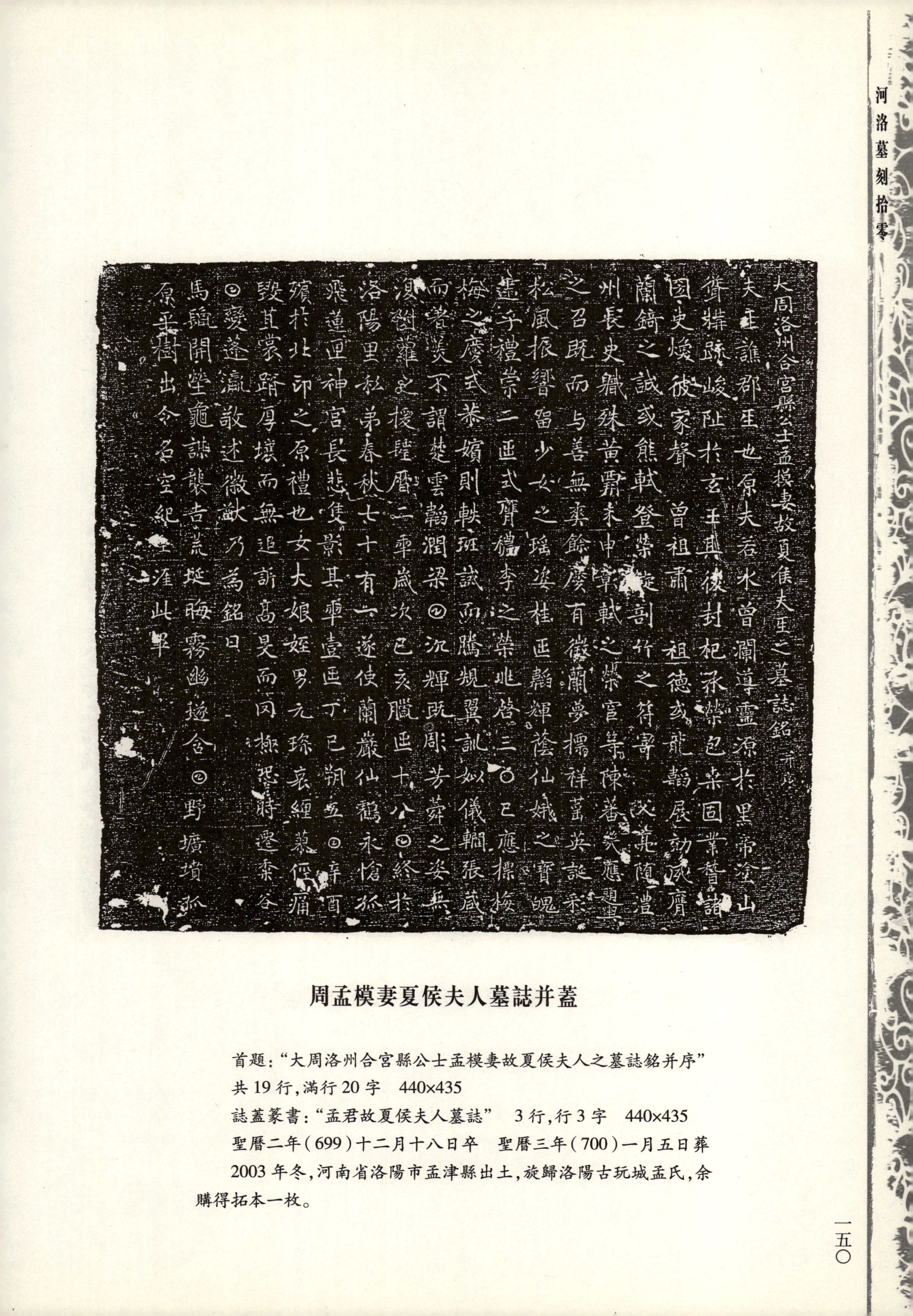

周孟模妻夏侯夫人墓誌并蓋

首題："大周洛州合宫縣公士孟模妻故夏侯夫人之墓誌銘并序"
共19行，滿行20字　440×435
誌蓋篆書："孟君故夏侯夫人墓誌"　3行，行3字　440×435
聖曆二年（699）十二月十八日卒　聖曆三年（700）一月五日葬

2003年冬，河南省洛陽市孟津縣出土，旋歸洛陽古玩城孟氏，余購得拓本一枚。

一二二 周姚恭墓誌

首題："大周姚府君墓志銘并序"

共24行，滿行24字　425×420

聖曆二年（699）十二月十日卒　聖曆三年（700）一月二十八日葬

河南省洛陽市孟津縣出土，時間不詳。

一二三　周崔無固墓誌并蓋

周崔無固墓誌并蓋

首题："大周故朝議大夫行汴州司馬上柱國崔府君墓誌銘并序"

共29行，滿行28字　605×635×115

誌蓋隸書："大周故汴州司馬崔府君墓誌"　3行，行4字　710×710

聖曆三年（700）十二月二十三日卒　聖曆三年（700）三月五日葬　房昶撰

2000年春，河南省洛陽市伊川縣萬安山出土。

按：卒年"聖曆三年"疑爲"二年"之誤，焉能卒在後而葬在前，情理不通。

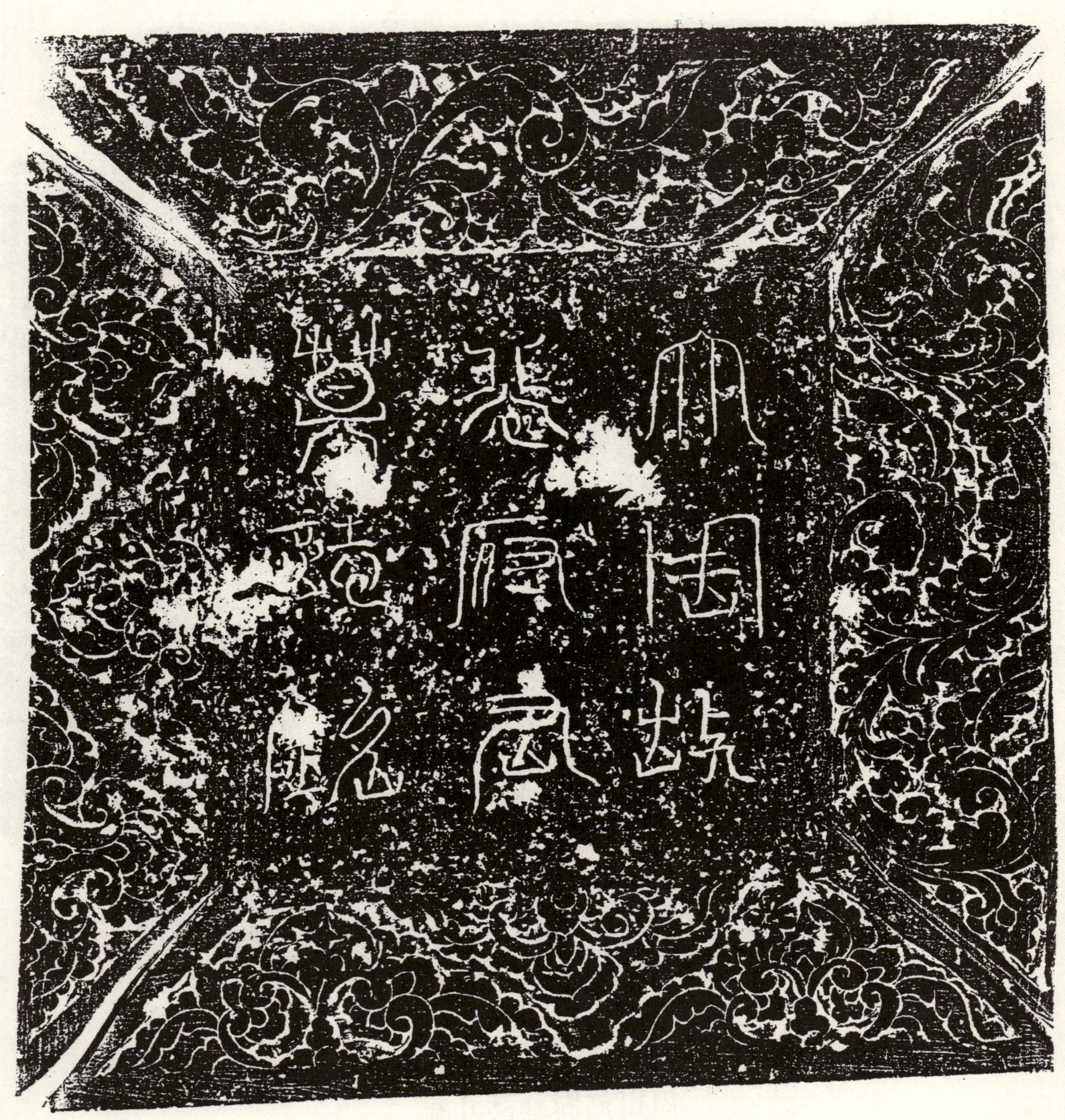

一二四　周裴氏崔夫人幽泉記并蓋

周裴氏崔夫人幽泉記并蓋

首題:“裴氏崔夫人幽泉記”

共 18 行,滿行 20 字　415×415

誌蓋篆書:“大周故裴府君墓誌銘”　3 行,行 3 字　235×230

長壽二年(693)二月十日卒　久視元年(700)十月五日葬

2005 年夏,河南省洛陽市孟津縣出土,旋歸洛陽潞澤文博城孟氏。

一二五　唐李節墓誌并蓋

唐李節墓誌并蓋

首題："唐故資州司倉參軍李君墓誌銘并序"

共25行，滿行26字　550×550×88

誌蓋篆書："故趙郡李府君墓誌銘"　3行，行3字　550×555

永昌元年（689）二月二十日卒　久視元年（700）十一月八日葬

2000年春，河南省洛陽市龍門鎮出土。

一二六　唐李師感墓誌并蓋

唐李師感墓誌并蓋

首題:“唐故隴州參軍事李君墓誌銘并序”

共 24 行,滿行 24 字　460×460

誌蓋篆書:“大周故李君墓誌之銘”　3 行,行 3 字　355×365

永徽四年(653)六月九日卒　久視元年(700)十一月八日葬

2004 年冬,河南省洛陽市孟津縣出土,旋歸洛陽董氏。

一二七 唐李義琳墓誌

首題："唐故宋州碭山縣令李府君神道銘并序"

共31行，滿行31字 720×730

垂拱二年（686）十月三日卒 長安二年（702）五月六日葬

崔玄暐撰 孫夐書 陳懷義鐫

2000年春，河南省洛陽市伊川縣出土。

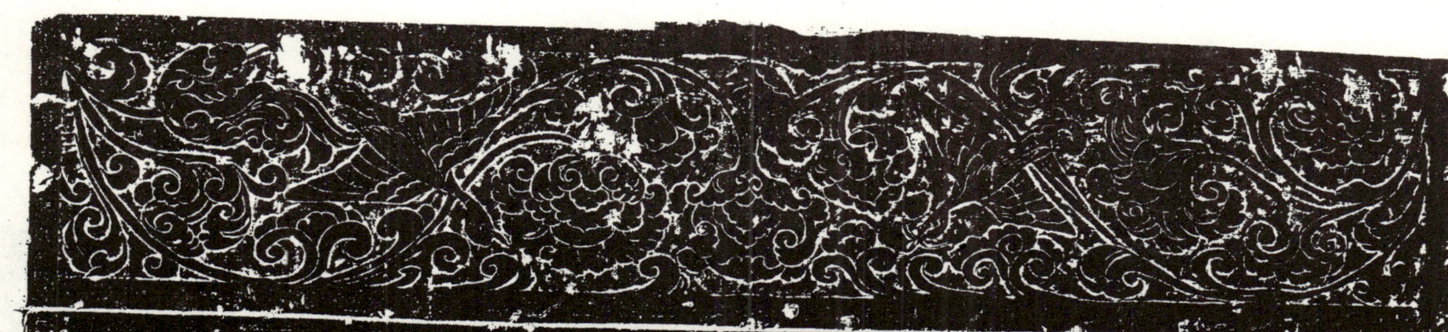

一二八　唐徐慈政墓誌

首題："唐故壯武將軍高平徐府君墓誌銘并序"

共34行，滿行34字　730×730×155

麟德二年（665）十月二十六日卒　長安二年（702）五月七日葬　徐太玄撰

2005年夏，河南省洛陽市龍門鎮張溝村東出土，旋歸某氏。

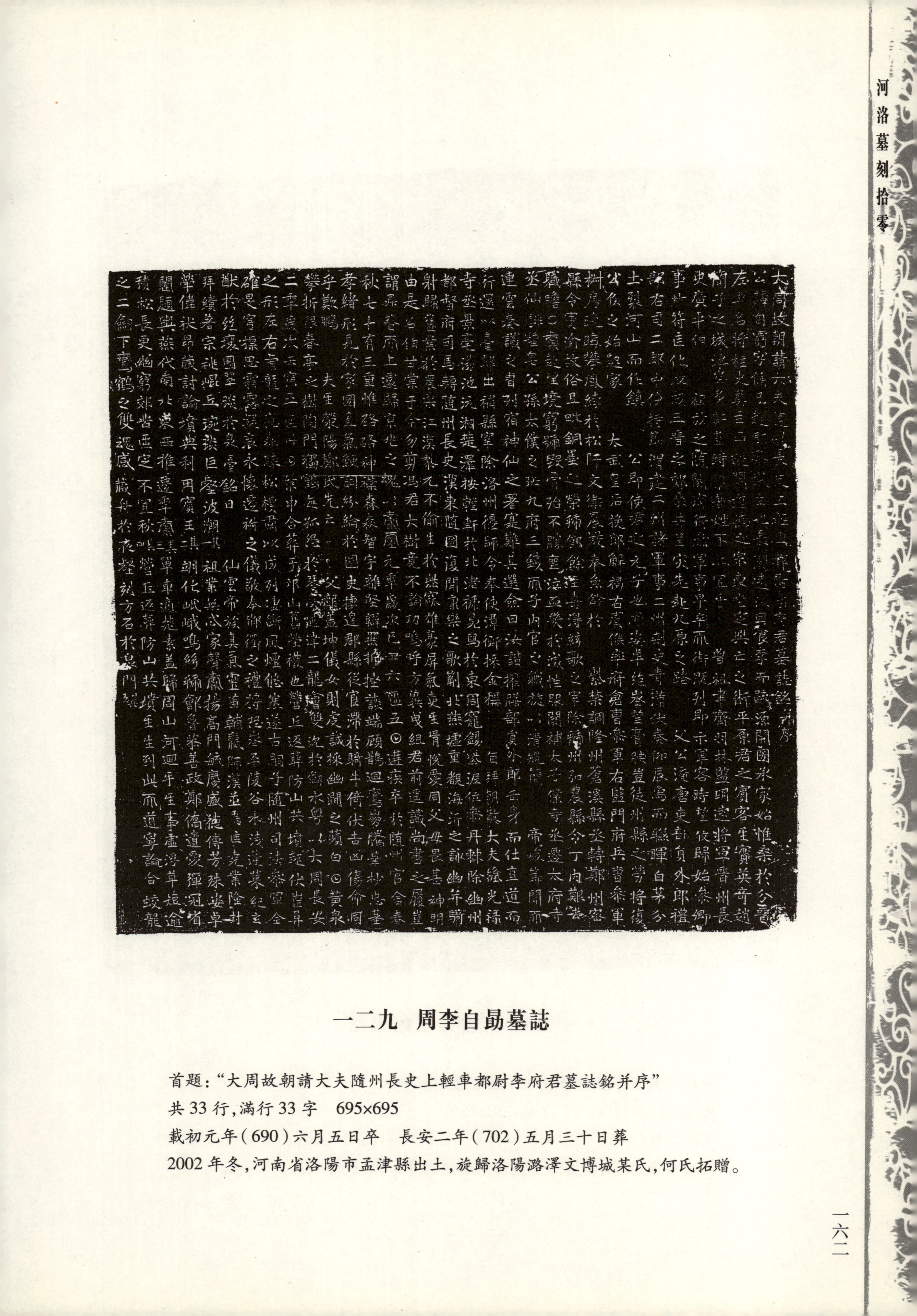

一二九　周李自勗墓誌

首題："大周故朝請大夫隨州長史上輕車都尉李府君墓誌銘并序"

共33行，滿行33字　695×695

載初元年（690）六月五日卒　長安二年（702）五月三十日葬

2002年冬，河南省洛陽市孟津縣出土，旋歸洛陽潞澤文博城某氏，何氏拓贈。

一三〇　隋孔君夫人王氏墓誌并蓋

隋孔君夫人王氏墓誌并蓋

首題:“隋故王夫人墓誌銘”

共20行,滿行20字　590×595

誌蓋篆書:“隋故王夫人墓誌之銘”　3行,行3字　450×465

卒年不詳　長安三年(703)二月葬

2006年夏,河南省洛陽偃師市出土,旋歸洛陽古玩城孟氏,余以《唐李苕墓誌》易得拓本一枚,此拓本售價150元。

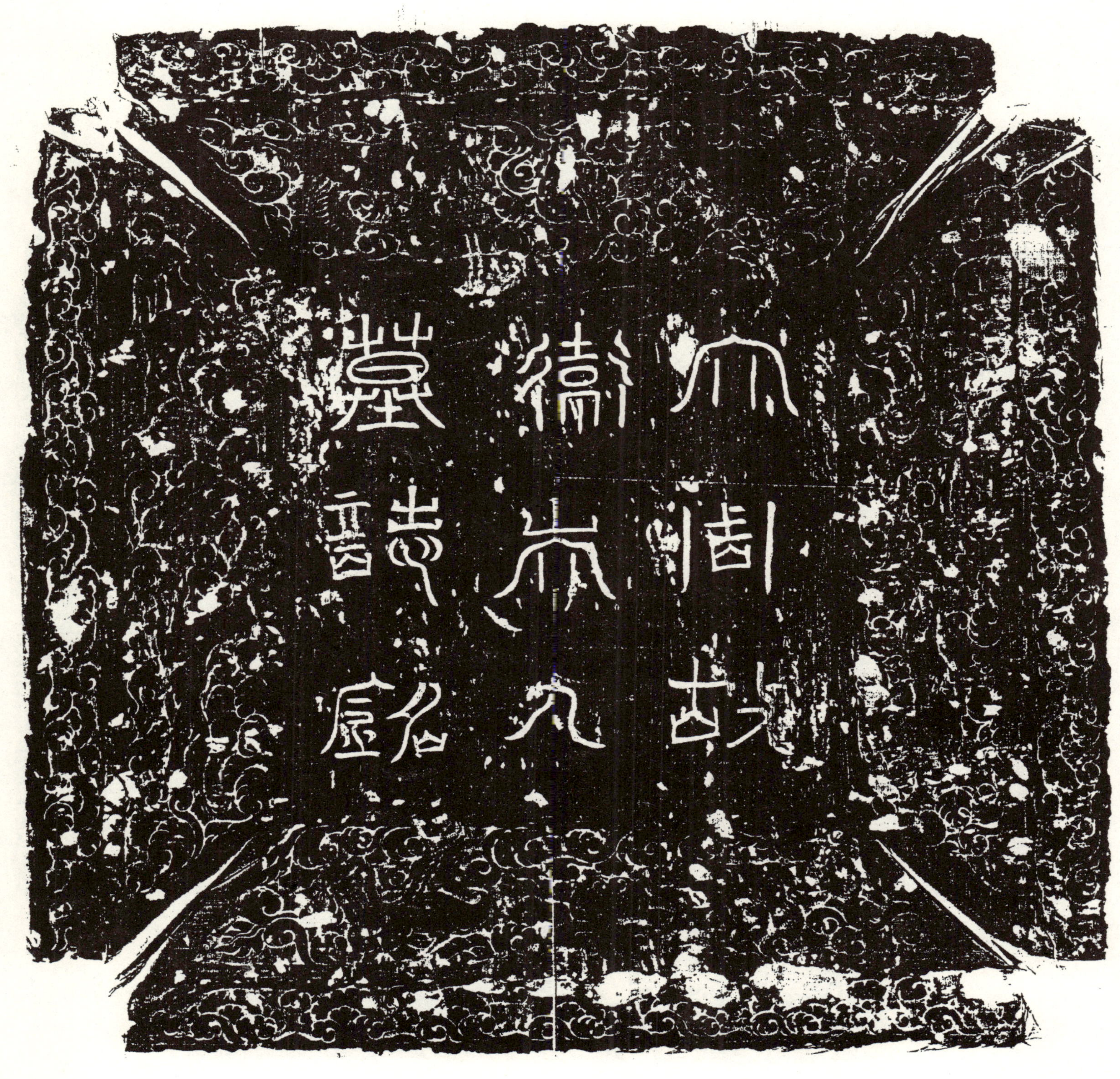

一三一　周孫公夫人衛華墓誌并蓋

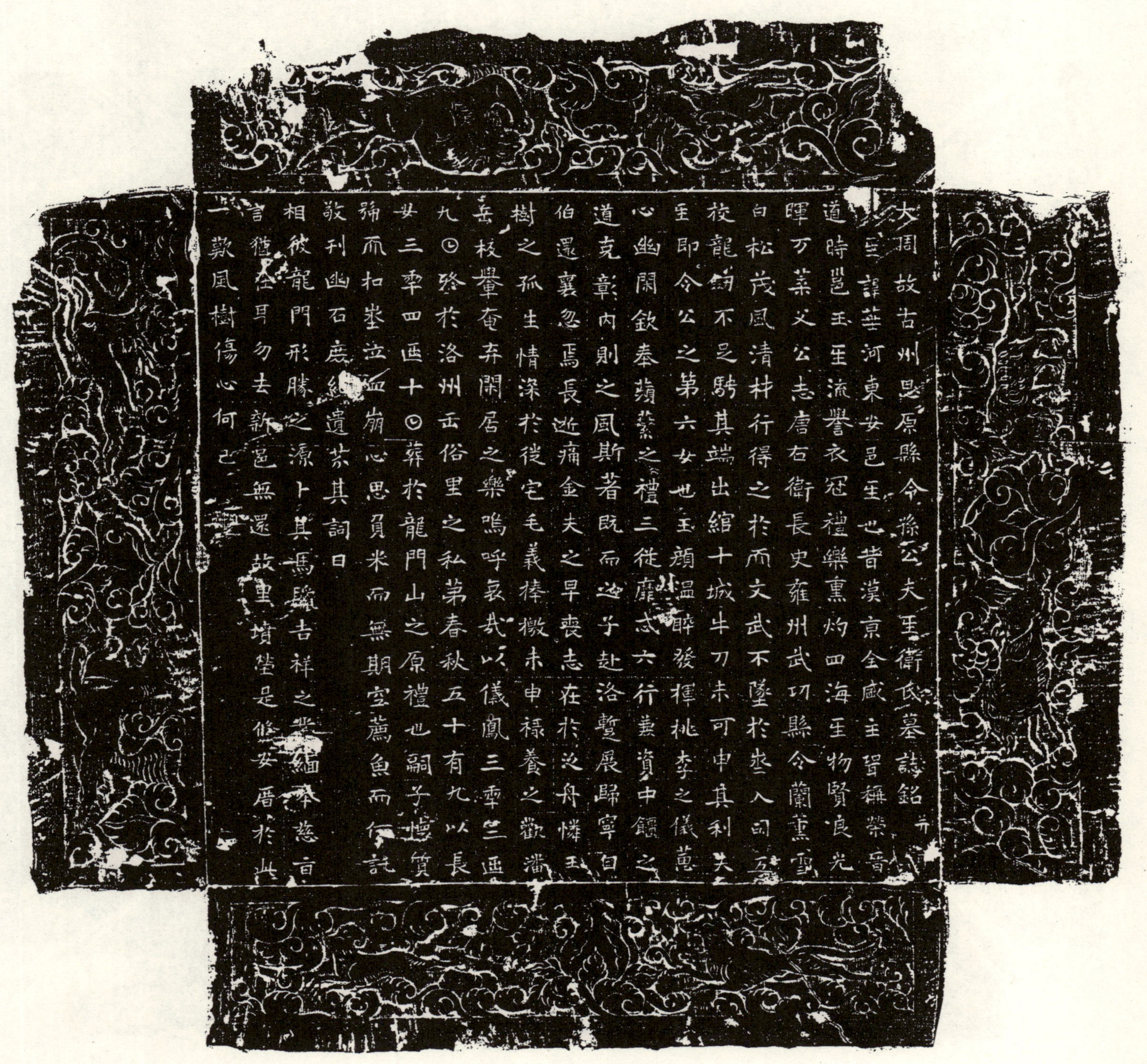

周孫公夫人衛華墓誌并蓋

首題:“大周故古州思原縣令孫公夫人衛氏墓誌銘并序”

共19行,滿行20字　410×410×100

誌蓋篆書:“大周故衛夫人墓誌銘”　3行,行3字　255×255

儀鳳三年(678)三月九日卒　長安三年(703)四月十日葬

2004年冬,河南省洛陽市龍門鎮出土,歸洛陽古玩城某氏。

一三二　周張君夫人來氏墓誌

首題："大周文昌臺比部主事張君故夫人來氏墓誌銘并序"
共 13 行，滿行 14 字　405×405×105
長安三年（703）四月十八日卒　四月二十一日葬
2001 年冬，河南省洛陽市孟津縣邙山出土。

一三三　唐王神授墓誌并蓋

唐王神授墓誌并蓋

首題:“唐故洛州密縣令王府君墓誌銘并序”

共33行,满行33字　755×760×160

誌蓋篆書:“大周故王府君墓誌銘”　3行,行3字　795×795

永徽四年(653)三月二十八日卒　長安三年(703)十月二日葬

1999年春, 河南省洛陽市孟津縣朝陽鎮葉溝村北邙山出土,旋歸洛陽市文物二隊。

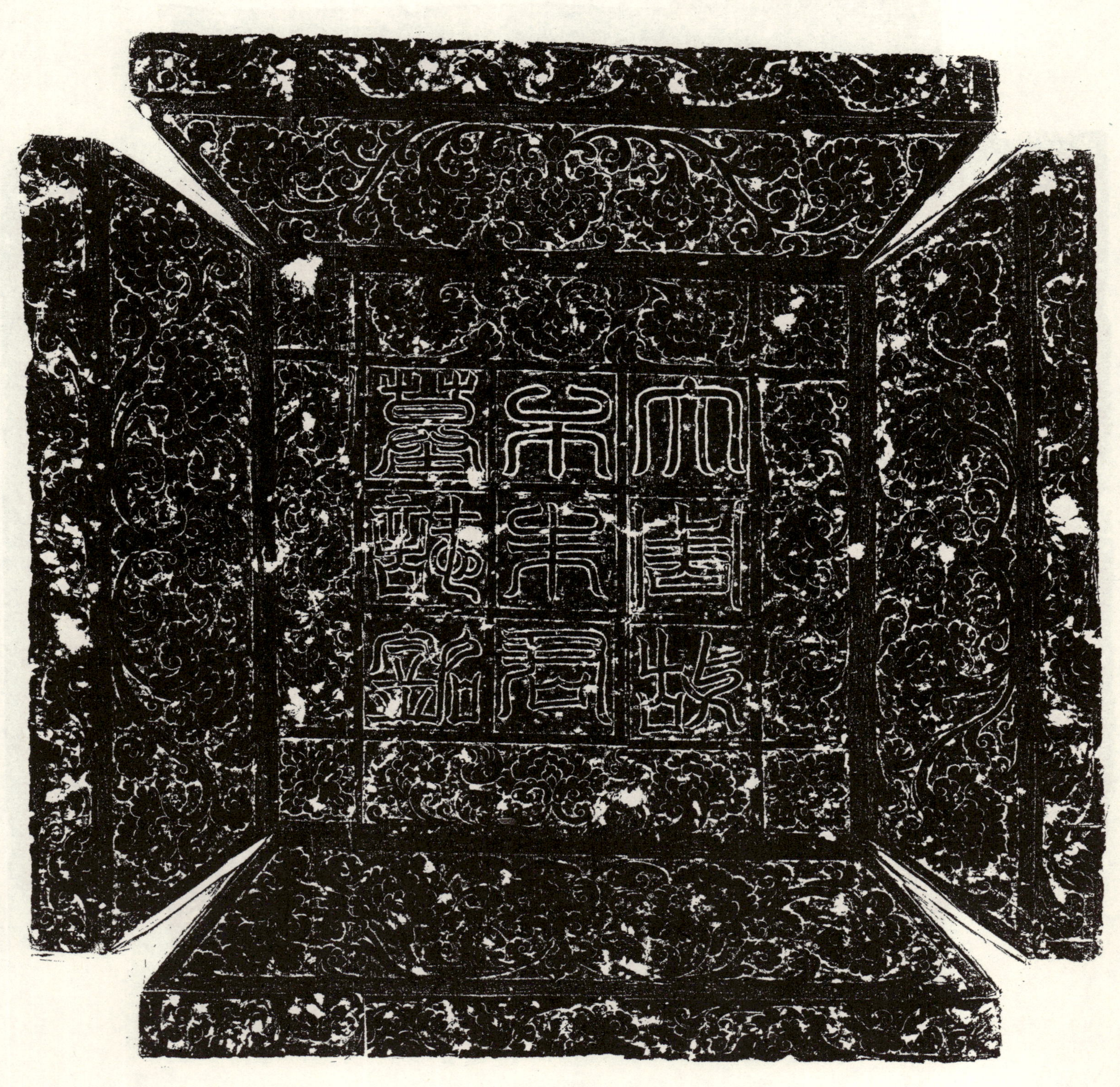

一三四　周尔朱杲墓誌并蓋

周尔朱杲墓誌并蓋

首題："大周故秋官尚書秀容縣開國男尔朱府君誌石文"

共27行，滿行30字　745×745×165

誌蓋篆書："大唐故尔朱君墓誌銘"　3行，行3字　790×790

長壽三年（694）正月二十四日卒　長安三年（703）十月三日葬

1999年冬，河南省洛陽市孟津縣送莊鄉十里頭村東南邙山出土，旋歸洛陽市文物二隊。

一三五　周姬玄範墓誌

首題："大周故將仕郎東都苑南面監望春屯副同京官姬府君墓誌銘并序"
共22行，滿行22字　435×435×130
證聖元年（695）二月一日卒　長安三年（703）十月十二日葬
1999年冬，河南省洛陽市孟津縣出土。

一三六　周陽玄基墓誌并蓋

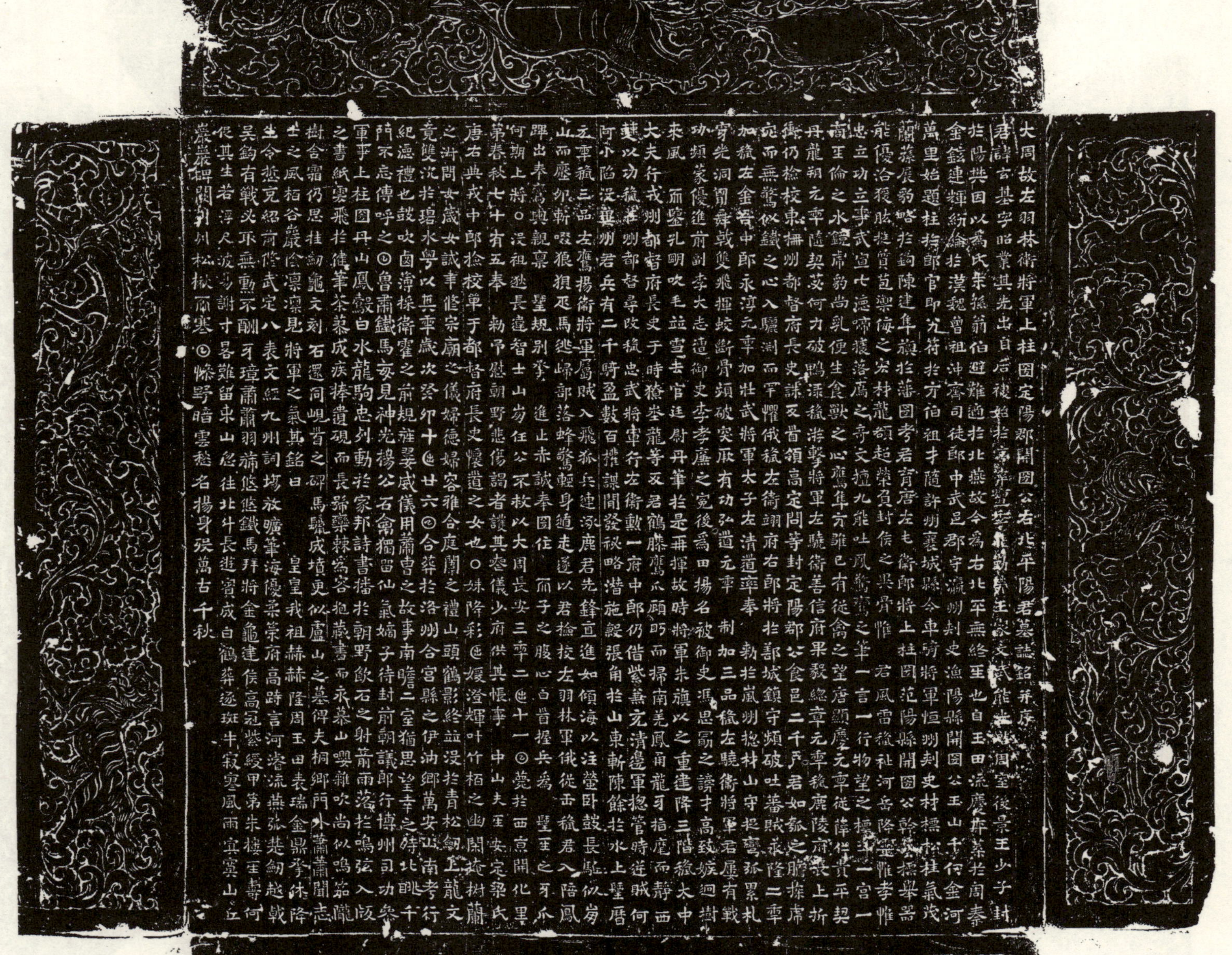

周陽玄基墓誌并蓋

首題："大周故左羽林衛將軍上柱國定陽郡開國公右北平陽君墓誌銘并序"

共37行，滿行37字　760×760×168

誌蓋篆書："大周故左羽林將軍上柱國定陽郡開國公右北平陽君墓誌"　4行，行6字　810×820

長安三年（703）二月十一日卒　十月二十六日葬

1997年冬，河南省洛陽市伊川縣彭婆鄉許營村北萬安山南出土，旋歸洛陽市文物二隊。

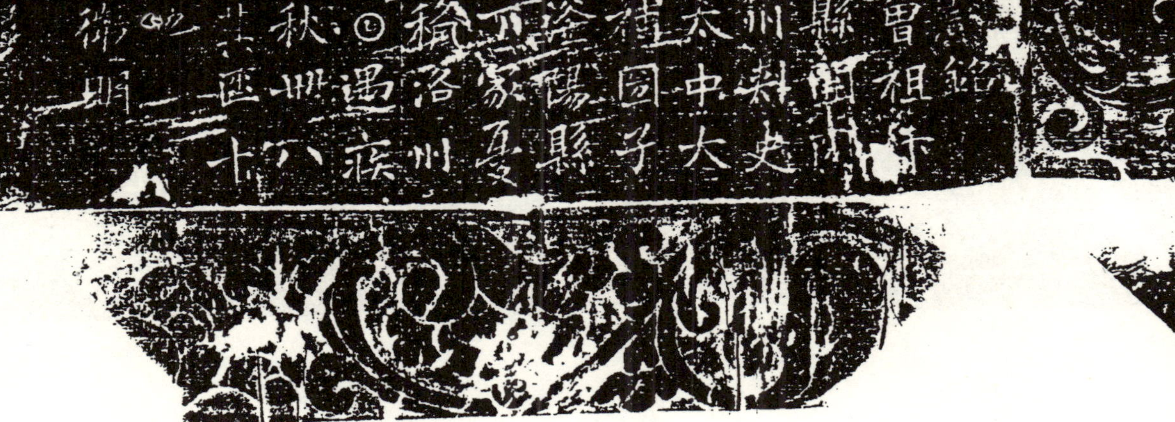

一三七　周李晏墓誌

首題："周故洛州濟源縣尉李君墓誌銘"

共15行，滿行15字　290×285×75

長安四年（704）七月八日卒　七月十四日葬

2003年春，河南省洛陽市龍門鎮出土，旋歸洛陽何氏。

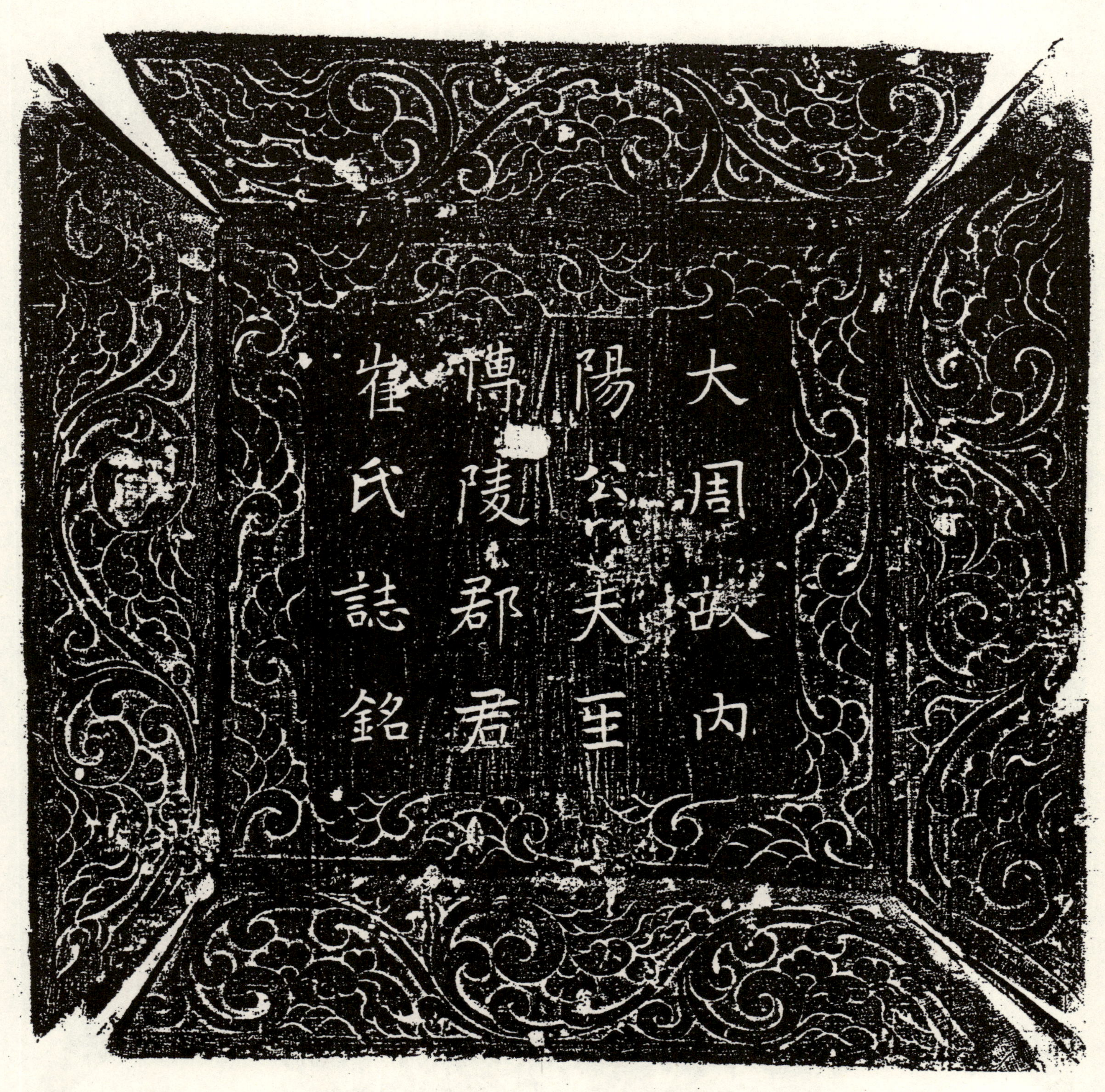

一三八　唐薛君夫人崔氏墓誌并蓋

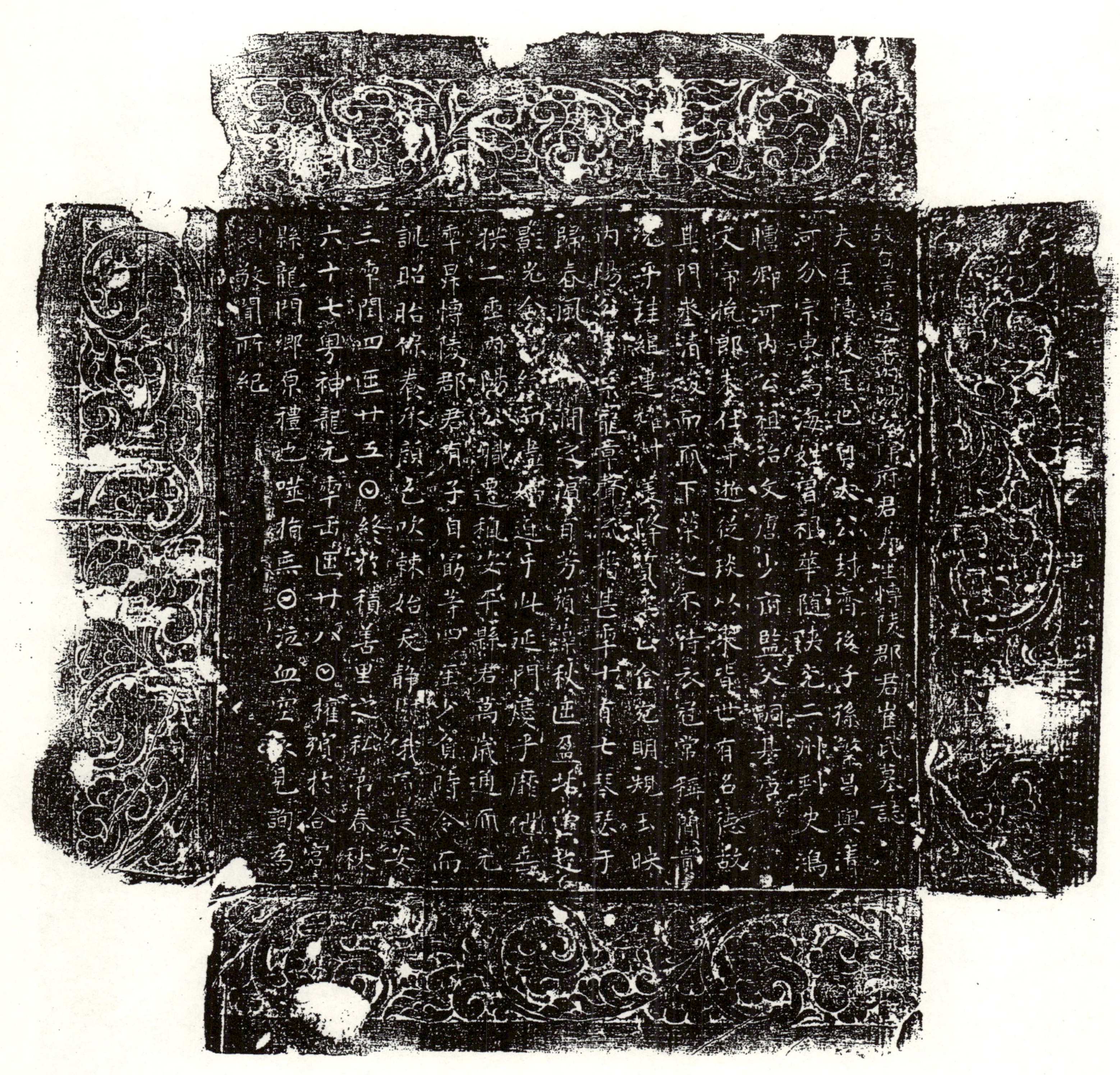

唐薛君夫人崔氏墓誌并蓋

首題:“故白清道率内陽公薛府君夫人博陵郡君崔氏墓誌”

共17行,滿行18字　350×345×89

誌蓋楷書:“大周故内陽公夫人博陵郡君崔氏誌銘”　4行,行4字　240×240

長安三年(703)閏四月二十五日卒　神龍元年(705)正月二十八日葬

2004年冬,河南省洛陽市龍門鎮出土,旋歸洛陽董氏。

一三九　唐劉明達墓誌并蓋

唐劉明達墓誌并蓋

首題："故游騎將軍守左領軍衛淅谷府折衝别勑隴右檢校監牧營田使劉君墓誌"

共26行，滿行27字　590×585

誌蓋篆書："大唐故劉府君墓誌銘"　3行，行3字　345×340

天授二年（691）三月十四日卒　神龍元年（705）十月二十四日葬

2004年冬，河南省洛陽市孟津縣出土，旋歸劉坡王氏。

一四〇 唐宋智寂墓誌

首題:“大唐中興故廣平縣開國男食邑三百户尚藥奉御朝議大夫宋府君墓誌銘并序”

共20行,满行20字 325×320

神龍元年(705)八月二十五日卒 十一月八日葬

2003年春,河南省洛陽市龍門鎮出土,旋歸白馬寺鎮王氏。

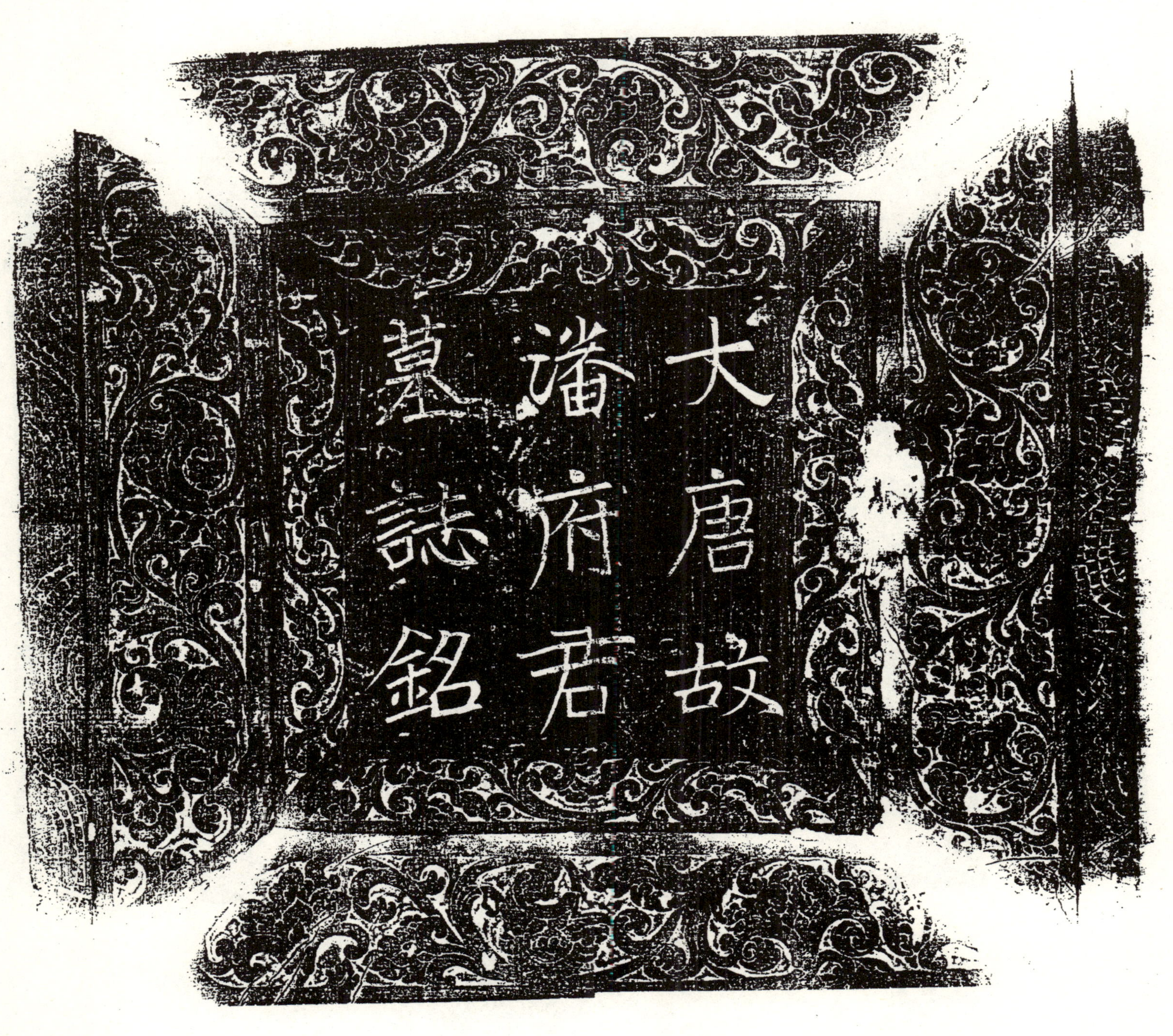

一四一　唐潘翔墓誌并蓋

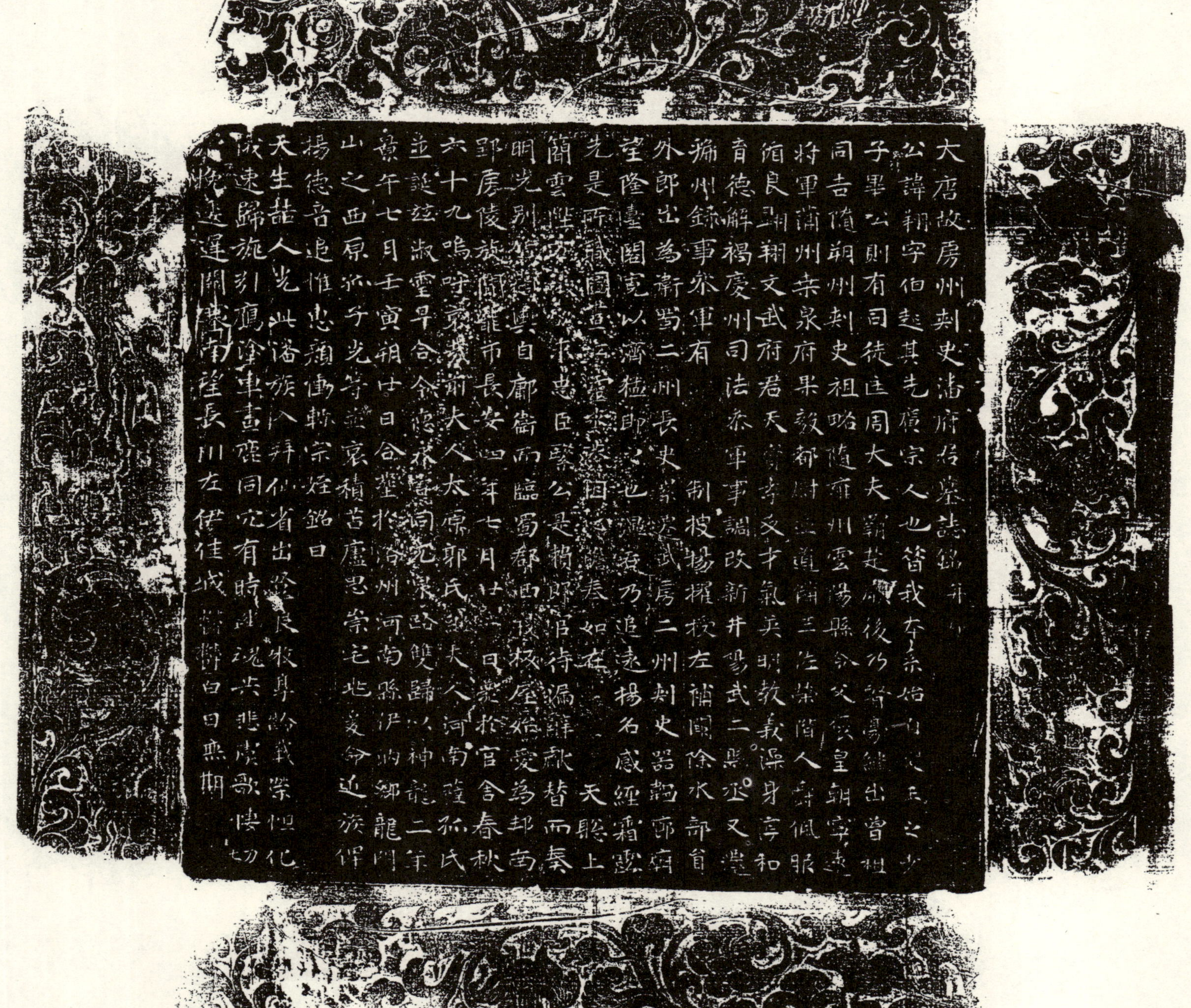

唐潘翔墓誌并蓋

首題:“大唐故房州刺史潘府君墓誌銘并序”

共22行,滿行22字　465×465×120

誌蓋楷書:“大唐故潘府君墓誌銘”　3行,行3字　330×305

長安四年(704)七月二十二日卒　神龍二年(706)七月二十日葬

2002年春,河南省洛陽市伊川縣出土,先歸洛陽何氏,同年5月24日,歸藏洛陽師範學院。

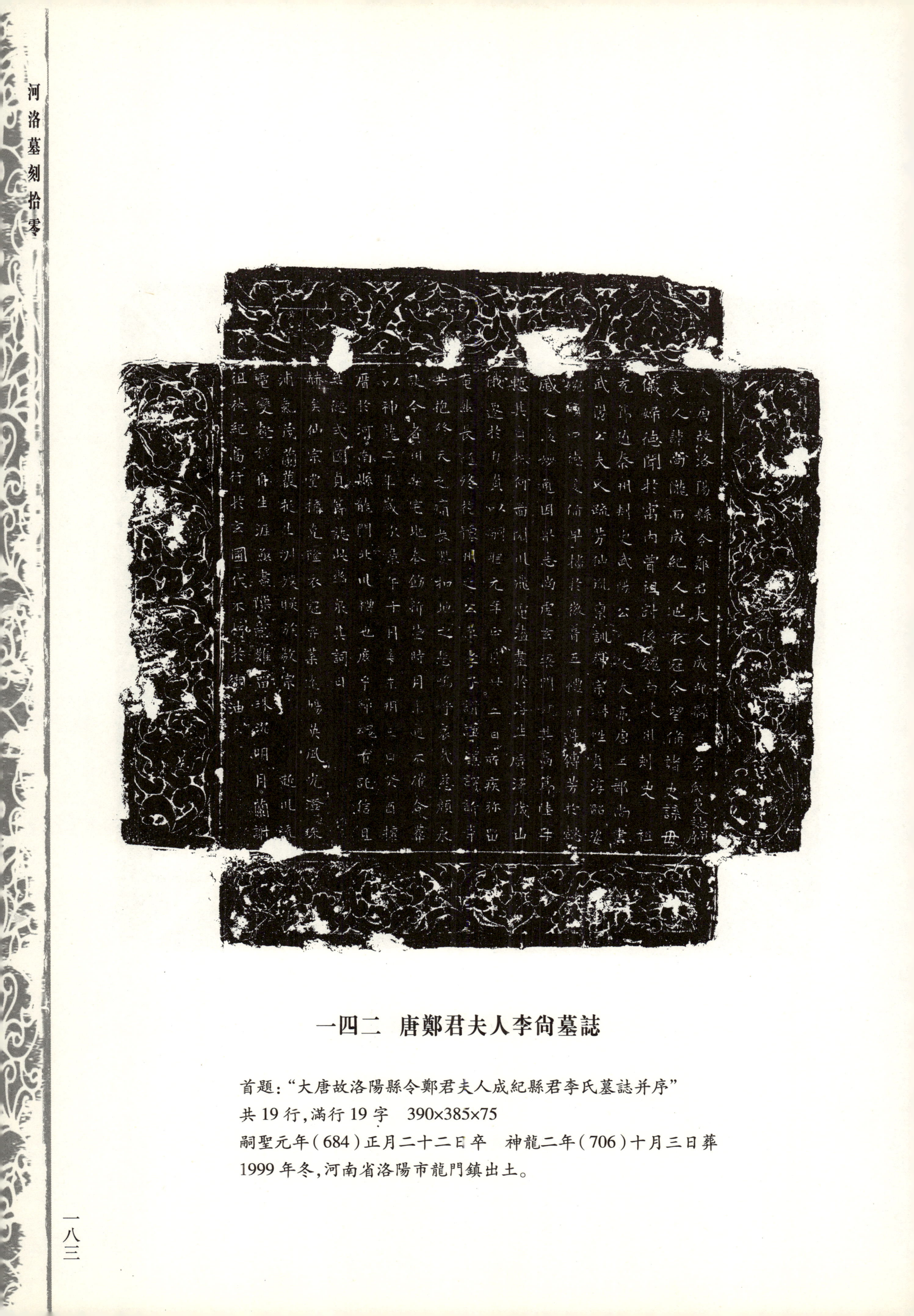

一四二　唐鄭君夫人李尚墓誌

首题："大唐故洛陽縣令鄭君夫人成紀縣君李氏墓誌并序"

共 19 行，滿行 19 字　390×385×75

嗣聖元年（684）正月二十二日卒　神龍二年（706）十月三日葬

1999 年冬，河南省洛陽市龍門鎮出土。

一四三　唐劉季仙墓誌并蓋

唐劉季仙墓誌并蓋

首題：“大唐故右武衛郎將劉君墓誌銘”

共21行，滿行21字　430×445

誌蓋篆書：“大唐故劉府君墓誌銘”　3行，行3字　455×455

景龍元年（707）十二月六日卒　十二月二十日葬　吴知泰撰

2003年冬，河南省洛陽市孟津縣出土，旋歸洛陽古玩城孟氏。

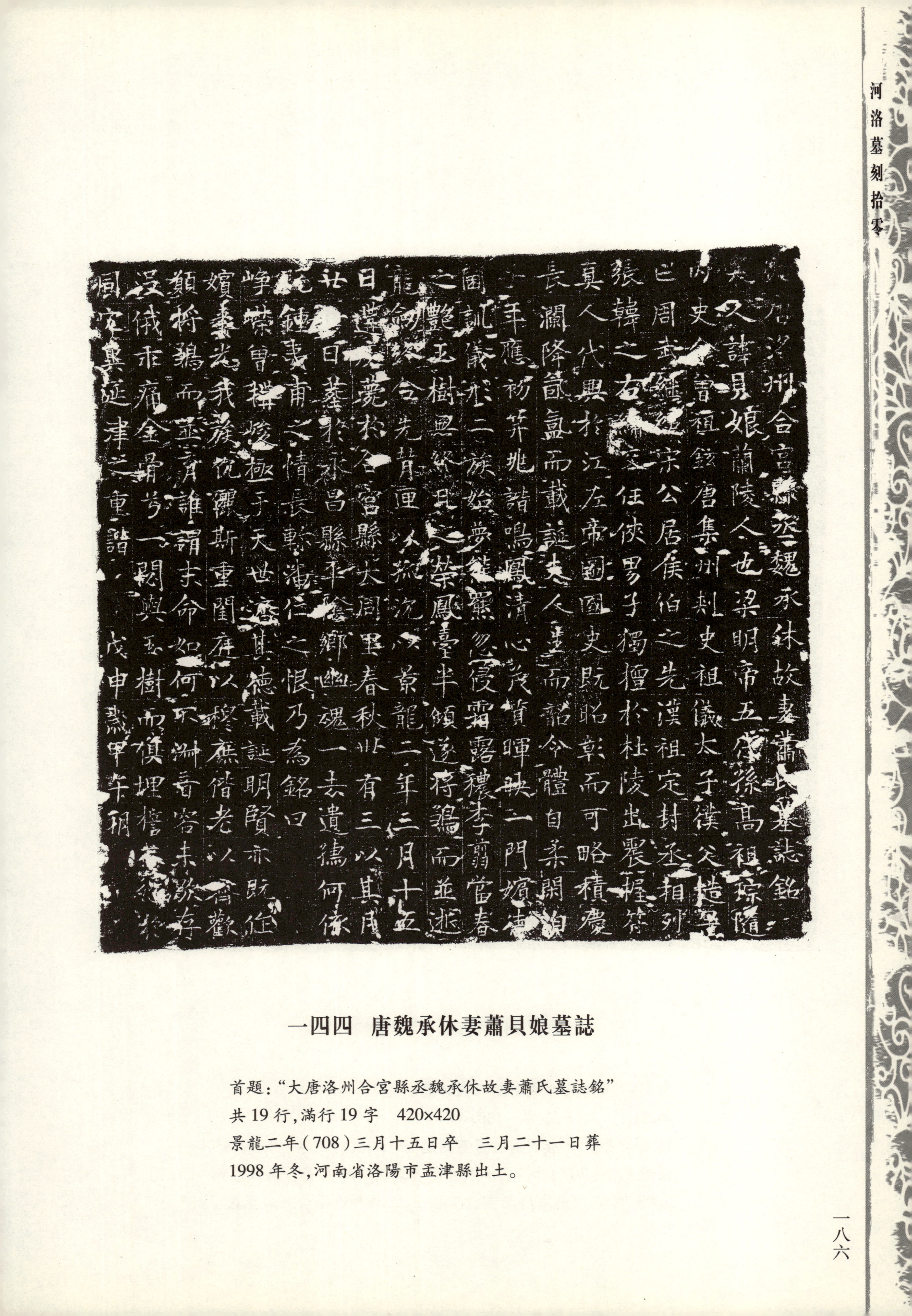

一四四　唐魏承休妻蕭貝娘墓誌

首題:“大唐洛州合宮縣丞魏承休故妻蕭氏墓誌銘”

共 19 行,滿行 19 字　420×420

景龍二年(708)三月十五日卒　三月二十一日葬

1998 年冬,河南省洛陽市孟津縣出土。

一四五　唐李志墓誌

首題："唐故使持節沂州諸軍事沂州刺史李府君墓誌銘"

共 32 行，滿行 33 字　740×740×180

久視元年（700）九月十一日卒　景龍二年（708）十一月二日葬

2000 年，河南省洛陽市孟津縣朝陽鎮南石山村南出土，旋歸洛陽市文物二隊。

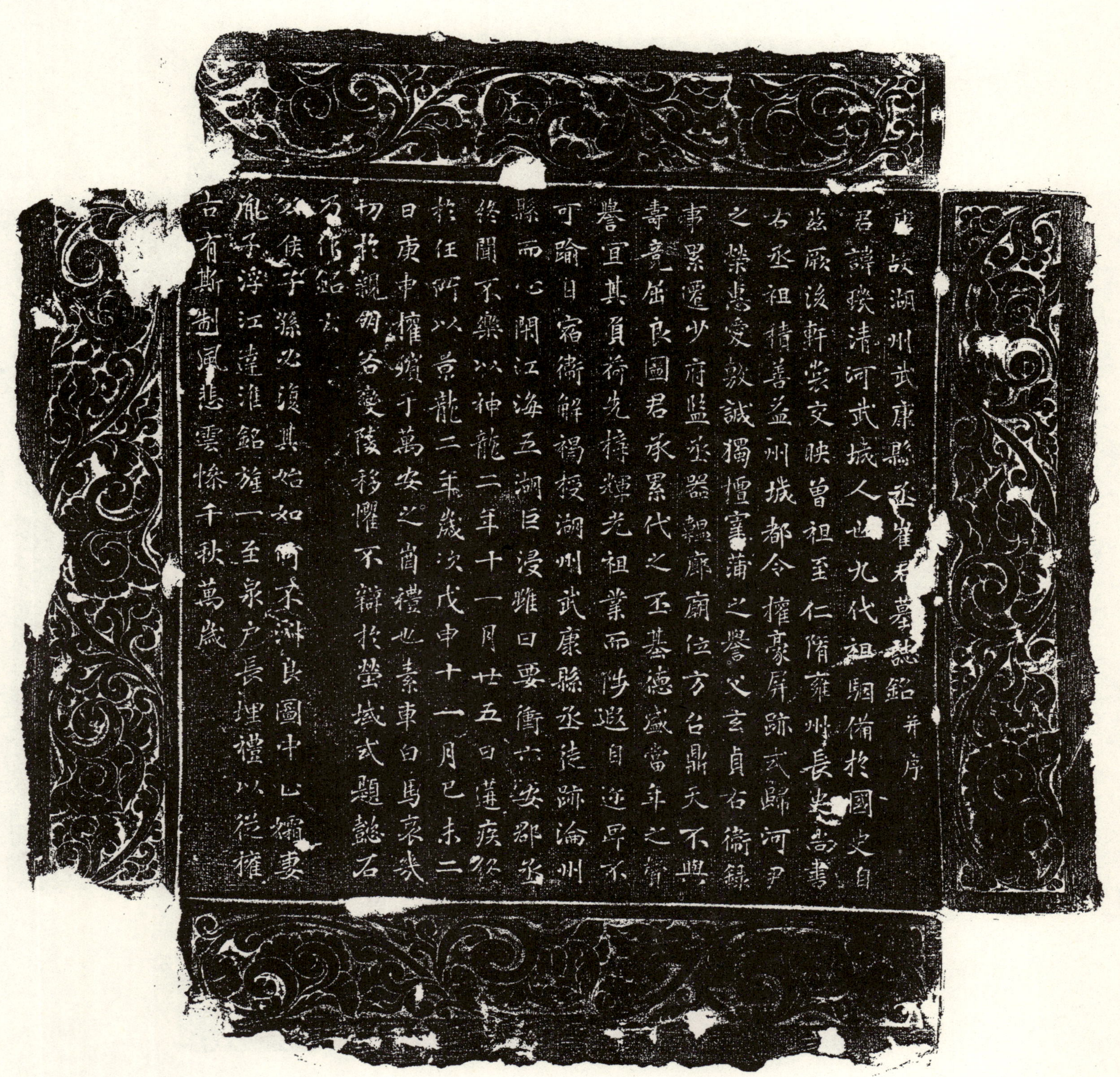

一四六　唐崔璣墓誌

首題:“唐故湖州武康縣丞崔君墓誌銘并序”

共 18 行,满行 18 字　355×360×80

神龍二年(706)十一月二十五日卒　景龍二年(708)十一月二日葬

1998 年冬,河南省洛陽市伊川縣萬安山出土。

一四七　唐王行淹墓誌

首題："大唐王府君墓誌銘并序"

共24行，滿行24字　525×525×120

垂拱元年（685）三月二十日卒　景龍三年（709）二月十五日葬

王守道撰并書

2004年秋，河南省洛陽市孟津縣出土，旋歸洛陽文博城李氏。

一四八 唐盧正勤夫人李氏墓誌

首題:“大唐故洺州邯鄲縣令范陽盧正勤夫人隴西李氏墓誌銘并序”
共18行,滿行18字 390×390×90
景龍三年(709)三月十六日卒 三月二十八日葬
1999年,河南省洛陽市伊川縣萬安山出土。

一四九　唐王君夫人梁阿六墓誌并蓋

唐王君夫人梁阿六墓誌并蓋

首題："唐故文州司倉參軍王君夫人梁氏墓誌銘并序"

共20行，滿行25字　445×450×105

誌蓋篆書："唐故梁夫人墓誌之銘"　3行，行3字　305×310

景龍二年(708)十一月卒　景龍三年(709)四月葬

2004年冬，河南省洛陽市出土，旋歸洛陽何氏。

一五〇　唐裴君夫人侯氏墓誌

首題："大唐故朝散大夫行錦州參軍裴府君夫人侯氏墓誌銘并序"
共 18 行，滿行 18 字　345×350×65
景龍三年（709）九月二十六日卒　十月二日葬
1999 年春，河南省洛陽市孟津縣出土。

一五一　唐樂鑒虚墓誌

首題："唐故亳州山桑縣令王府主簿樂君墓誌銘并序"
共 34 行，滿行 34 字　575×570×120
景龍元年（707）九月二十三日卒　景龍三年（709）十月四日葬
2000 年，河南省洛陽市孟津縣董村與吕郭村之間出土，旋歸洛陽文物二隊。

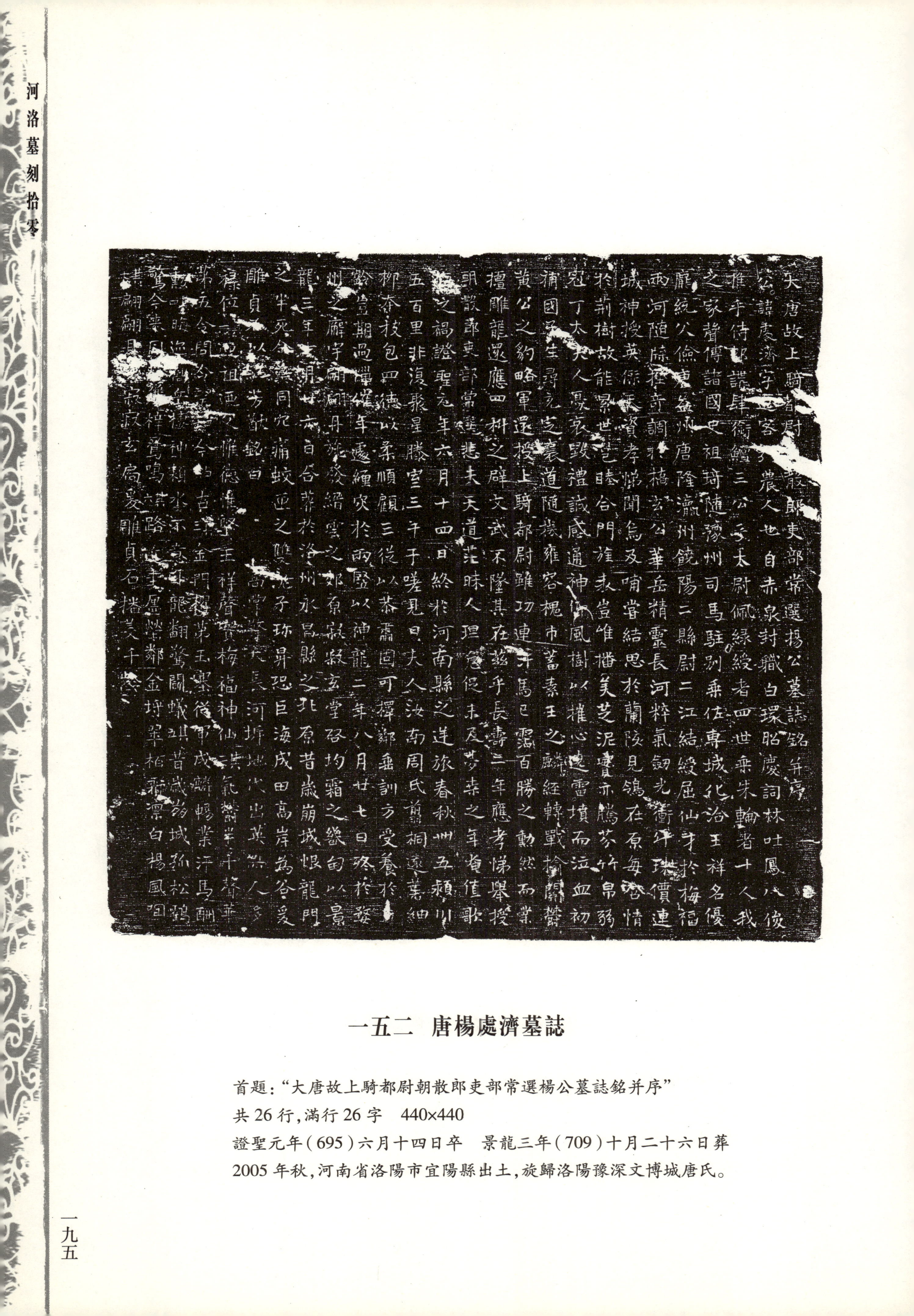

一五二　唐楊處濟墓誌

首題："大唐故上騎都尉朝散郎吏部常選楊公墓誌銘并序"

共 26 行，滿行 26 字　440×440

證聖元年（695）六月十四日卒　景龍三年（709）十月二十六日葬

2005 年秋，河南省洛陽市宜陽縣出土，旋歸洛陽豫深文博城唐氏。

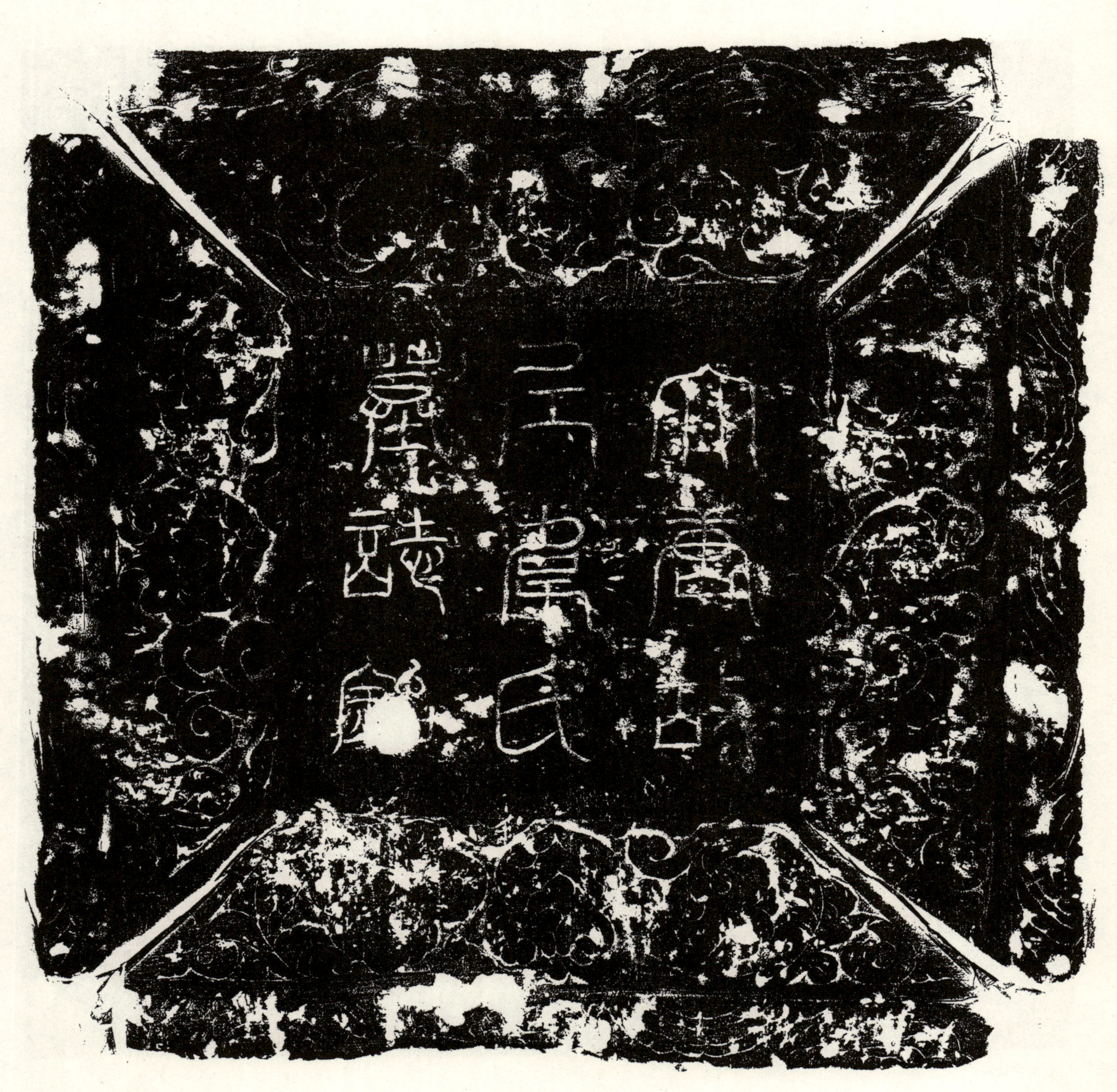

一五三　唐韋愛道墓誌并蓋

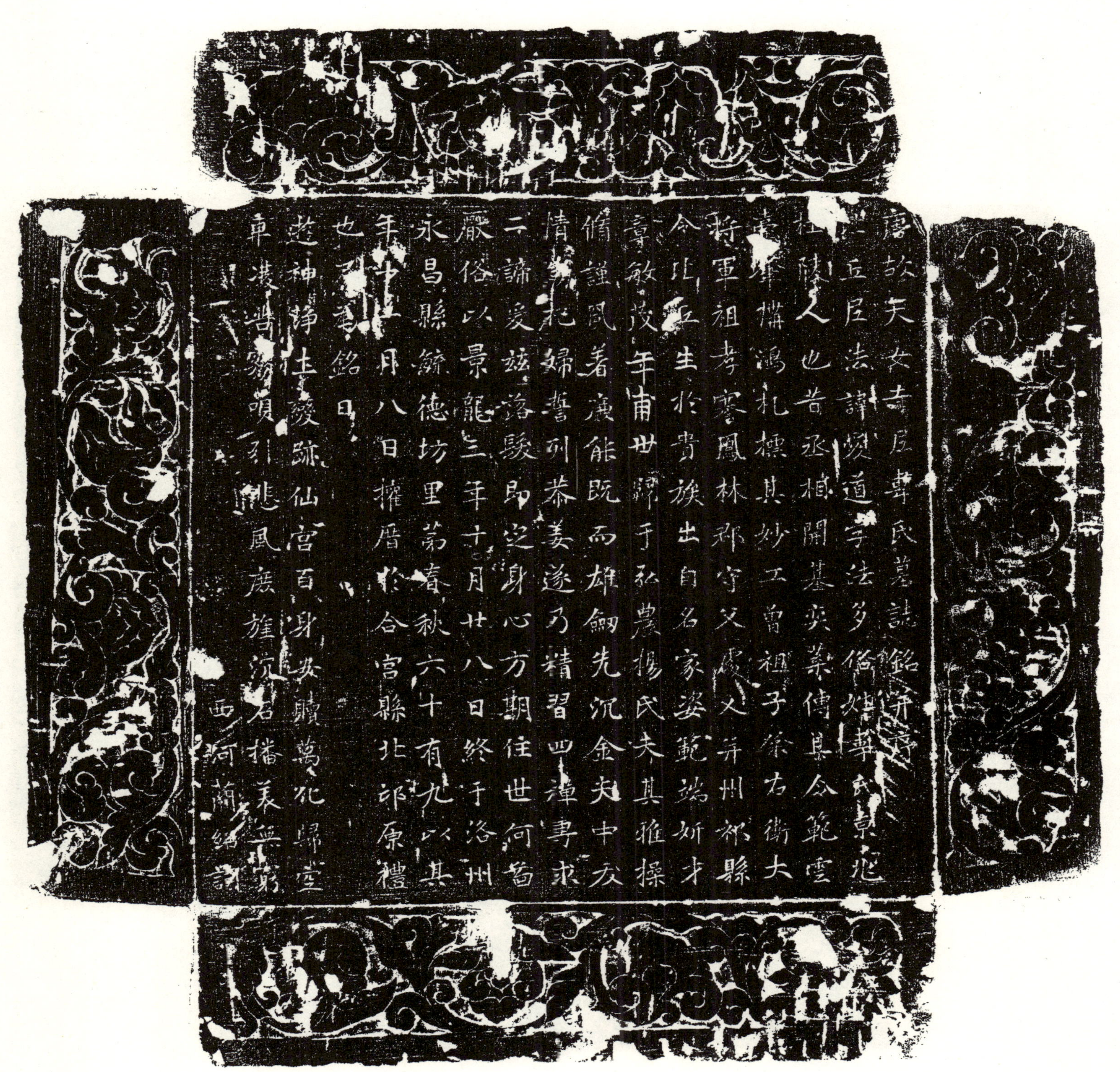

唐韋愛道墓誌并蓋

首題："唐故天女寺尼韋氏墓誌銘并序"

共17行，滿行16字　380×385×83

誌蓋篆書："大唐故尼韋氏墓誌銘"　3行，行3字　395×385

景龍三年（709）十月二十八日卒　十一月八日葬

1999年冬，河南省洛陽市孟津縣出土。

一五四　唐郭小師墓誌

首題："大唐故寧遠將軍郭府君墓誌銘并序"
共22行，滿行22字　460×460×110
卒年不詳　景龍三年（709）十二月二十日葬
1999年冬，河南省洛陽市孟津縣出土。

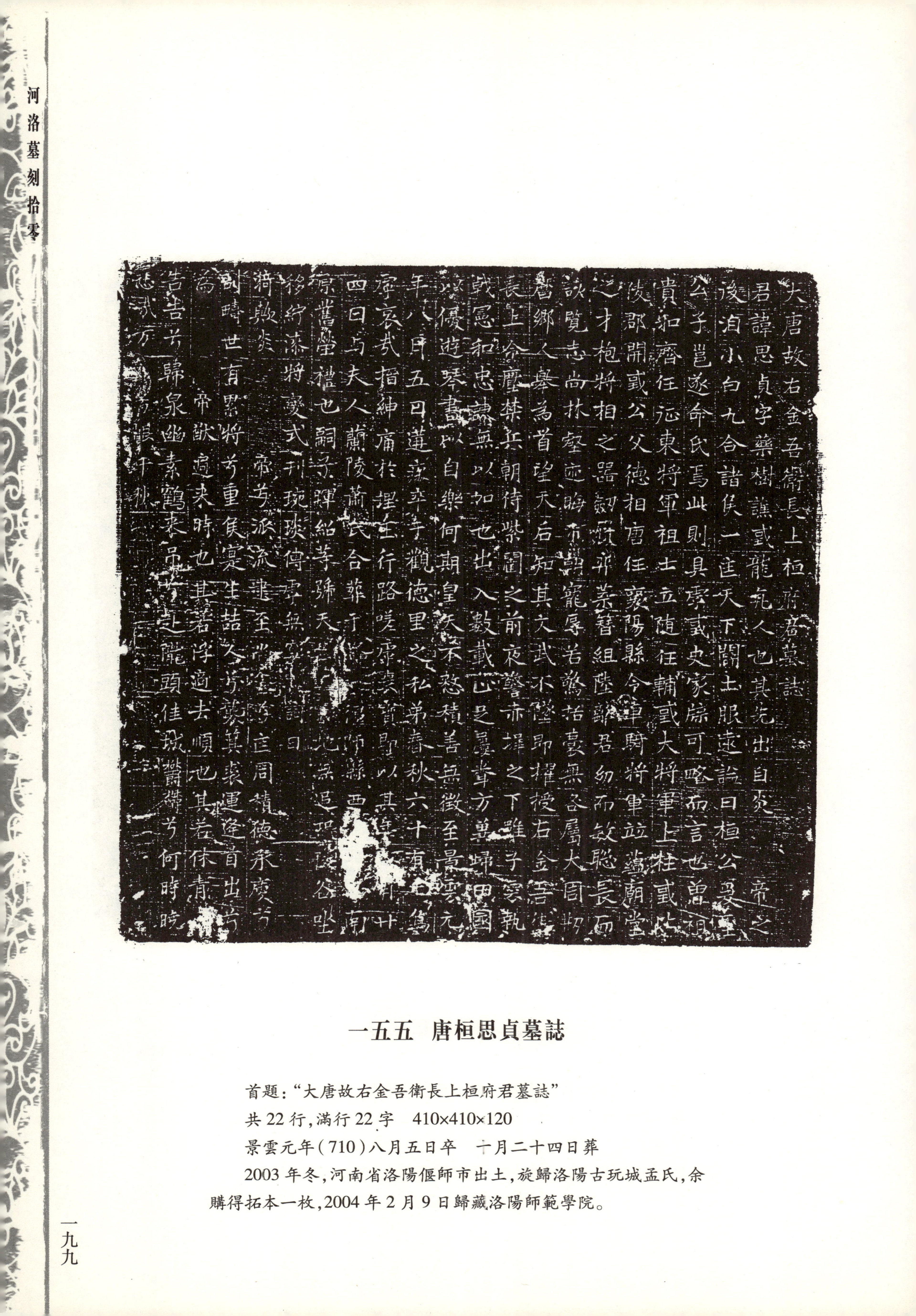

一五五　唐桓思貞墓誌

首題："大唐故右金吾衛長上桓府君墓誌"

共22行，滿行22字　410×410×120

景雲元年（710）八月五日卒　十月二十四日葬

2003年冬，河南省洛陽偃師市出土，旋歸洛陽古玩城孟氏，余購得拓本一枚，2004年2月9日歸藏洛陽師範學院。

一五六　唐周懷珺墓誌

首題："唐故陪戎校尉周府君墓銘"

共 16 行，滿行 16 字　385×385

景雲元年（710）十月一日卒　十一月十九日葬

2002 年秋出土，地點不詳，旋歸洛陽何氏，傳拓歸余。

一五七 唐李思悊墓誌

首題:“唐故朝議郎行吉州安福縣令上柱國李君墓誌銘并序”

共26行,滿行27字 460×465

卒年不詳 景雲二年(711)四月十五日葬

2004年冬初,河南省洛陽市孟津縣出土,旋歸洛陽古玩城李氏,余以20元易得拓本一枚。

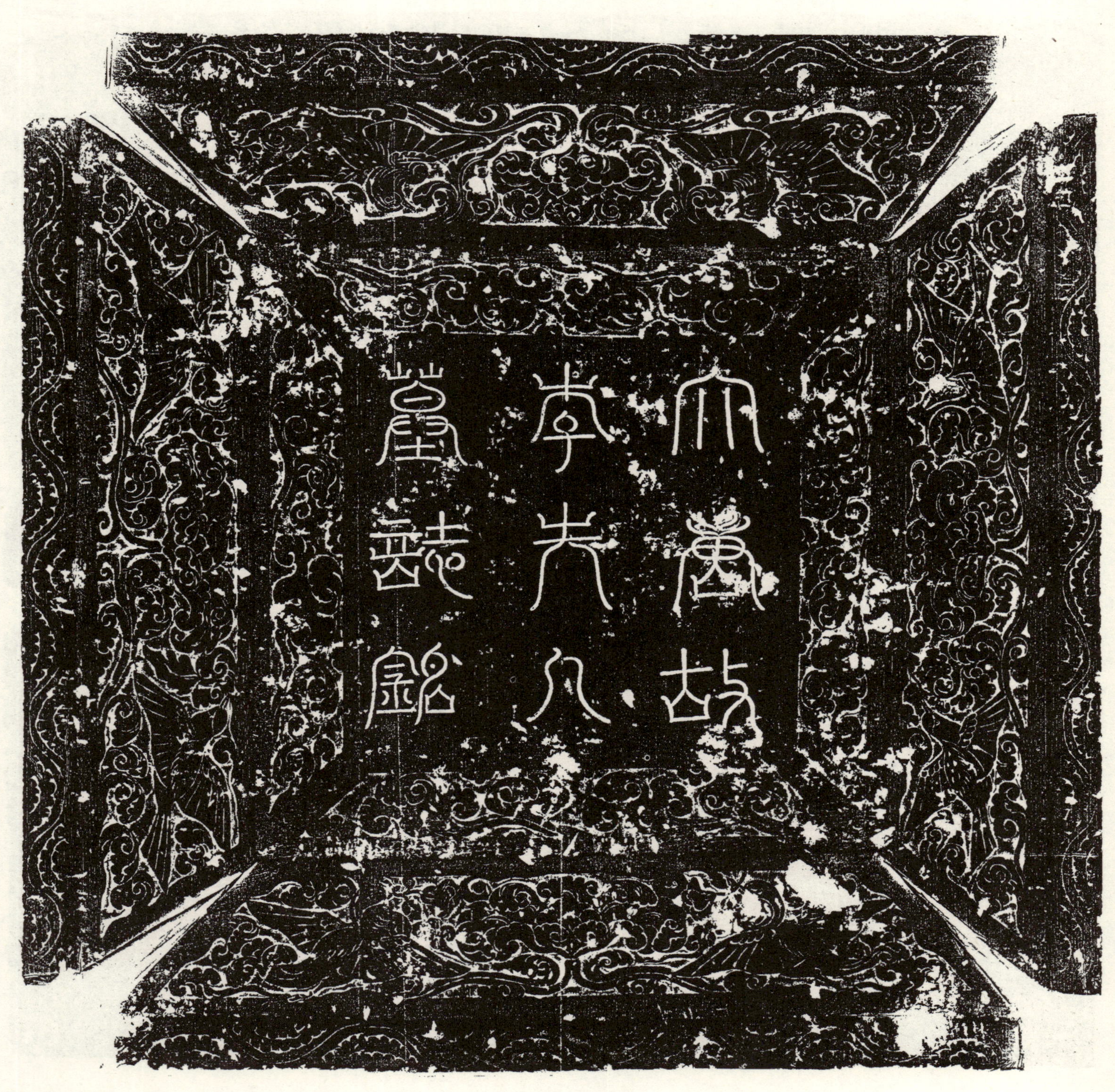

一五八　唐房君夫人李靜容墓誌并蓋

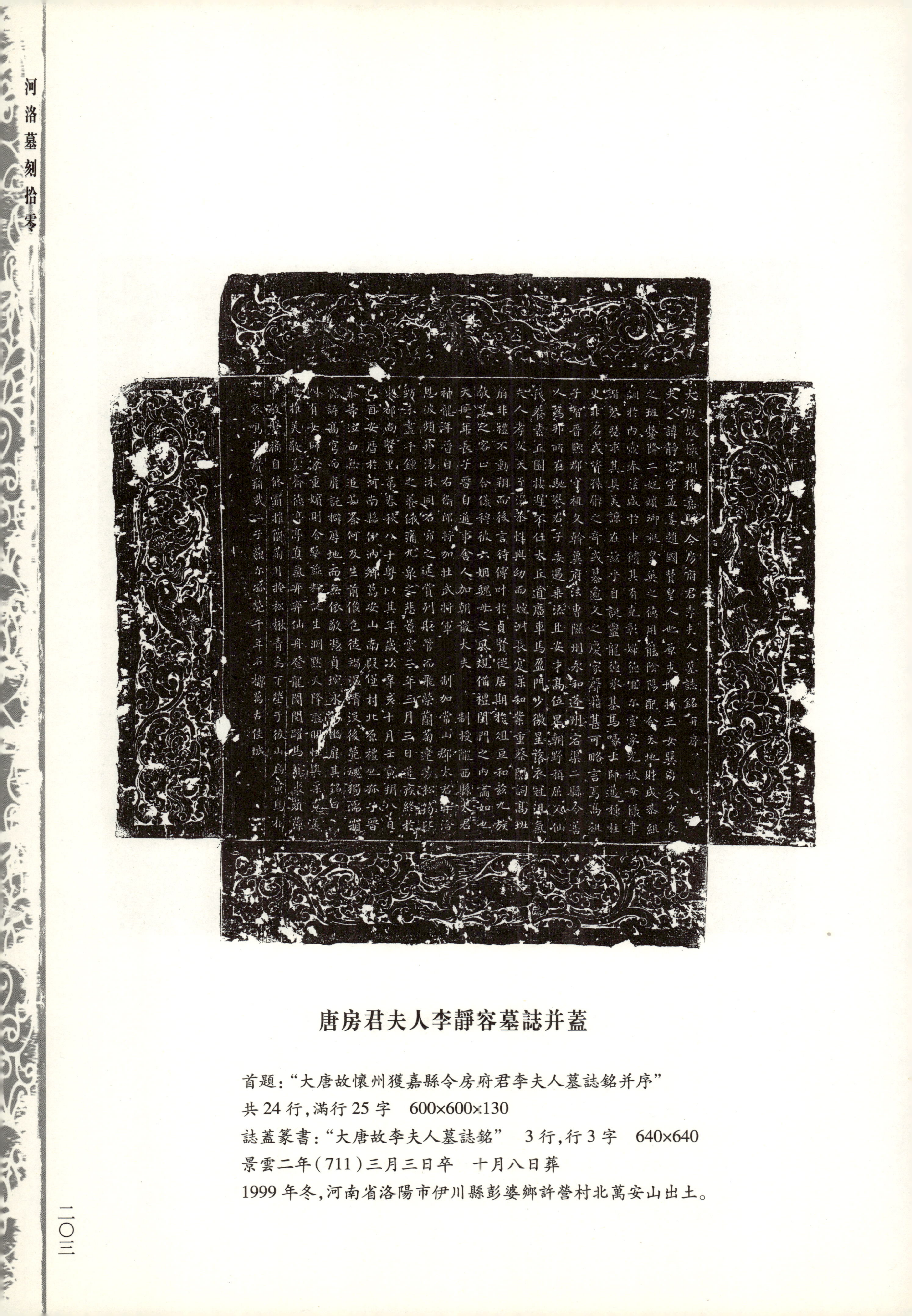

唐房君夫人李靜容墓誌并蓋

首題："大唐故懷州獲嘉縣令房府君李夫人墓誌銘并序"

共 24 行，滿行 25 字　600×600×130

誌蓋篆書："大唐故李夫人墓誌銘"　3 行，行 3 字　640×640

景雲二年（711）三月三日卒　十月八日葬

1999 年冬，河南省洛陽市伊川縣彭婆鄉許營村北萬安山出土。

一五九　唐馬師墓誌

首題："大唐故陳州司馬馬府君志銘并序"

共22行，滿行22字　575×575

卒年不詳　延和元年（712）七月十五日葬

2003年秋，河南省洛陽市北邙山出土，歸洛陽董氏留根。

按：該誌葬時爲延和元年，時僅月余，洛陽出土其時墓誌極少，四千餘方誌中僅見此誌與《蕭貞亮墓誌》。

一六〇　唐蕭茂本墓誌并蓋

唐蕭茂本墓誌并蓋

首題："大唐太中大夫行沂州司馬上柱國蘭陵蕭府君墓誌銘并序"

共29行，滿行29字　800×790

誌蓋篆書："大唐故沂州司馬蘭陵蕭府君墓誌之銘"　4行，行4字　610×615

太極元年（712）四月二十六日卒　先天元年（712）十月二十五日葬

2002年夏，河南省洛陽市孟津縣平樂鎮出土，旋歸平樂鎮黃氏。

一六一　唐傅遊藝墓誌

首題："唐故銀青光禄大夫行黄門侍郎傅公墓誌"

共28行，滿行28字　730×715

天授二年（691）九月六日卒　先天元年（712）十一月十九日葬

2003年春，河南省洛陽市孟津縣朝陽鎮南石山出土（祔其父傅交益墓下），旋歸平樂村黄氏。

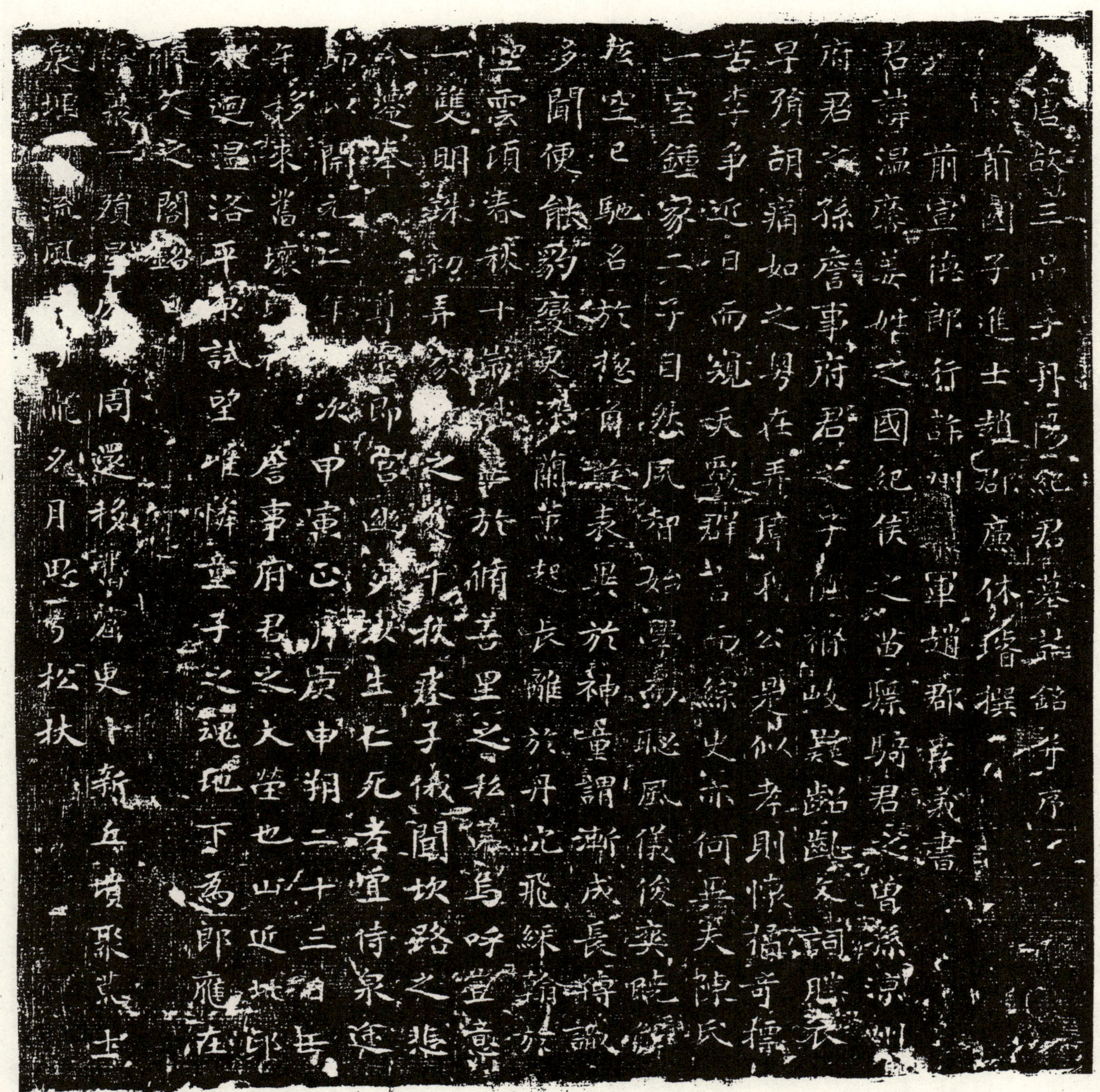

一六二　唐紀溫馨墓誌

首題："唐故三品子丹陽紀君墓誌銘并序"

共19行，满行20字　300×305

開元二年（714）正月二十三日葬　廉休璿撰　李義書

2004年秋，河南省洛陽市龍門鎮出土，旋歸洛陽豫深文博城何氏，余易得拓本一枚。

一六三　唐鄭弘劼墓誌

首題："唐故連州司户參軍鄭府君墓誌銘并序"

共 30 行，滿行 30 字　585×580×145

龍朔元年（661）四月六日卒　開元二年（714）五月十日葬

2004 年春，河南省洛陽市孟津縣出土，旋歸洛陽古玩城李氏。

一六四　唐李魏相墓誌并蓋

唐李魏相墓誌并蓋

首題："大唐故朝議郎潤州司功隴西李君墓銘誌并序"

共27行，滿行27字　585×590×130

誌蓋篆書："大唐故李府君墓誌銘"　3行，行3字　380×380

開元二年（714）九月十一日卒　九月二十四日葬　李允光撰　李瑜書　張仙鐫

2003年秋，河南省洛陽偃師市首陽山鎮出土，先歸洛陽何氏，同年11月6日，歸藏洛陽師範學院。

一六五　唐李正本墓誌

首題："唐故朝散大夫行洋州長史李府君墓誌銘并序"
共28行，滿行28字　575×570×125
開元二年（714）五月二十三日卒　十一月六日葬
1998年冬，河南省洛陽偃師市出土。

一六六 唐周三墓誌

首題："唐故定州安喜縣令周府君墓誌并序"

共21行，滿行20字 445×445×110

咸亨五年（674）六月八日卒 開元三年（715）三月十四日葬

1998年，河南省洛陽市孟津縣出土。

一六七 唐許臨墓誌

首题："唐故銀青光禄大夫使持節曹州諸軍事曹州刺史上柱國潁川縣開國男許公墓誌銘并序"

共 30 行，满行 30 字 800×800×150

開元二年（714）十一月二十八日卒 開元三年（715）七月二十三日葬 賀知章撰

2004 年 4 月，河南省洛陽市發現，先歸洛陽何氏，旋歸洛陽劉氏。

按：該誌從現存狀況看，應爲民國年間出土，後被鑲嵌在墻上，今觀石邊有撬痕，石上文字有人爲砸壞之痕，甚爲可惜。

一六八　唐王公夫人陈寧墓誌

首題:"大唐故左金吾衛大將軍王公夫人墓誌銘并序"

共24行,滿行24字　515×530×105

開元元年(713)八月十日卒　開元三年(715)八月二十三日葬

2000年,河南省洛陽市伊川縣彭婆鄉許營村北出土,旋歸洛陽市文物二隊。

一六九　唐牛志明墓誌

首题：“唐故滑州韋城縣主簿隴西牛君墓誌銘并序”

共18行，滿行18字　375×375×85

開元三年（715）六月二十一日卒　十二月二十五日葬

2005年春，河南省洛陽市白馬寺鎮出土，旋歸洛陽古玩城李氏。

一七〇　唐李公夫人鄭氏墓誌

首題："大唐故并州樂平縣主薄隴西李公夫人滎陽鄭氏墓誌銘并序"
共24行，滿行23字　360×355×90
開元四年（716）二月十日卒　七月二十八日葬
2000年冬，河南省洛陽市龍門鎮出土。

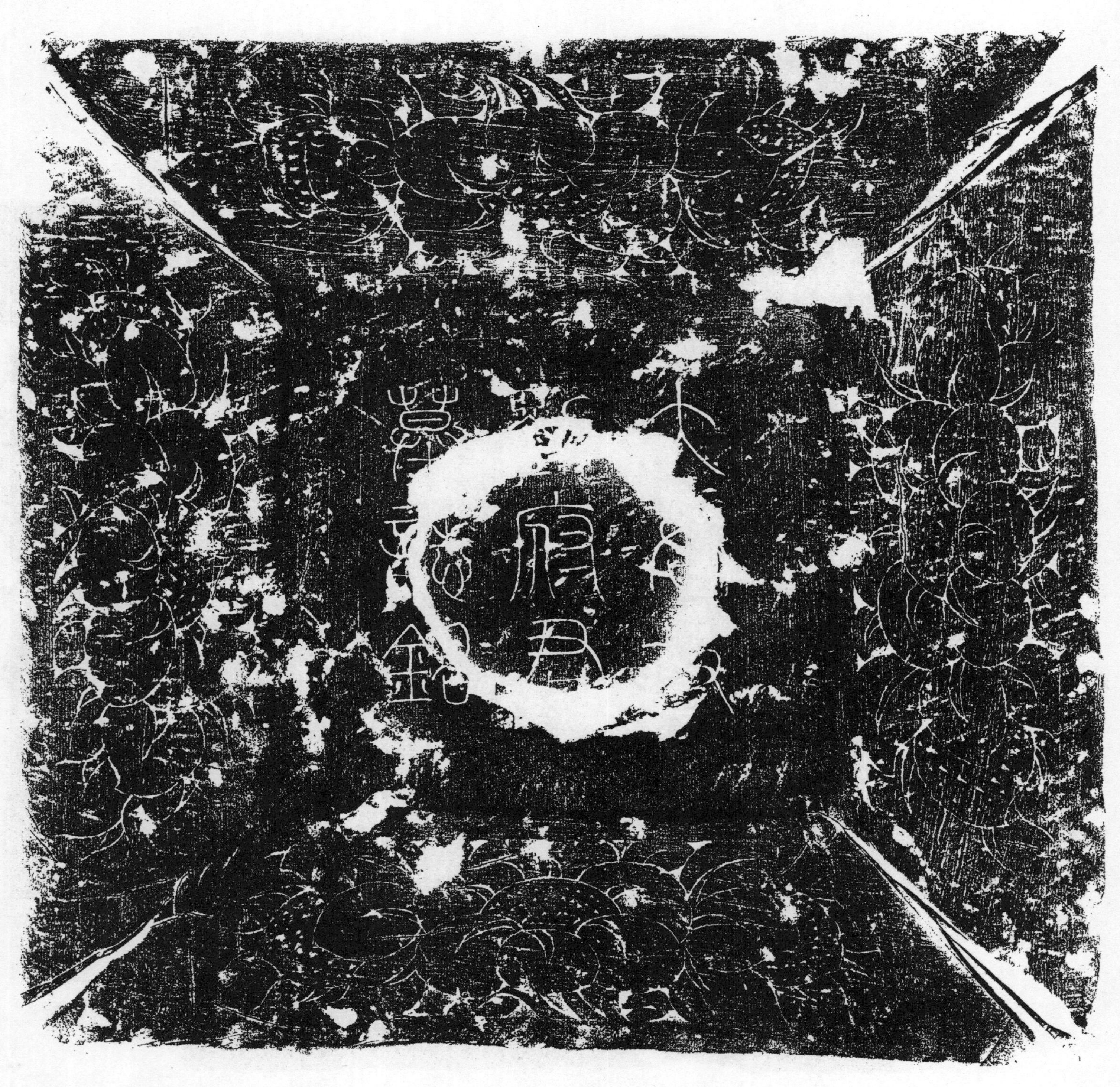

一七一　唐劉常名墓誌并蓋

唐劉常名墓誌并蓋

無首題

共16行,滿行15字　400×400×95

誌蓋篆書:"大唐故劉府君墓誌銘"　3行,行3字　405×410

開元四年(716)六月二十六日卒　十一月二十四日葬

1998年,河南省洛陽市孟津縣出土。

一七二 唐姚公夫人劉氏墓誌

首題："大唐開府儀同三司紫微令梁國公姚公夫人沛國夫人劉氏墓誌銘并序"

共25行，滿行24字 730×735×170

垂拱元年（685）八月四日卒 開元五年（717）二月十三日葬

許景先撰

1999年冬，河南省洛陽市伊川縣萬安山出土。

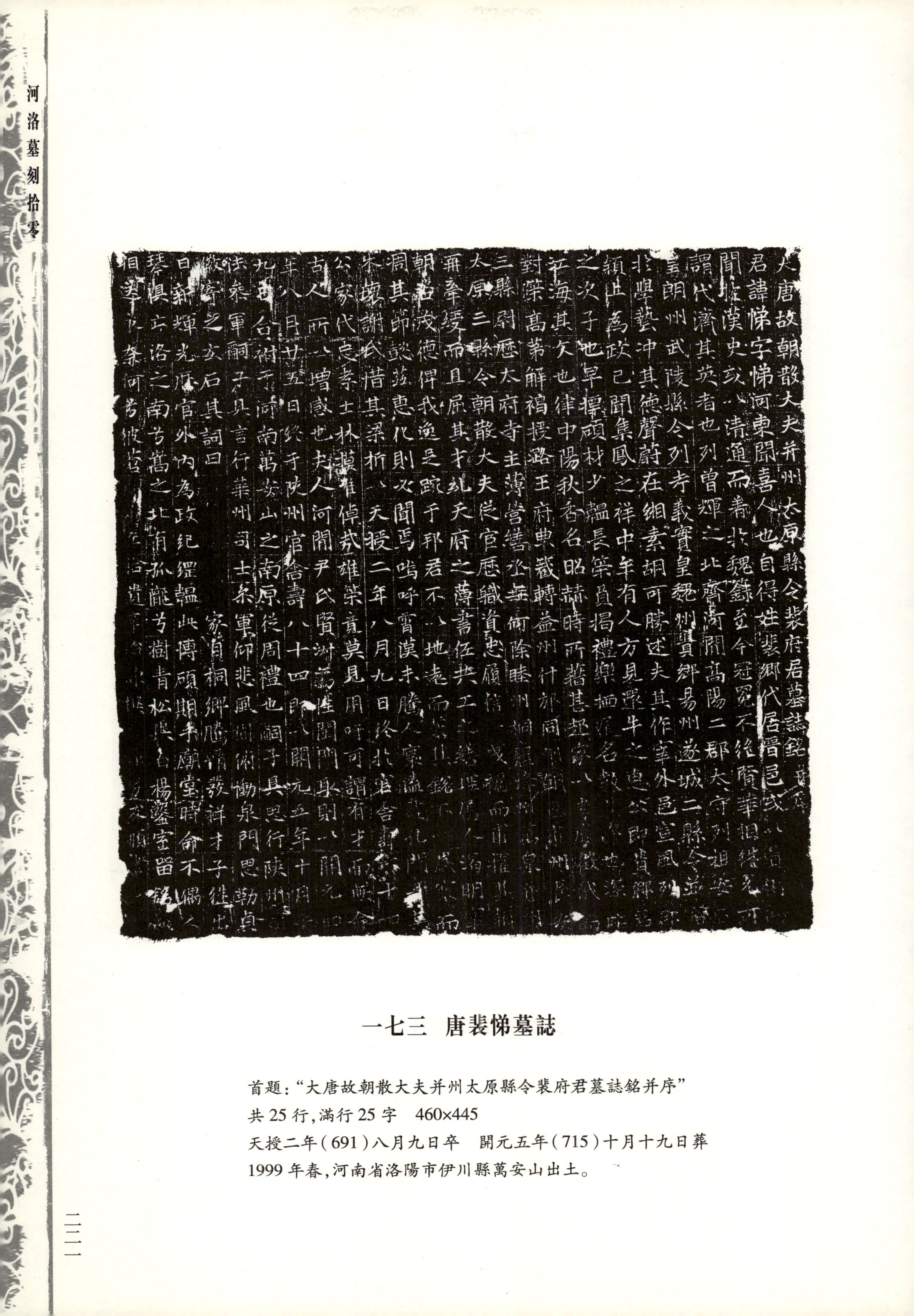

一七三　唐裴悌墓誌

首題："大唐故朝散大夫并州太原縣令裴府君墓誌銘并序"

共25行，滿行25字　460×445

天授二年（691）八月九日卒　開元五年（715）十月十九日葬

1999年春，河南省洛陽市伊川縣萬安山出土。

大唐故來府君墓誌銘

一七四　唐來景暉墓誌并蓋

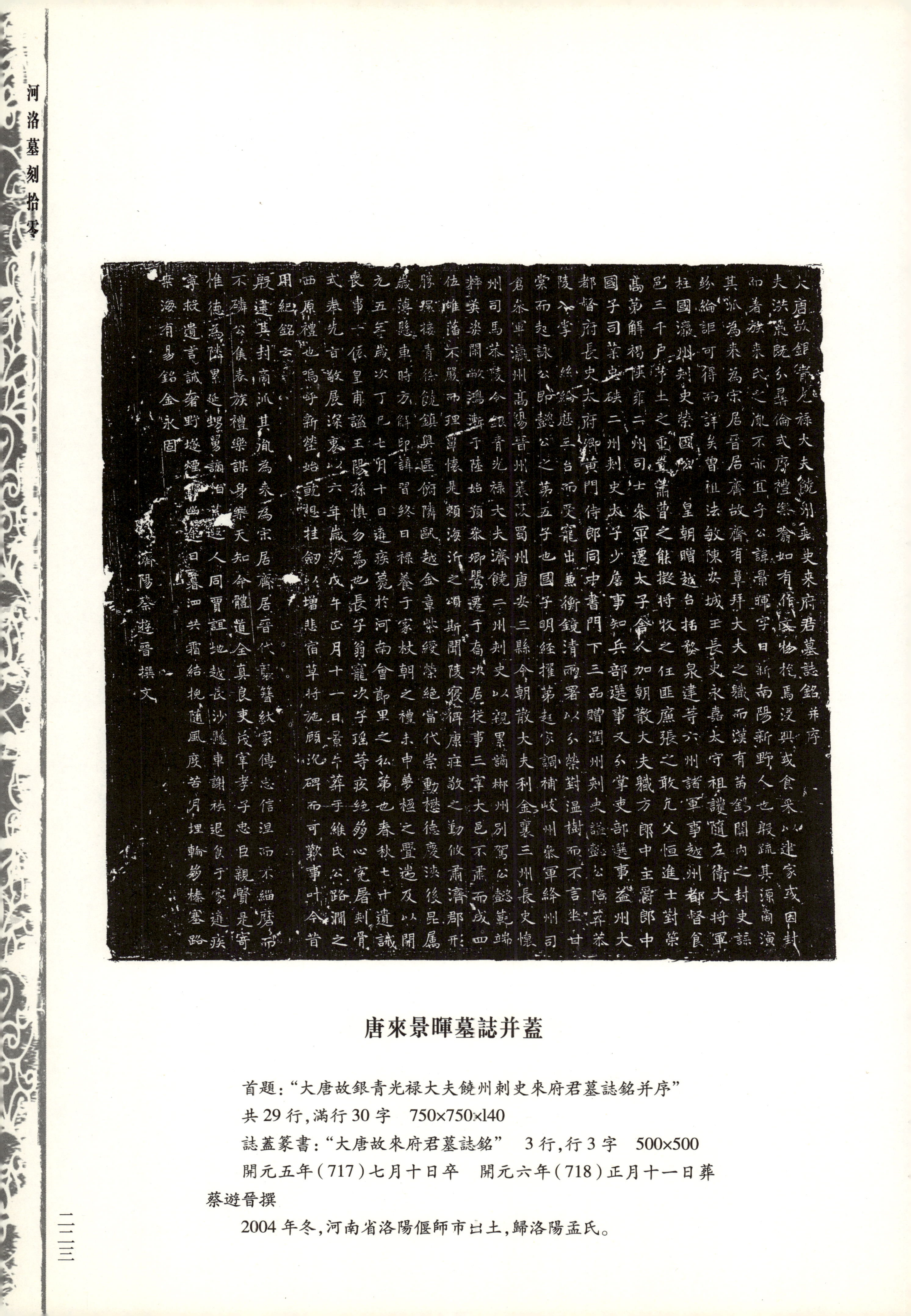

唐來景暉墓誌并蓋

首題："大唐故銀青光禄大夫饒州刺史來府君墓誌銘并序"

共29行，滿行30字　750×750×140

誌蓋篆書："大唐故來府君墓誌銘"　3行，行3字　500×500

開元五年（717）七月十日卒　開元六年（718）正月十一日葬

蔡遊晉撰

2004年冬，河南省洛陽偃師市出土，歸洛陽孟氏。

一七五　唐李嗣先墓誌并蓋

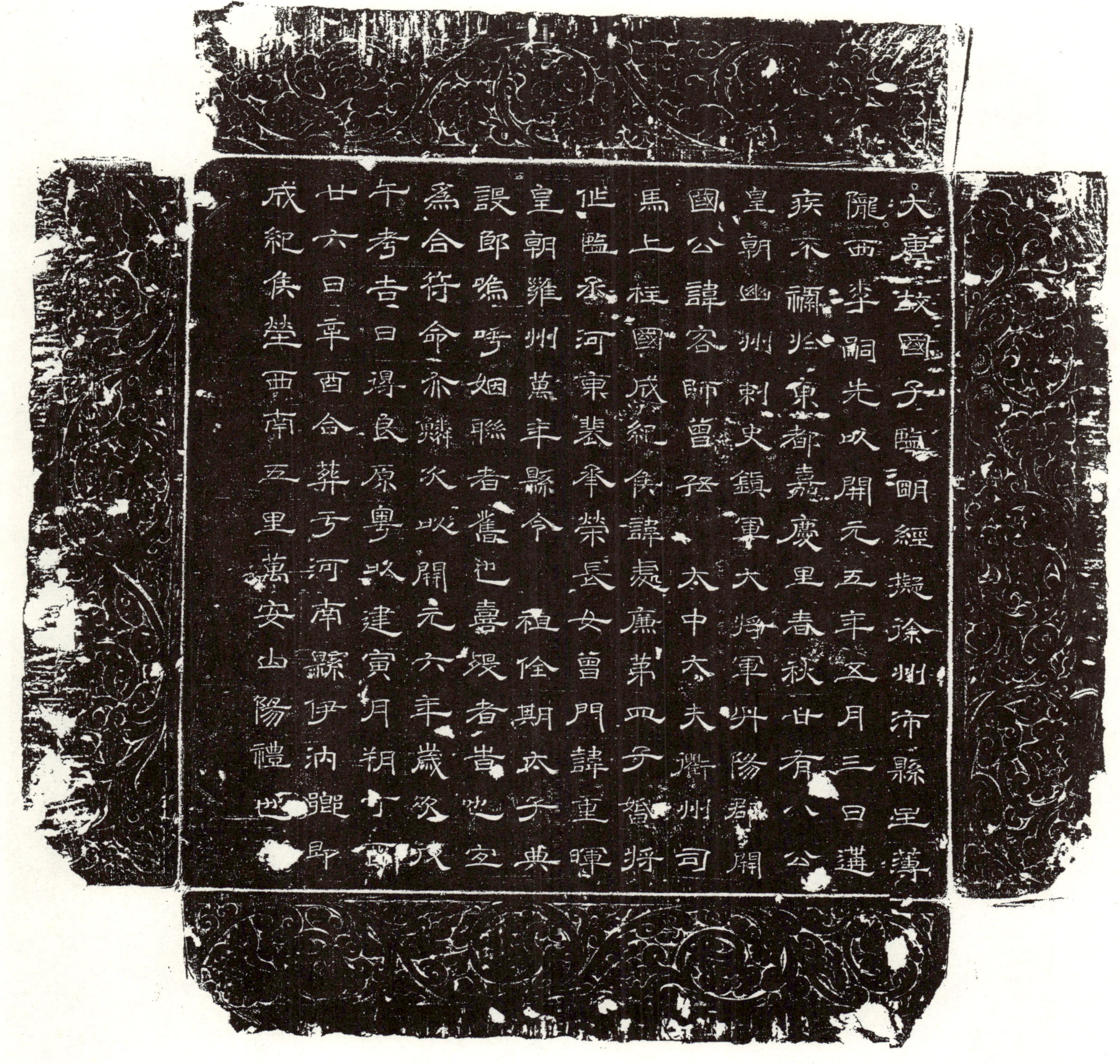

唐李嗣先墓誌并蓋

無首題

共13行,滿行15字　440×445×90

誌蓋篆書:"大唐故李府君墓誌銘"　3行,行3字　455×460

開元五年(717)五月三日卒　開元六年(718)正月二十六日葬

2000年冬,河南省洛陽市伊川縣彭婆鄉許營村北萬安山出土,旋歸洛陽市文物二隊。

一七六　唐李行墓誌

首題："大唐故括州松陽縣尉李君墓誌銘并序"

共 23 行，滿行 23 字　730×730

景雲二年（711）七月十六日卒　開元六年（718）五月二十七日葬

2004 年春，河南省洛陽市孟津縣送莊鄉出土，旋歸洛陽古玩城李氏。

一七七　唐蕭元禮墓誌

首題："大唐故贈銀青光禄大夫使持節相州諸軍事相州刺史蘭陵蕭府君墓誌銘并序"

共28行，滿行28字　655×645

卒年不詳　開元六年（718）十月二十二日葬　許景先撰并書

2003年秋，河南省洛陽市龍門鎮張溝村西出土，洛陽何氏先拓一枚。同年9月19日，誌石被洛陽師範學院以3700元購得。

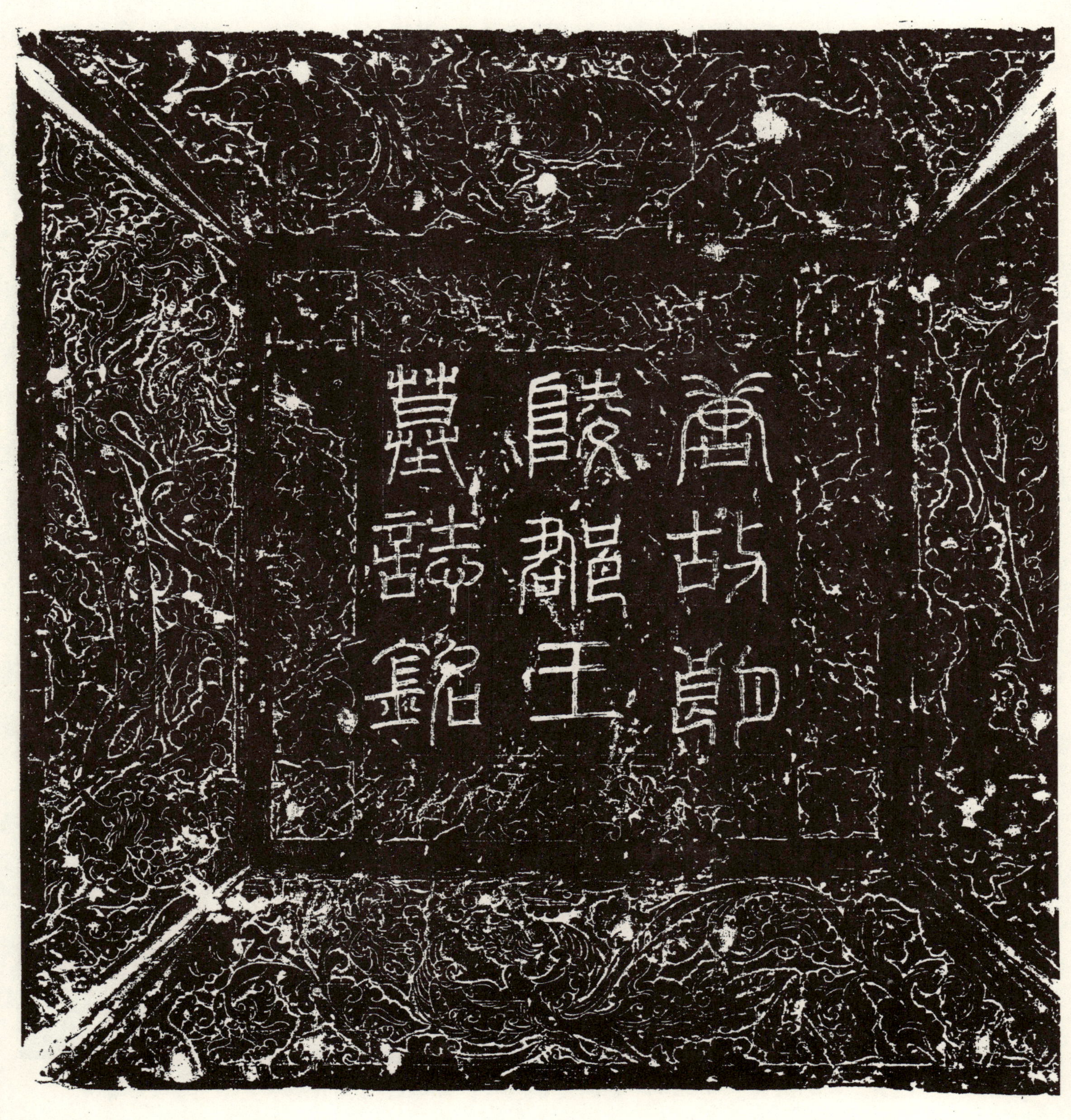

一七八　唐李瑋墓誌并蓋

唐李瑋墓誌并蓋

首題:“大唐故朗陵郡王墓誌銘并序”

共 29 行,滿行 29 字　740×715

誌蓋篆書:“唐故朗陵郡王墓誌銘”　3 行,行 3 字　430×440

永淳元年(682)二月二十一日卒　開元六年(718)十一月十二日葬

2003 年冬,河南省洛陽市龍門鎮出土,歸洛陽劉氏。

一七九　唐沈嶷墓誌

首題："大唐故簡州刺史贈常州刺史沈府君墓誌銘并序"

共24行，滿行24字　490×495×120

神功二年（698）六月八日卒　開元六年（718）十一月十二日葬　康子元撰

2003年冬，河南省洛陽市龍門鎮張溝村附近出土，先歸洛陽古玩城孟氏。同年12月16日，歸藏於洛陽師範學院。

一八〇　唐韋君夫人崔氏墓誌

首題:"大唐故蜀州晉原縣令韋府君夫人博陵崔氏安喜縣君墓誌銘并序"

共15行,滿行15字　365×365×65

開元六年(718)十二月二十三日卒　開元七年(719)二月二日葬

2000年,河南省洛陽市龍門鎮出土。

一八一　唐李畠墓誌

首題："大唐故饒州司倉參軍事李府君墓誌并序"
共 23 行，滿行 23 字　450×450×115
開元五年（717）五月二十日卒　開元七年（719）五月十四日葬
2004 年春，河南省洛陽市伊川縣出土。

一八二 唐崔諤之墓誌

首題:“唐故銀青光祿大夫太府卿少府監贈兗州都督上柱國趙國公崔府君墓誌銘并序”

共 33 行,滿行 33 字 750×750×148

開元七年(719)八月三日卒 十月十五日葬

民國年間邙山出土,解放後被壘在劉坡小學教室墻上,1997 年被重新發現,現藏洛陽市文物二隊。

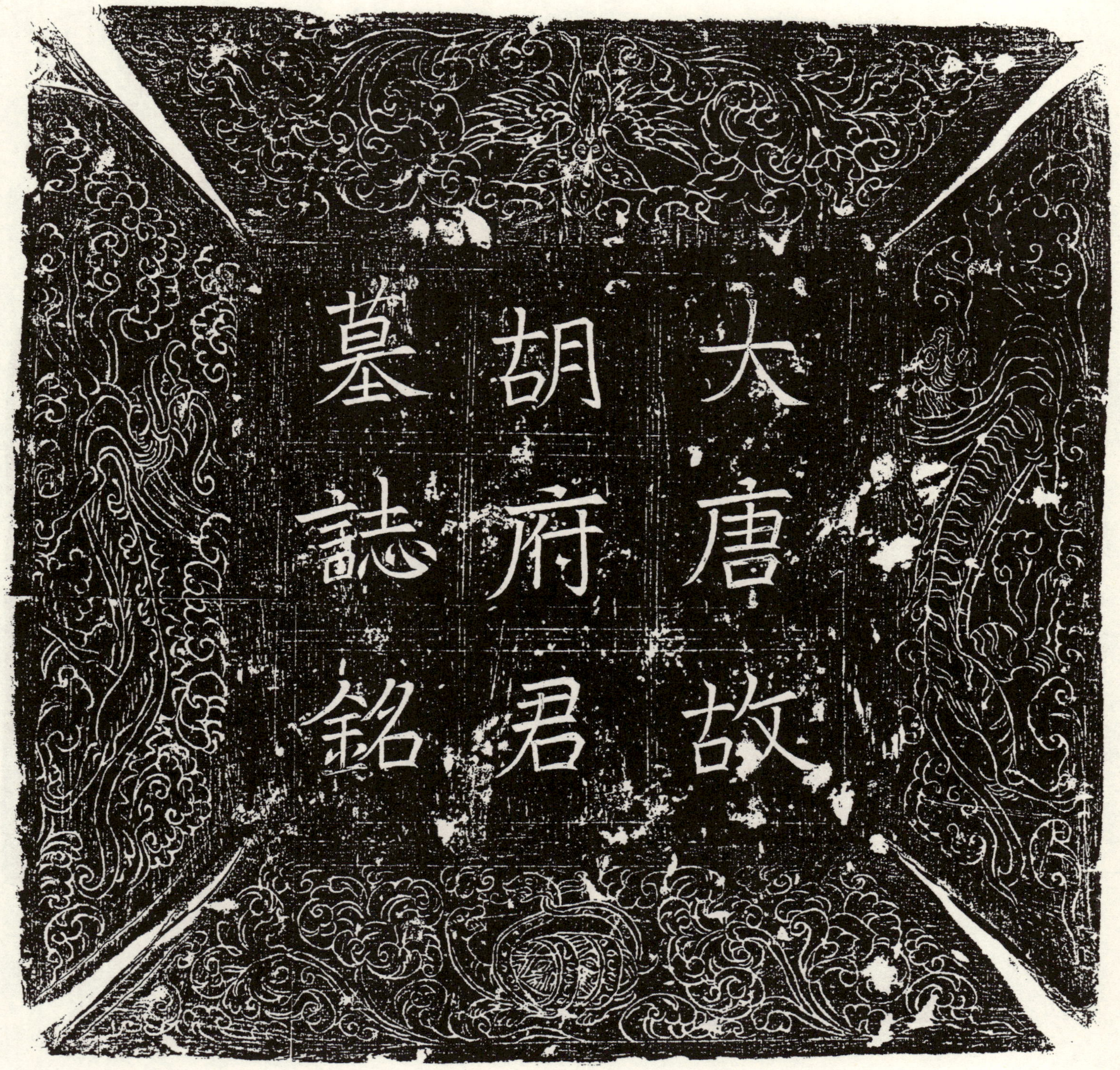

一八三 唐胡勛墓誌并蓋

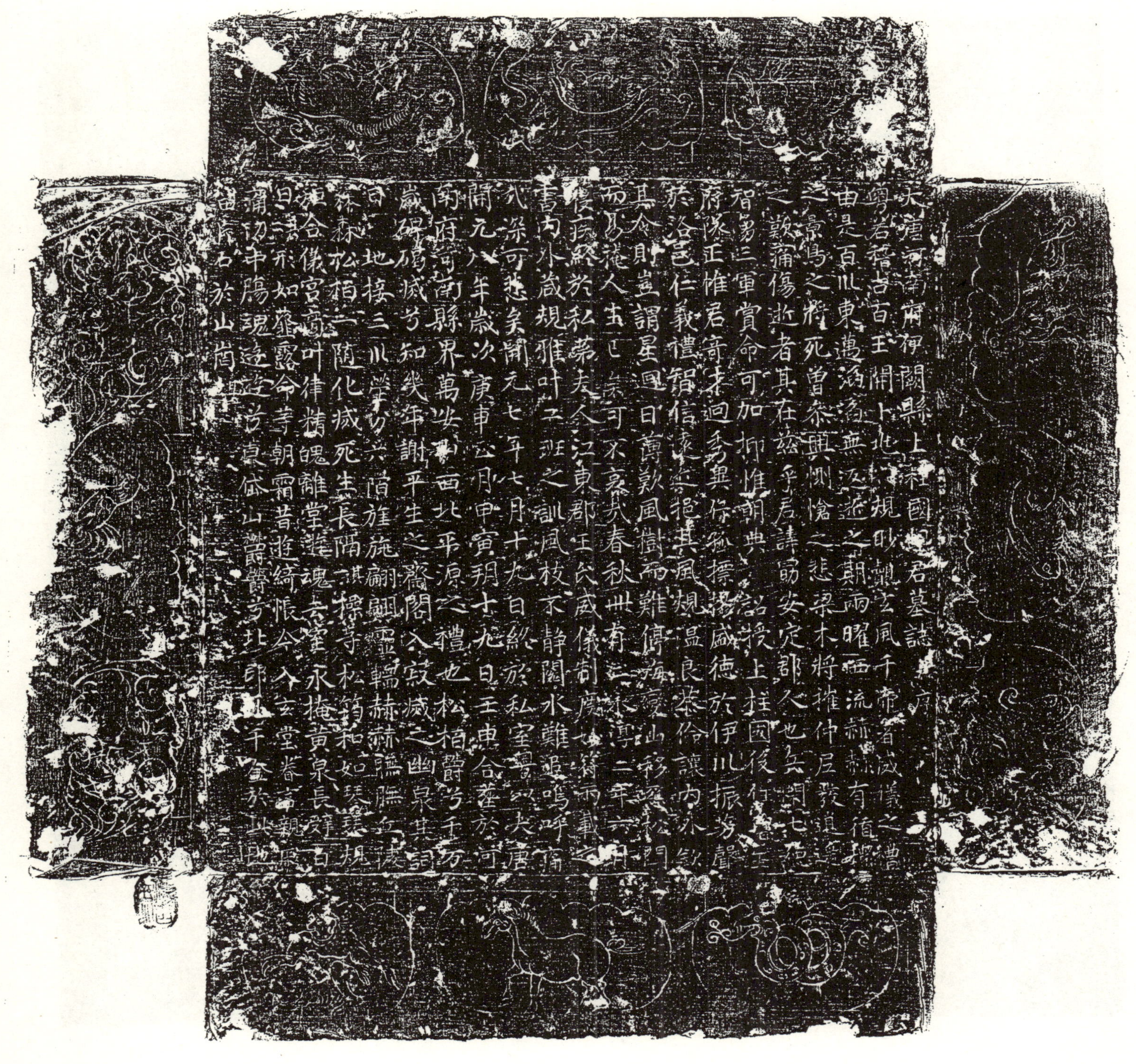

唐胡勖墓誌并蓋

首題:“大唐河南府伊闕縣上柱國胡君墓誌并序”

共22行,滿行22字　440×440

誌蓋楷書:“大唐故胡府君墓誌銘”　3行,行3字　480×480

永淳二年(683)六月卒　開元八年(720)正月十九日葬

2004年冬初,河南省洛陽市伊川縣萬安山出土,旋歸老城西關麗景門某氏。

一八四 唐賈伯卿墓誌

首題:"唐故朝議大夫陳州長史賈君墓誌銘并序"

共26行,滿行26字 535×535

開元六年(718)十一月六日卒 開元八年(720)二月十七日葬

2005年10月,河南省洛陽市孟津縣出土,旋歸李氏。

一八五　唐崔公夫人房氏墓誌并蓋

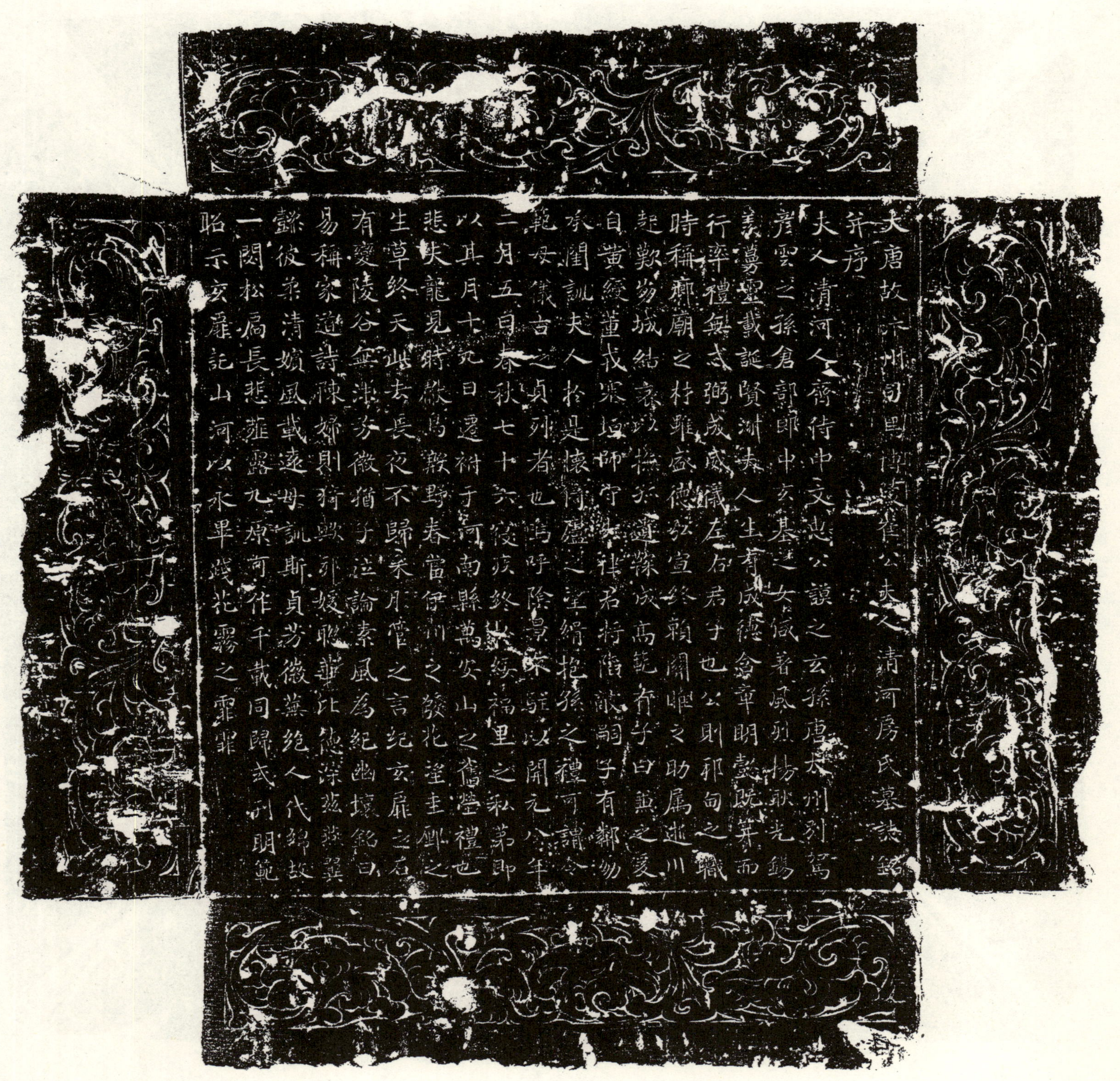

唐崔公夫人房氏墓誌并蓋

首題:“大唐故汴州司馬博陵崔公夫人清河房氏墓誌銘并序”
共 20 行,滿行 20 字　420×420×110
誌蓋篆書:“大唐故房夫人墓誌銘”　3 行,行 3 字　450×450×110
開元八年(720)二月五日卒　二月十九日葬
1998 年春,河南省洛陽市伊川縣萬安山出土。

大唐故朝議郎行左校署令上柱國劉府君墓誌銘并序
君諱行師字巡族彭城人也今家于河南門承閥閲克茂奕
龍之苗代襲衣纓遠紹斬蛇之胤中山盛族弈葉而稱焉曾
祖顗高尚不仕幽居自樂瑩心泉石抗志雲霄祖康隨任鶉
觚縣丞光贊一同風清百里父壽麟遊縣令栖鸞表德馴翟
當仁夜鵲停喧秋蝗不入竟享多福貽厥孫謀君朝議郎行
左校署令甫屆盛年安乎卑位風神峻邈體道懷仁其廉慎
焉虛心絜己惟忠孝也自國于家不出慶以求榮信優遊以
養志宗黨稱其令譽中外挹其芳猷豈謂天不慭惟殲良遽
遠以開元八年二月廿九日終于道光坊之里第享年八十
二矣閭巷慟然庶僚如殞哀纏宿草痛結幽泉行路驚心周
親灑泣豈獨舂者輟相耕夫釋耒而已哉夫人郭氏嬪風允
著母儀自得克諧君子同穴靡他以開元三年十一月七日
卒於東都道光里之第也春秋六十三矣以開元八年夏五
月八日合葬於洛陽縣清風鄉邙山禮也南隣翠嶽北達洪
河斜通燕趙之郊甫帶王城之甸長子承泰右校監作第三
子元惠直將作監第五子道融宿衛第六子道謙宿衛並如
珪如璧令問令望芝蘭疊暎花蕚相扶荀氏八龍未足稱譽
劉宗兩驥雅得其仁至孝因心攀號靡及風枝不靜拜靈座
而增哀露薤俄晞瞻几筵而永慕卜其宅兆言蹤白兔之塋
而安措之果得青烏之楊芬述懿乃作銘云
猗歟府君抱寶懷文道該百行學富三墳耿介卓絕岩嶷不
羣安居卑位功擅宏勳池臺尚在生死俄分悲纏落日愁斷
孤雲銘乎翠琰永播清芬

一八六　唐劉行師墓誌

首題："大唐故朝議郎行左校署令上柱國劉府君墓誌銘并序"

共 24 行，滿行 23 字　595×595

開元八年（720）二月二十九日卒　五月八日葬

2006 年夏末，河南省洛陽市孟津縣送莊鄉出土，旋歸洛陽古玩城孟氏。

一八七 唐裴元蘭墓誌

首題："大唐故汾州隰城縣丞河東裴府君墓誌銘并序"

共19行，滿行19字 425×440×80

景雲二年（711）五月十三日卒 開元九年（721）二月二十五日葬

1997年春，河南省洛陽市伊川縣萬安山出土。

一八八　唐張利賓墓誌并蓋

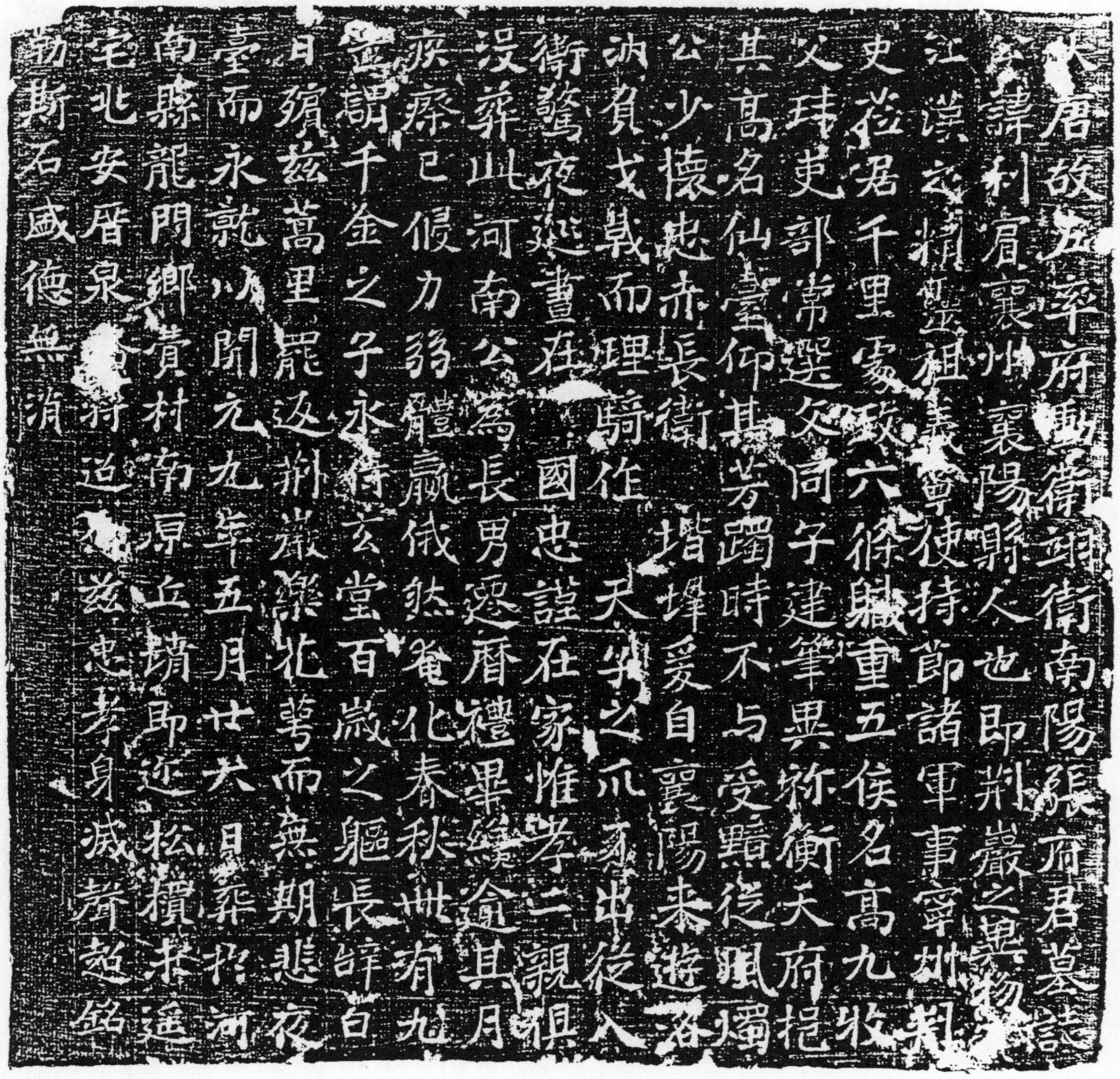
大唐故左率府勳衛翊衛南陽張府君墓誌
君諱利賓襄州襄陽縣人也即荆巖之異物
江漢之精靈祖表曾使持節諸軍事寧州刺
史茲居千里豪致六條職重五侯名高九牧
父珪吏部常選父同子建筆異祢衡天府挹
其高名仙臺仰其芳躅時不与受顯從風燭
公少懷忠赤長衛階墀爰自襄陽來遊洛
汭負戈戟而理騎從天子之□□出從入
衛警夜巡晝在國忠謹在家惟孝二親俱
沒葬此河南公爲長男遜曆禮畢纔逾其月
疾瘵已侵力弱體羸俄然奄化春秋卅有九
嗚呼千金之子永侍玄堂百歲之軀長辭白
日殯茲萬里覊返荆巖藥花萼而無期悲夜
臺而永就以開元九年五月廿六日葬於河
南縣龍門鄉貫村南原丘隴即近松檟未遥
宅兆安厝泉□將迫□茲忠孝身滅聲翘銘
勒斯石威德無消

唐張利賔墓誌并蓋

首题:“大唐故左率府勳衛翊衛南陽張府君墓誌”

共 17 行,滿行 17 字　523×320

誌蓋篆書:“大唐故張府君墓誌銘”　3 行,行 3 字　200×210

開元九年(721)五月二十六日葬

2004 年秋,河南省洛陽市洛龍區龍門鎮出土,旋歸洛陽古玩城孟氏。

一八九　唐薛釗墓誌并蓋

唐薛釗墓誌并蓋

首題："唐故兗州金鄉縣丞薛君墓誌銘并序"

共27行，滿行27字　620×630

誌蓋篆書："大唐故薛府君墓誌銘"　3行，行3字　390×390

開元九年(721)五月十七日卒　六月十四日葬

2005年9月，河南省洛陽市龍門鎮出土，旋歸孟氏。

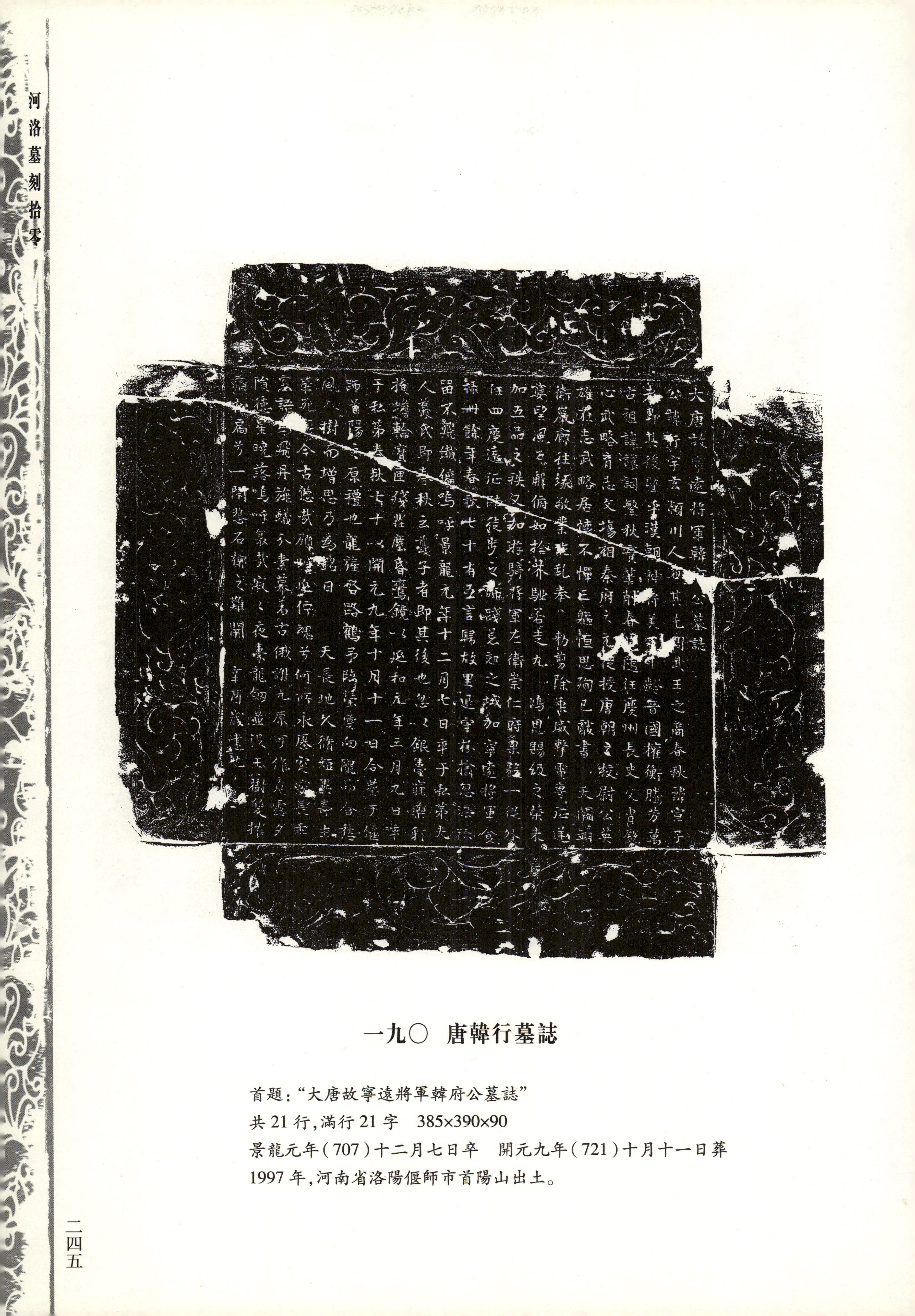

一九〇　唐韓行墓誌

首題:"大唐故寧遠將軍韓府公墓誌"

共21行,滿行21字　385×390×90

景龍元年(707)十二月七日卒　開元九年(721)十月十一日葬

1997年,河南省洛陽偃師市首陽山出土。

一九一　唐姚愛同墓誌并蓋

唐姚愛同墓誌并蓋

首題："故朝議大夫守綏州刺史姚府君墓誌銘并序"

共33行，滿行32字　745×745×155

誌蓋篆書："大唐故姚府君墓誌銘"　3行，行3字　560×550

開元九年（721）九月二十八日卒，開元十年（722）二月十日葬

姚脊知撰

2005年秋，河南省洛陽市孟津縣出土，旋歸洛陽古玩城李氏。

一九二 唐盧廣敬墓誌

首題:“大唐故豫州汝陽縣令盧府君墓誌銘并序”
共20行,滿行21字 475×470
開元十年(722)二月二十三日卒 五月九日葬
2003年秋,河南省洛陽市孟津縣出土,旋歸白馬寺鎮王氏。

一九三　唐劉思貞墓誌

首題:"大唐故盧州司馬劉公墓誌并序"

共 24 行,满行 24 字　720×730

開元十年(722)八月三日卒　十一月五日葬

2003 年夏,河南省洛陽市孟津縣送莊鄉出土,旋歸象莊劉氏。

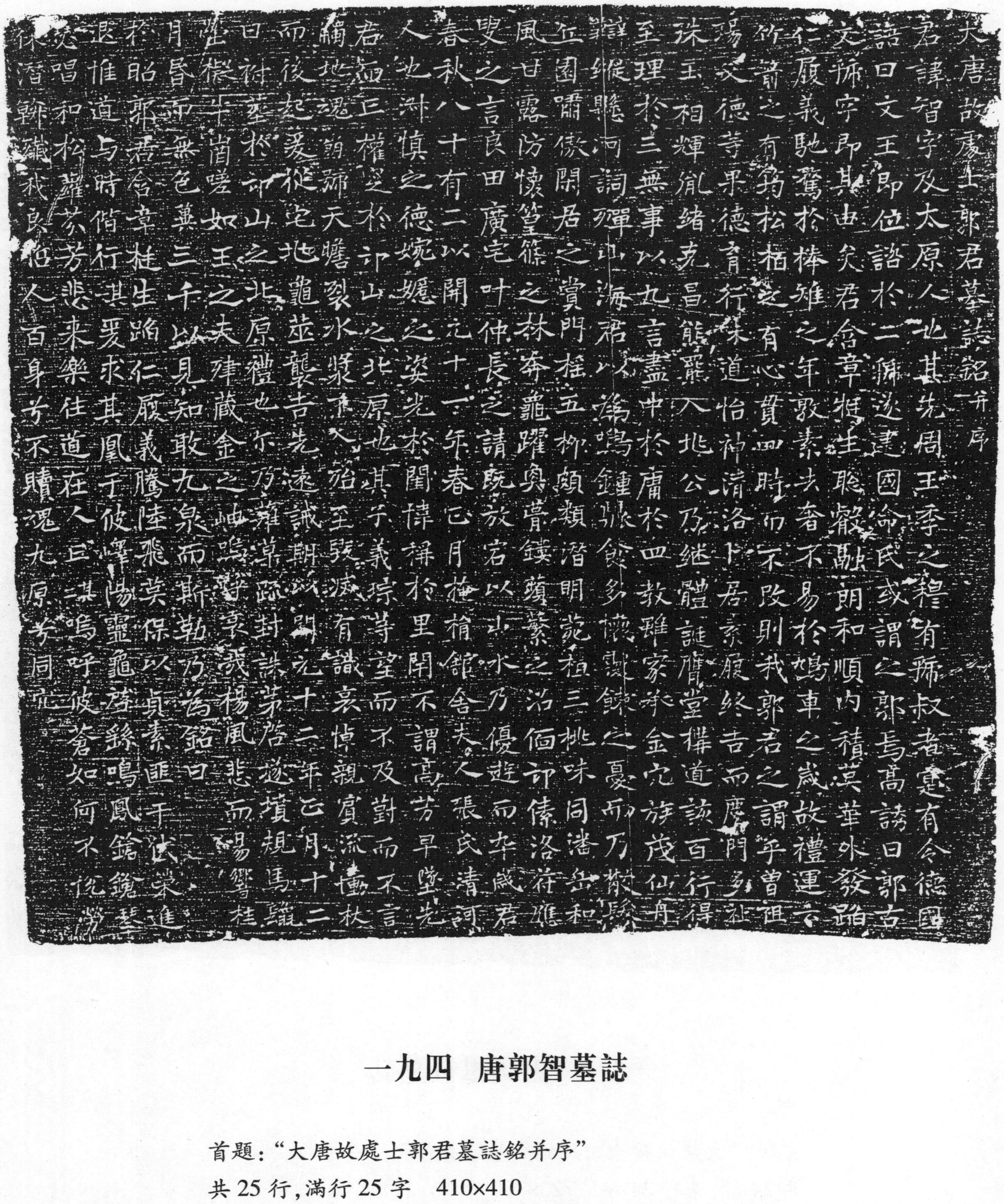
大唐故處士郭君墓誌銘并序
君諱智字及太原人也其先周王季之穆有虢叔者寔有令德國
語曰文王卿位諮於二虢遂建國命氏或謂之郭焉高誘曰郭古
文稱字即其由矣君含章挺生聰叡融朗和順內積英華外發路
仁履義馳騖於棒雉之年敦素去奢不易於鳩車之歲故禮運云
竹箭之有筠松栢之有心貫四時而不改則我郭君之謂乎曾祖
陽父德等果德育行殊道怡神清洛卜居家履終吉而慶門多祉
琛王相輝胤緒克昌能罷入兆公乃繼體誕膺堂構道該百行得
至理於三無事以九言盡中於庸於四教雖家承金穴旅茂仙舟
辯縱聽河詞彈山海君以鴻鳴鍾鼎飲多懷鼎餗之憂而乃散縣
丘園嘯傲閑居之賞門植五柳頗類潛明籬植三桃味同潘岳和
風甘露防懷篁篠之林奇龜躍奐萱鏤蘋藻之沼佰訪儔洛荇應
叟之言良田廣宅叶仲長之請既放宕以山水乃優遊而卒歲君
春秋八十有二以開元十一年春正月捐舘舍夫人張氏清河
人也淑慎之德婉媛之姿光於閨幃掃於里閈不謂高芳早墜先
君逼巨權逆於邙山之北原也其子義琮等望而不及對而不言
緬地魂朔歸天瞻裂水漿下人殆至毀滅有識哀悼親賓流慟秋
而後起爰從宅兆龜筮襲吉先遠誠期以開元十二年正月十二
日祔塋於邙山之北原禮也尒乃薙草蹤封誅茅啓隧墳規馬鬣
坐欑千尚嗟如王之夫肆藏金之岫嗚呼哀哉楊風悲而陽響桂
月昏而無色萬三千以見知敢九泉而斯勒乃為銘曰
於貽郭君含章挂生路仁履義騰陸飛英保以貞素匪于試榮進
退惟道与時偕行其爰求其凰于彼嶧陽靈龜孳鯀鳴鳳鏘鏘琴
逕唱和松蘿芬芳悲來樂往道在人亡淇嗚呼彼蒼如何不憖勞
祩潛雖纖我良伍人百身兮不贖魂九原兮同穴

一九四　唐郭智墓誌

首題:“大唐故處士郭君墓誌銘并序”

共25行,滿行25字　410×410

開元十一年(723)正月卒　開元十二年(724)正月十二日葬

2003年秋,河南省洛陽市孟津縣出土,旋歸白馬寺鎮王氏。

一九五　唐來君妻蕭大通墓誌

首題："大唐故銀青光禄大夫饒州刺史來府君妻蘭陵郡夫人蕭氏墓誌銘并序"

共26行，滿行27字　680×690

開元七年（719）五月二十日卒　開元十二年（724）十二月五日葬

2005年7月，河南省洛陽偃師市出土，旋歸洛陽古玩城孟氏。

一九六　唐袁愔墓誌

首題：“大唐故濟州盧縣令袁公墓誌銘并序”

共20行，滿行20字　595×595

開元十一年（723）六月四日卒　開元十二年（724）十一月四日葬

2003年冬，河南省洛陽市龍門鎮出土，旋歸北京劉氏。

一九七 唐李讓墓誌并蓋

唐李讓墓誌并蓋

首題："唐故左衛翊衛吏部常選隴西李君墓誌銘并序"
共25行，滿行26字　440×450×90
誌蓋篆書："大唐故李府君墓誌銘"　3行，行3字　495×495
開元十二年（724）六月二十二日卒　十二月十一日葬
1999年冬，河南省洛陽市孟津縣出土。

一九八　唐李君夫人張氏墓誌

首題:“大唐故潤州司功參軍李府君夫人張氏墓誌銘并序”

共 17 行,滿行 17 字　445×450×12

開元十年(722)七月二十四日卒　開元十四年(726)正月十八日葬　李昉撰　李岳書

2002 年秋,河南省洛陽偃師市首陽山鎮出土,先歸洛陽何氏,2003 年 1 月 20 日,歸藏洛陽師範學院。

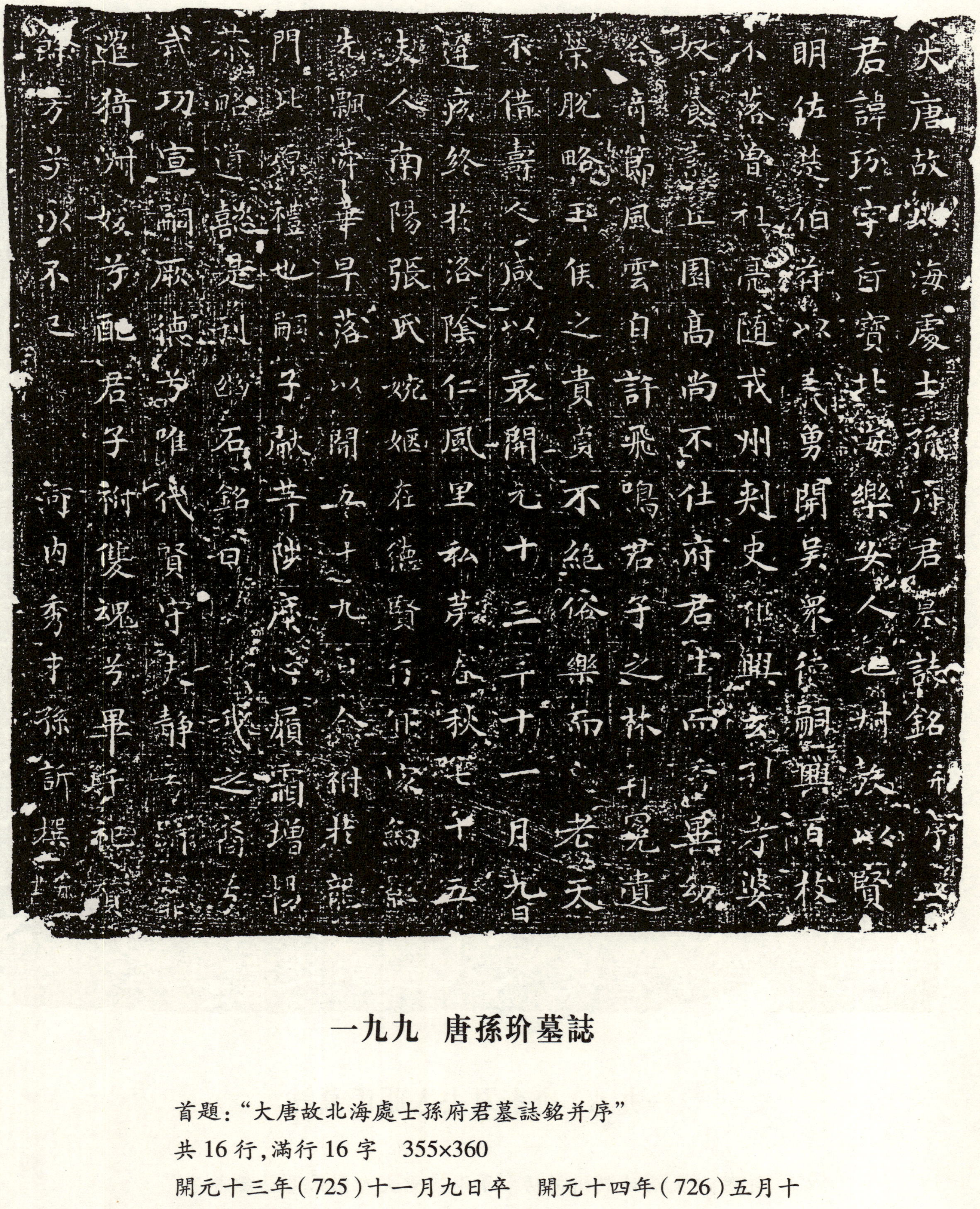

一九九　唐孫玠墓誌

首題："大唐故北海處士孫府君墓誌銘并序"

共16行，滿行16字　355×360

開元十三年（725）十一月九日卒　開元十四年（726）五月十九日葬　孫訢撰并書

2005年春，河南省洛陽市龍門鎮龍門山北原出土，旋歸洛陽潞澤文博城某氏。

按：誌云卒於"開元十三年十一月九日"，合祔於"開五十九日"，"開"當是"開元"之省文。其後脱"十四"兩字，謂開元十四年。"五十九日"，"五"後脱"月"字。

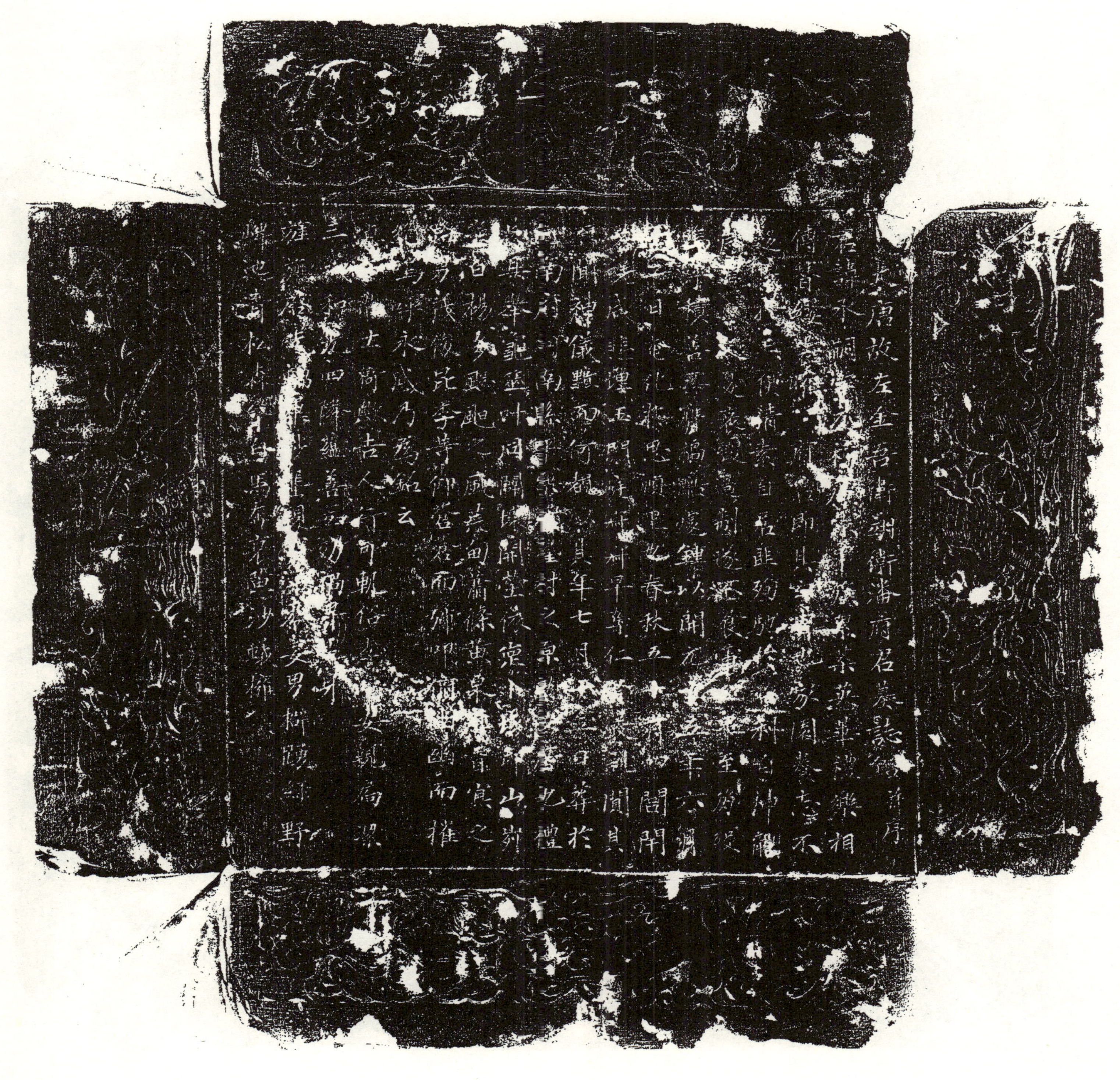

二〇〇　唐潘承嗣墓誌

首題："大唐故左金吾衛翊衛潘府君墓誌銘并序"
共18行，滿行18字　335×330×85
開元十五年(727)六月十二日卒　七月二十三日葬
1997年春，河南省洛陽市孟津縣出土。

二〇一　唐王璲妻李明高墓誌并蓋

唐王璲妻李明高墓誌并蓋

首題："大唐朝議郎前湖州參軍王璲妻故隴西李夫人墓誌銘并序"

共19行,滿行19字　360×340×80

誌蓋篆書："大唐故李夫人墓誌銘"　3行,行3字　390×390

開元十年(722)九月十六日卒　開元十五年(727)八月三日葬　趙堅撰

1999年冬,河南省洛陽市孟津縣出土。

二〇二 唐祖好謙墓誌

首題:“大唐故朝請郎行許州長社縣丞祖君墓誌銘并序”

共 24 字,滿行 24 字　580×575×120

開元十五年(727)七月十三日卒　十月十七日葬

1997 年春,河南省洛陽市伊川縣萬安山出土。

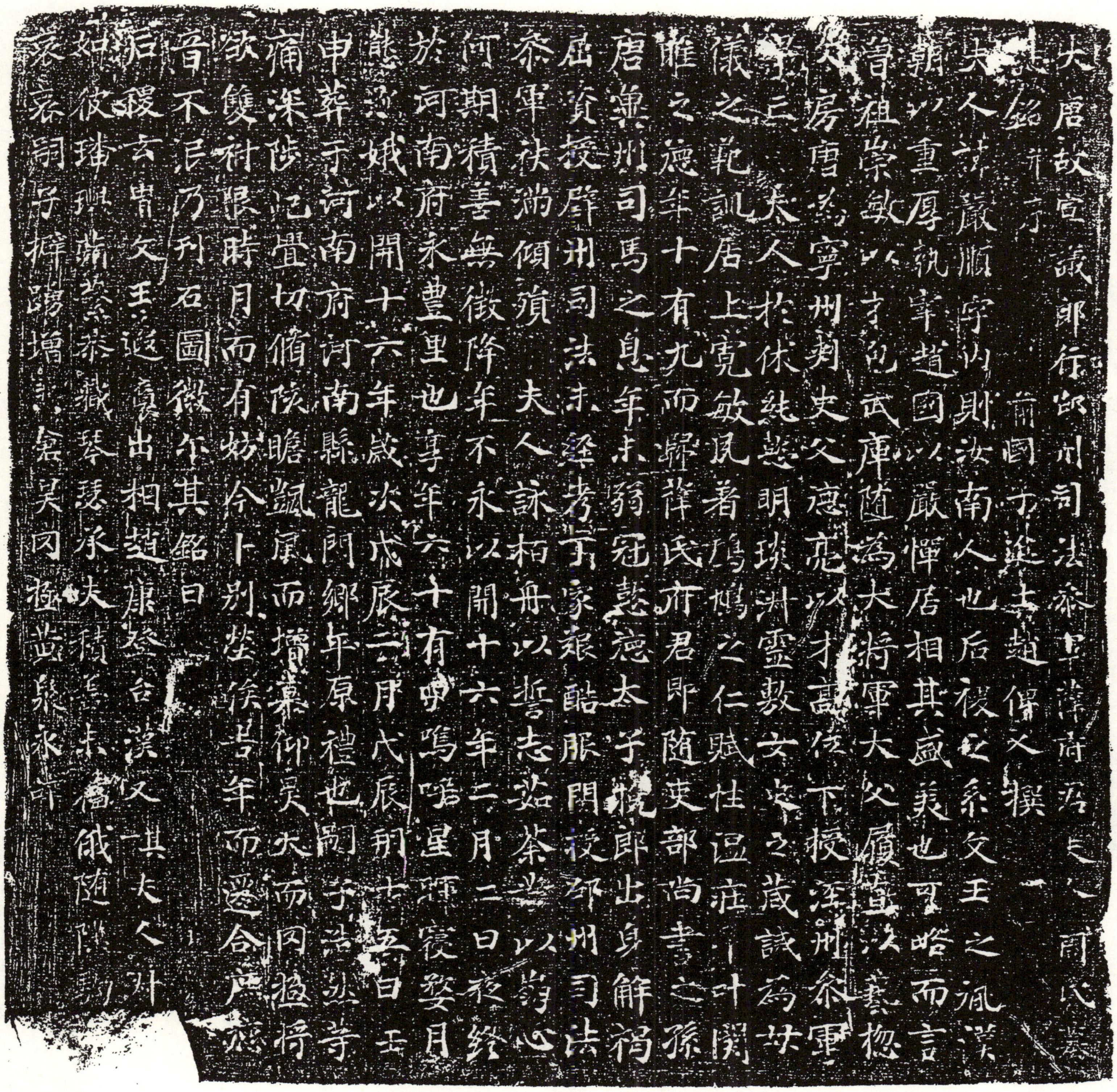

二〇三　唐薛君夫人周嚴順墓誌

首題："大唐故宣議郎行邵州司法參軍薛府君夫人周氏墓誌銘并序"

共22行，滿行21字　410×410

開元十六年（728）二月二日卒　二月十五日葬　趙俾乂撰

2003年春，河南省洛陽市龍門鎮出土，旋歸白馬寺鎮王氏。

二〇四　唐李君夫人段氏墓誌

首題："唐故華州司馬李府君夫人段氏墓誌銘并序"
共18行，滿行19字　357×357×102
開元十七年（729）二月卒　二月二十二日葬
1999年冬，河南省洛陽市孟津縣出土。

二〇五　唐蕭君夫人王氏墓誌并蓋

唐蕭君夫人王氏墓誌并蓋

首題:"大唐故沂州司馬柱國蕭府君故夫人琅耶縣君王氏墓誌銘并序"

共24行,满行25字　435×440

誌蓋篆書:"大唐故王夫人墓誌銘"　3行,行3字　305×300

開元十六年(728)十月七日卒　開元十七年(729)二月二十四日葬

2002年夏,河南省洛陽市孟津縣平樂鎮出土,石歸孟津平樂黄氏。

二〇六 唐楊仲膺墓誌

首題："先府君誌銘并序"

共29行，滿行29字 595×590

長安四年（704）九月十四日卒 開元十七年（729）八月二十六日葬 楊軾撰 楊增書

2005年8月，三門峽出土，旋歸洛陽陳氏。

二〇七 唐邊胡墓誌并蓋

唐邊胡墓誌并蓋

首題："大唐故兵部常選上柱國邊君墓誌銘并序"

共19行，滿行19字　440×440×115

誌蓋篆書："大唐故邊府君墓誌銘"　3行，行3字　265×265

先天二年（713）二月二十七日卒　開元十七年（729）十一月二十三日葬

2004年7月中旬，河南省洛陽市孟津縣劉坡村北出土，旋歸洛陽古玩城孟氏。

二〇八　唐鄭擇言墓誌并蓋

唐鄭擇言墓誌并蓋

首題："唐故濮州鄄城縣主簿鄭府君墓誌銘并序"

共27行，滿行26字　530×530

誌蓋篆書："大唐故鄭府君墓誌銘"　3行，行3字　375×380

開元十七年（729）七月十二日卒　十一月二十三日葬　王愉撰　鄭項書

2003年夏，河南省洛陽市白馬寺鎮下黄村出土，旋歸董村某氏。2003年秋，何漢儒先生携一翻刻本至，下改書者爲"太子舍人賈曾書"。

二〇九 唐李行止墓誌

首題:“唐故朝議大夫亳州别駕李府君墓誌銘并叙”

共 24 行,滿行 24 字　605×605×100

開元九年(721)九月二十四日卒　開元十八年(730)六月十三日葬

2003 年冬,河南省洛陽市孟津縣出土,旋由何氏傳拓相贈。同年 12 月 26 日,歸藏洛陽師範學院。

二一〇 唐李釋子墓誌

首題:"唐故巂州都督李府君之墓誌銘并序"

共32行,滿行32字 730×725×185

開元九年(721)三月二十九日卒 開元十八年(730)十二月二十九日葬 褚秀撰

2004年夏,河南省洛陽市孟津縣平樂鎮出土,旋歸洛陽古玩城李氏,金存章贈拓,後歸洛陽大學。

二一一　唐趙仙舟妻李婉墓誌

首題："唐齊州臨邑縣尉天水趙仙舟故妻燕郡李夫人墓誌銘并序"

共 19 行，滿行 18 字　365×365

開元十九年（731）六月七日卒　六月十九日葬

2004 年春，河南省洛陽市北邙山葛家嶺一帶出土，歸洛陽潞澤文博城李氏。

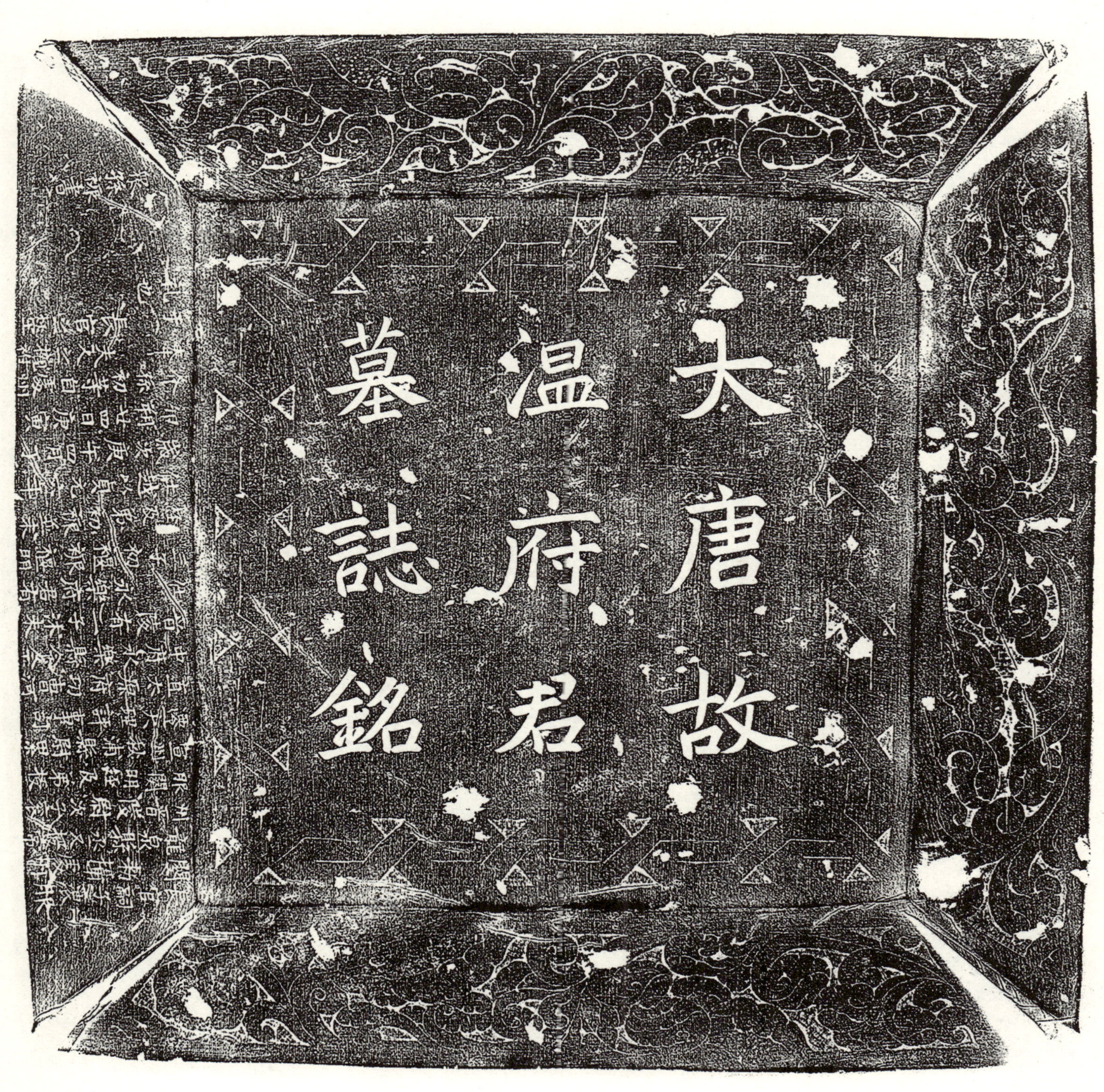

二一二 唐温任墓誌并蓋

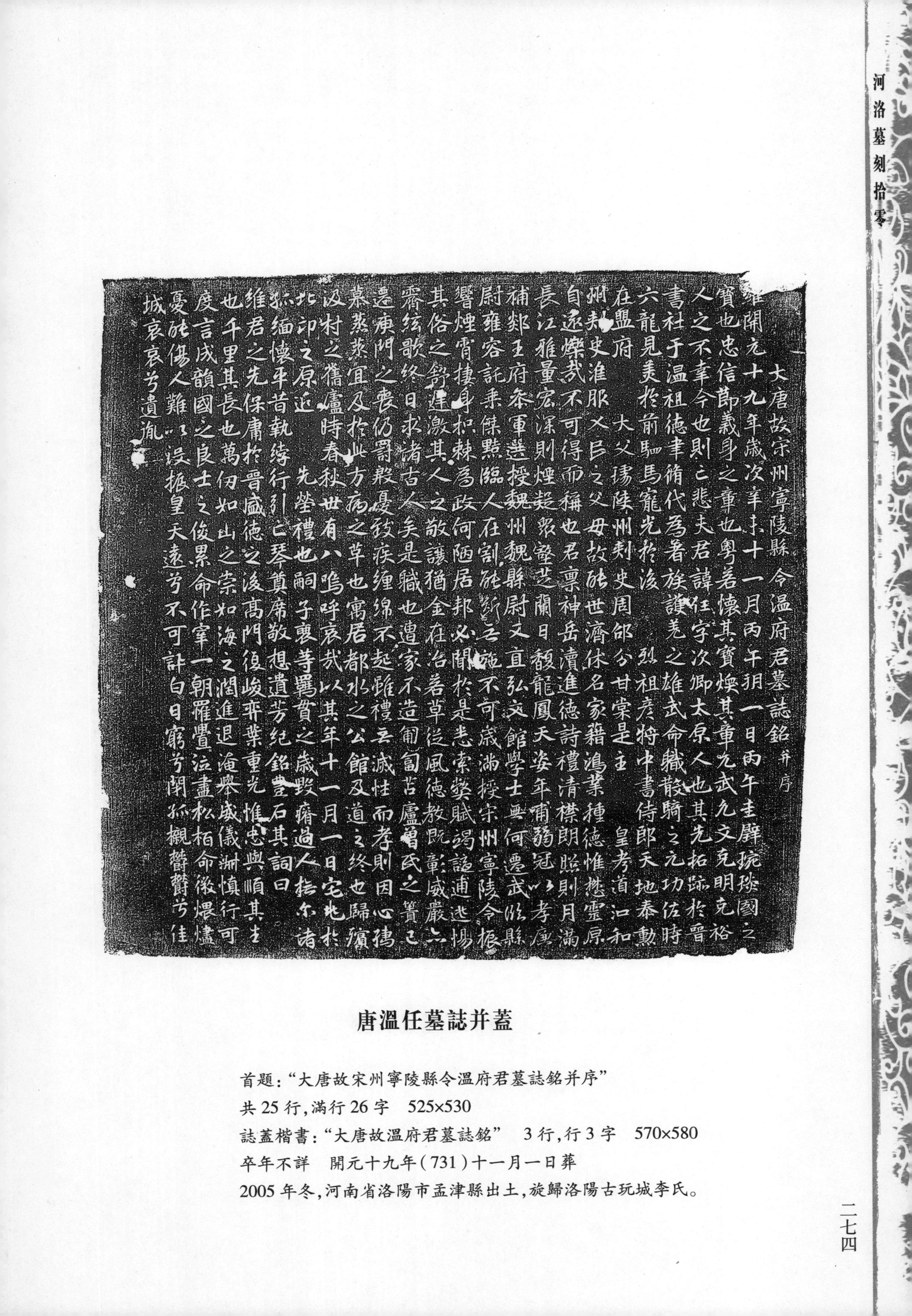

唐溫任墓誌并蓋

首題："大唐故宋州寧陵縣令溫府君墓誌銘并序"

共25行，滿行26字　525×530

誌蓋楷書："大唐故溫府君墓誌銘"　3行，行3字　570×580

卒年不詳　開元十九年（731）十一月一日葬

2005年冬，河南省洛陽市孟津縣出土，旋歸洛陽古玩城李氏。

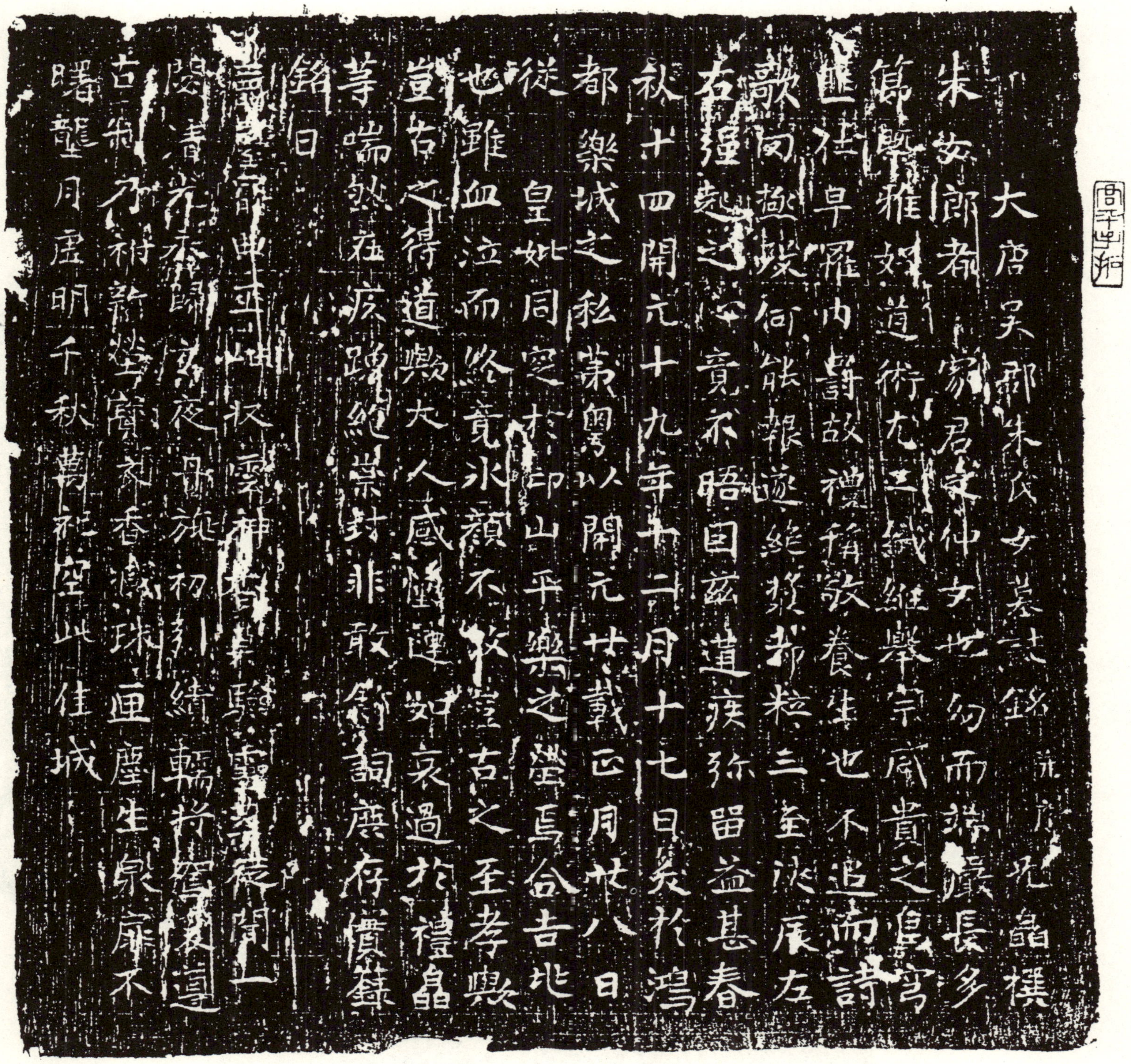

二一三　唐朱氏女墓誌

首題:“大唐吳郡朱氏女墓誌銘并序”

共 17 行,滿行 17 字　335×340

開元十九年(731)十二月十七日卒　開元二十年(732)正月二十八日葬　朱晶撰

2004 年冬,河南省洛陽市孟津縣出土,先歸洛陽古玩城孟氏,後歸鄭州李氏。

二一四 唐鍾離英倩墓誌

首題:“唐故殿中尚藥奉御鍾離府君墓誌銘并序”

共17行,滿行17字 312×312×90

開元二十年(732)三月二十八日卒 五月十九日葬

2000年秋,河南省洛陽市孟津縣出土。

二一五　唐張之輔墓誌

首題:“唐故太子少詹事張公墓誌銘并序”

共 34 行,滿行 35 字　870×895

開元十九年(731)正月二十三日卒　開元二十一年(733)三月五日葬　李邕撰　徐嶠之書

2000 年春,河南省洛陽市出土,先歸劉氏,旋歸王氏,余以 300 元購得拓本一枚。

二一六　唐韋君夫人李淑墓誌

首題："唐故密州司馬韋府君夫人成紀縣主墓誌銘并序"

共25行，滿行26字　590×590×140

開元二十一年（733）四月二十五日卒　五月二十日葬

2003年秋，河南省洛陽市伊川縣萬安山出土，先歸洛陽古玩城孟氏，後歸某氏。余以60元得一拓本，同年9月18日歸藏洛陽師範學院。

二一七　唐周胡仁墓誌并蓋

唐周胡仁墓誌并蓋

首題:"故上柱國周君墓誌銘并序"
共21行,滿行21字　384×384×110
誌蓋篆書:"大唐故周府君墓誌銘"　3行,行3字　430×430
永淳二年(683)二月五日卒　開元二十一年(733)十月四日葬
1997年,河南省洛陽市孟津縣出土。

二一八　唐陶貢墓誌

首題："唐故中散大夫行博州長史上柱國丹陽陶府君墓誌銘并序"

共28行，滿行27字　685×680

開元二十一年（733）五月二十七日卒　十月四日葬　張紹貞撰

2002年春，河南省洛陽市邙山出土，旋歸偃師張氏。

二一九　唐張崇簡墓誌并蓋

唐張崇簡墓誌并蓋

首題："大唐西崇福寺故侍書僧崇簡上人墓誌銘并序"

共 18 行，滿行 17 字　285×300

誌蓋楷書："大唐故張崇簡師誌銘"　3 行，行 3 字　145×155

開元二十二年(734)三月十五日卒　四月二十四日葬　陳潭撰并書

2005 年秋，河南省洛陽市北邙山出土，旋歸洛陽豫深文博城唐氏。

二二〇　唐龐賢墓誌

首题:“唐故蒲州霍山府左果毅都尉上柱國龐府君墓誌銘并序”

共22行,滿行22字　355×360

開元二十二年(734)四月七日卒　四月二十九日葬

2005年秋,河南省洛陽市北邙山出土,旋歸洛陽豫深文博城唐氏。

二二一　唐郭文墓誌

首题:"大唐郭徵君墓誌銘并序"

共 18 行,满行 18 字　423×424×101

開元二十二年(734)七月六日卒　開元二十三年(735)二月二十八日葬

1999 年冬,河南省洛陽市孟津縣出土。

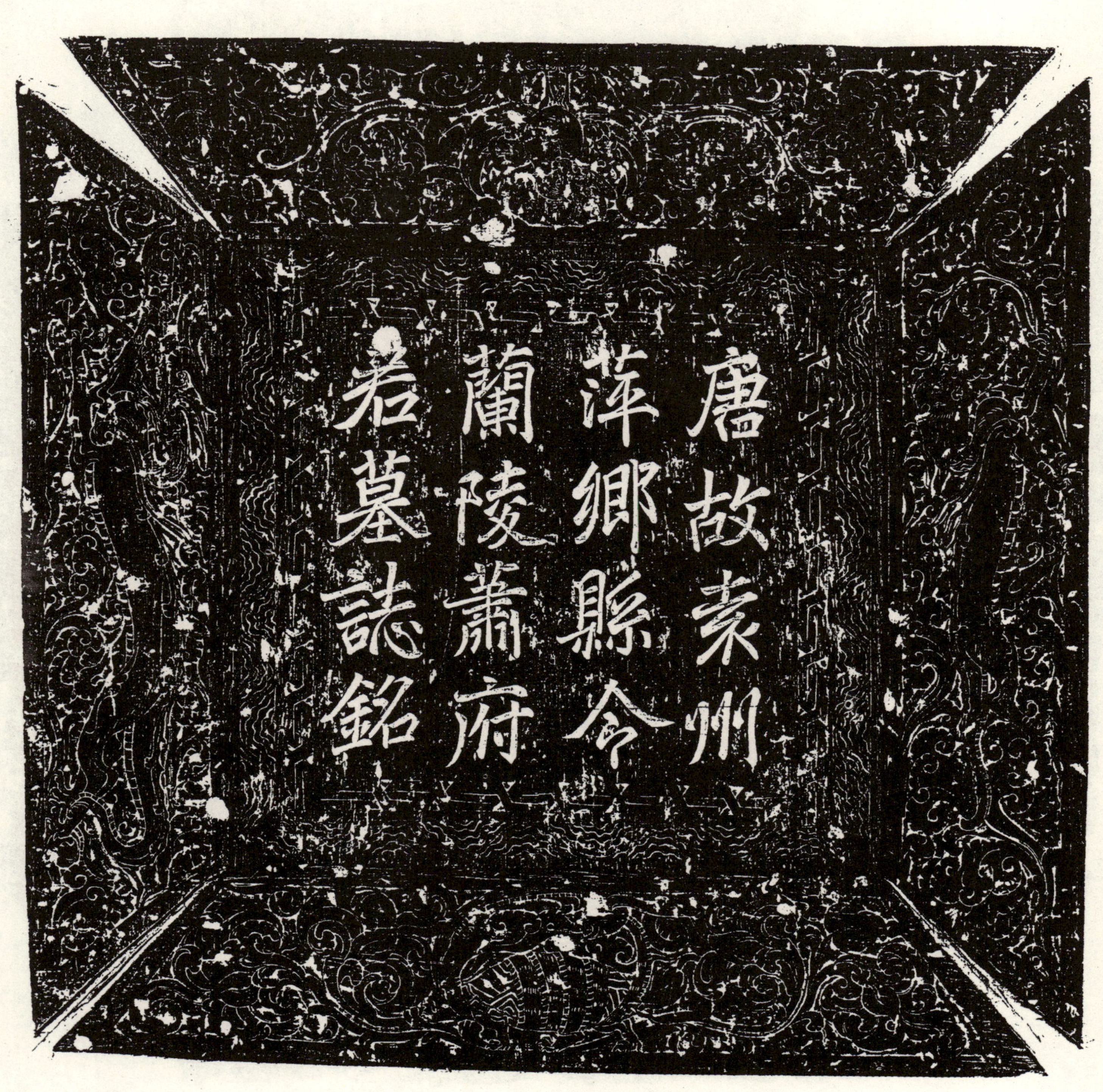

二二二 唐蕭元祚墓誌并蓋

唐蕭元祚墓誌并蓋

首題:“大唐故袁州萍鄉縣令蕭府君諱元祚字元祚墓誌銘并序”

共30行,滿行30字　690×680×125

誌蓋行書:“唐故袁州萍鄉縣令蘭陵蕭府君墓誌銘”　4行,行4字　445×445

神龍二年(706)七月二十七日卒　開元二十三年(735)閏十一月一日葬

蕭誠撰　蕭諒書

2005年8月,河南省洛陽市龍門鎮張溝村西出土,旋歸劉氏,洛陽師範學院存有翻刻本。

二二三　唐任客僧墓誌并蓋

唐任客僧墓誌并蓋

首題:“大唐故處士任府君墓誌銘并序”

共 19 行,满行 19 字　330×320

誌蓋篆書:“大唐故任府君墓誌銘”　3 行,行 3 字　220×210

開元十二年(724)十月二十九日卒　開元二十四年(736)正月十六日葬

2003 年冬,河南省洛陽市龍門鎮出土,旋歸孟氏,余易得拓本一枚。

二二四　唐柳澤墓誌并蓋

唐柳澤墓誌并蓋

首題:“唐故右庶子鄭州刺史贈兵部侍郎河東柳府君墓誌并序”
共 31 行,滿行 32 字　730×720
誌蓋篆書:“大唐故柳府君墓誌銘”　3 行,行 3 字　500×500
開元二十二年(734)八月卒　開元二十四年(736)正月十七日葬
2002 年春,河南省洛陽市龍門鎮出土,旋歸劉氏。

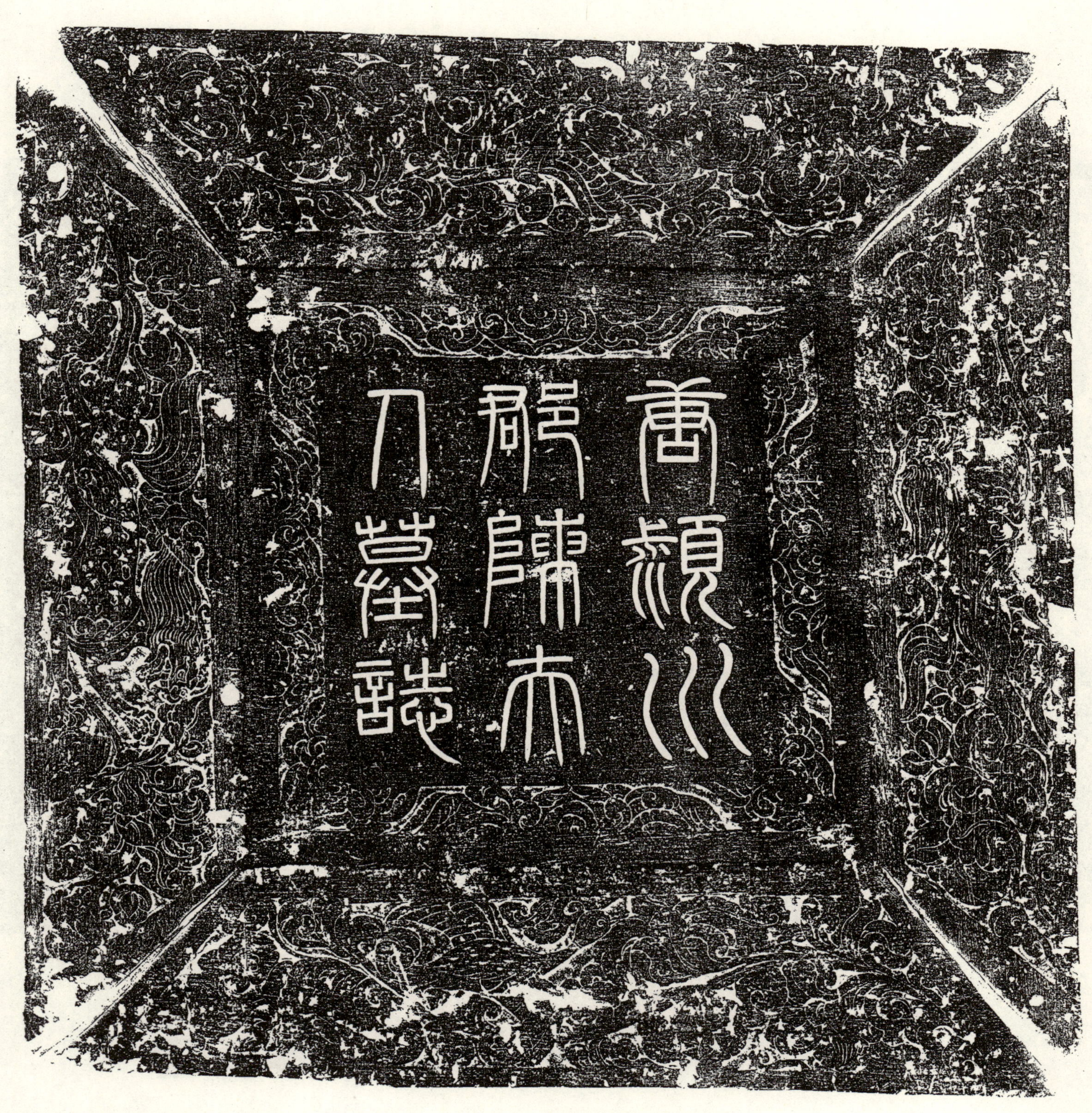

二二五　唐陳尚仙墓誌并蓋

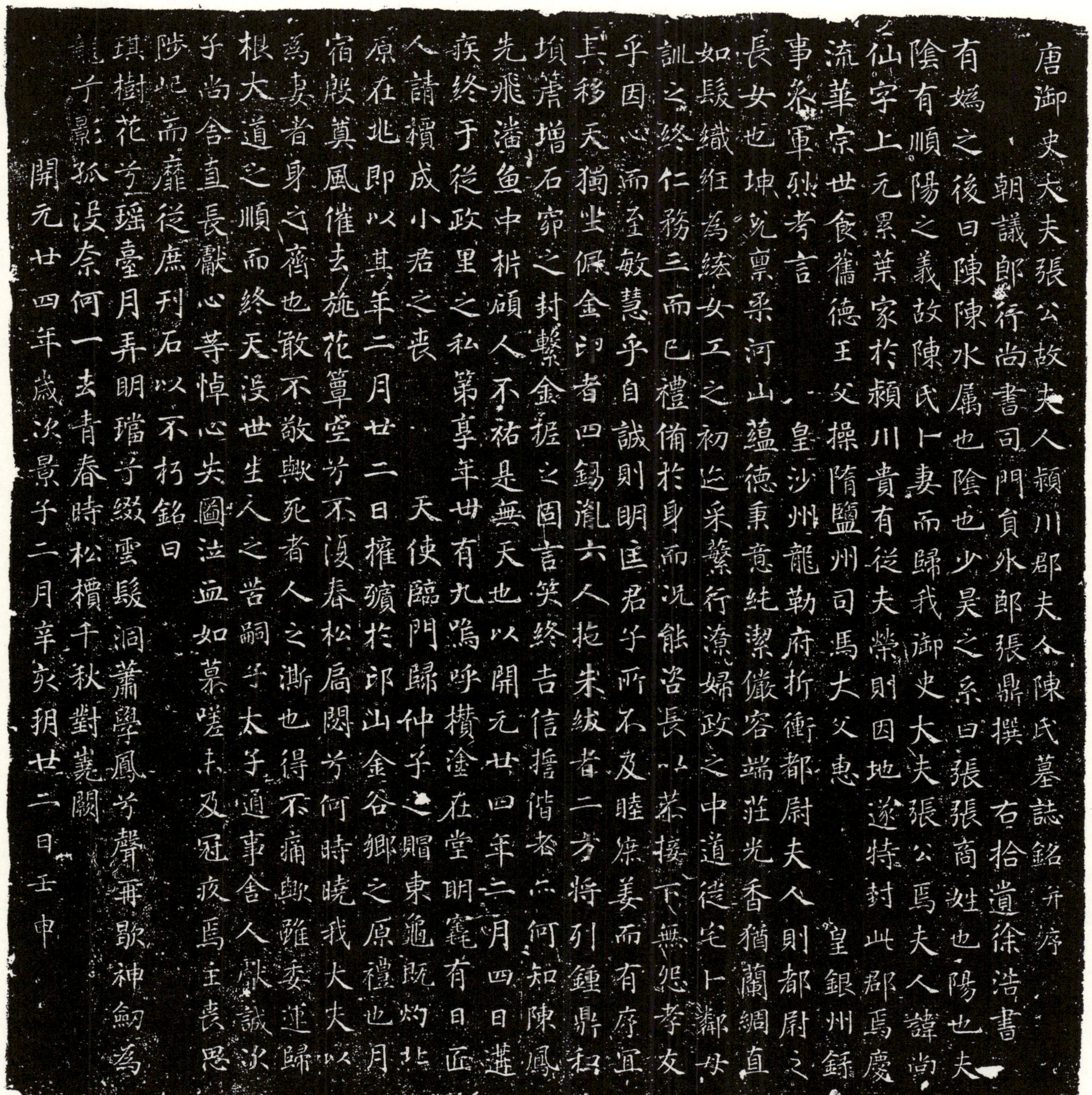

唐陳尙仙墓誌并蓋

首題："唐御史大夫張公故夫人潁川郡夫人陳氏墓誌銘并序"

共 25 行，滿行 25 字　720×720

誌蓋篆書："唐潁川郡陳夫人墓誌"　3 行，行 3 字　740×730

開元二十四年（736）二月四日卒　二月二十二日葬　張鼎撰　徐浩書

2003 年夏，河南省洛陽市孟津縣麻屯鎮宋嶺村出土，旋歸北京劉氏，余於 9 月初得拓本二枚。2004 年第 3 期《中國書法》發表。

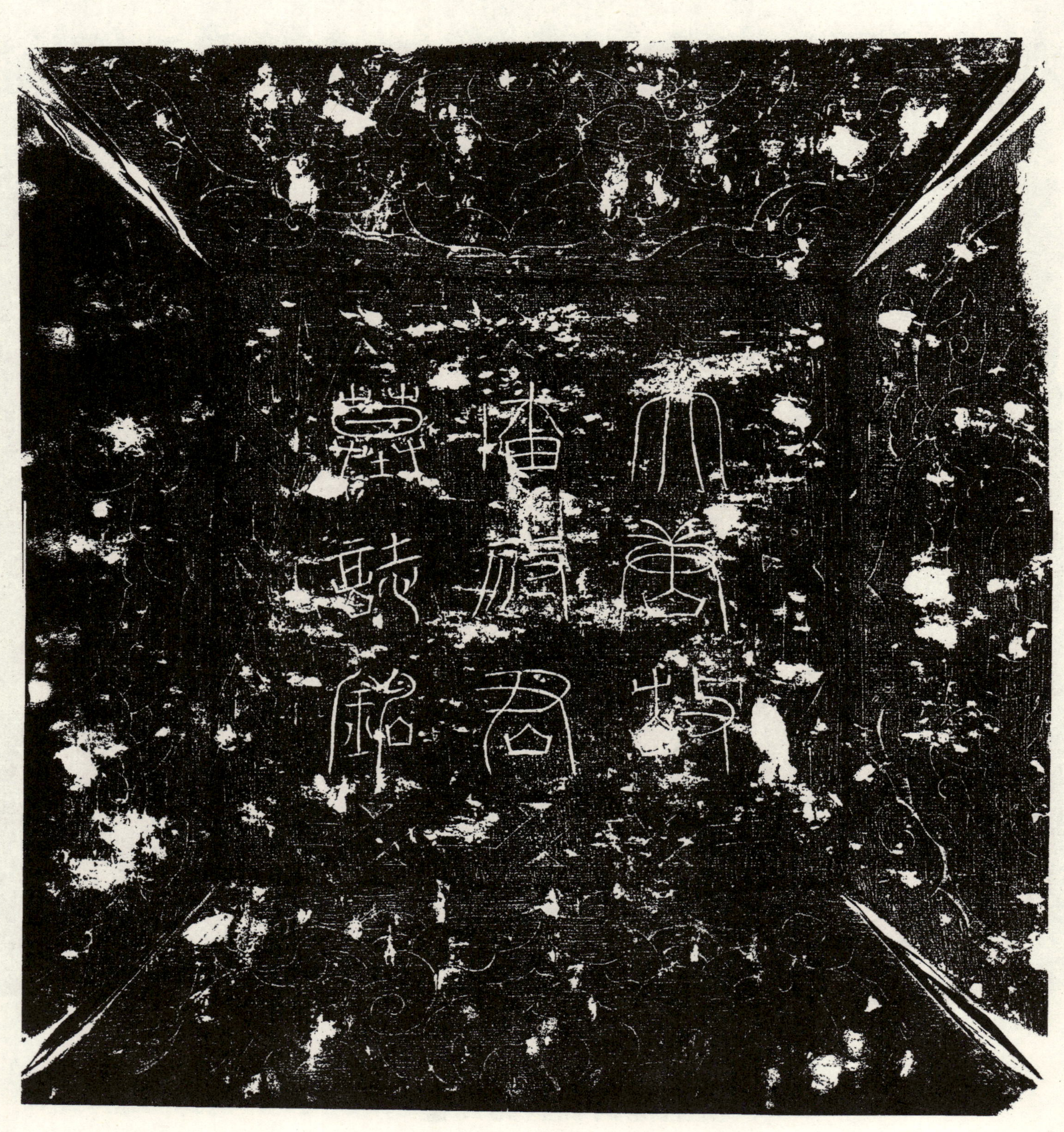

二二六　唐潘智墓誌并蓋

唐潘智墓誌并蓋

首题："唐故潞州鄉縣尉上柱國潘府君墓誌銘并序"

共23行，滿行23字　415×420×104

誌蓋篆書："大唐故潘府君墓誌銘"　3行，行3字　450×440

萬歲登封元年（696）十二月十七日卒　開元二十四年（736）五月五日葬

1998年冬，河南省洛陽市孟津縣出土。

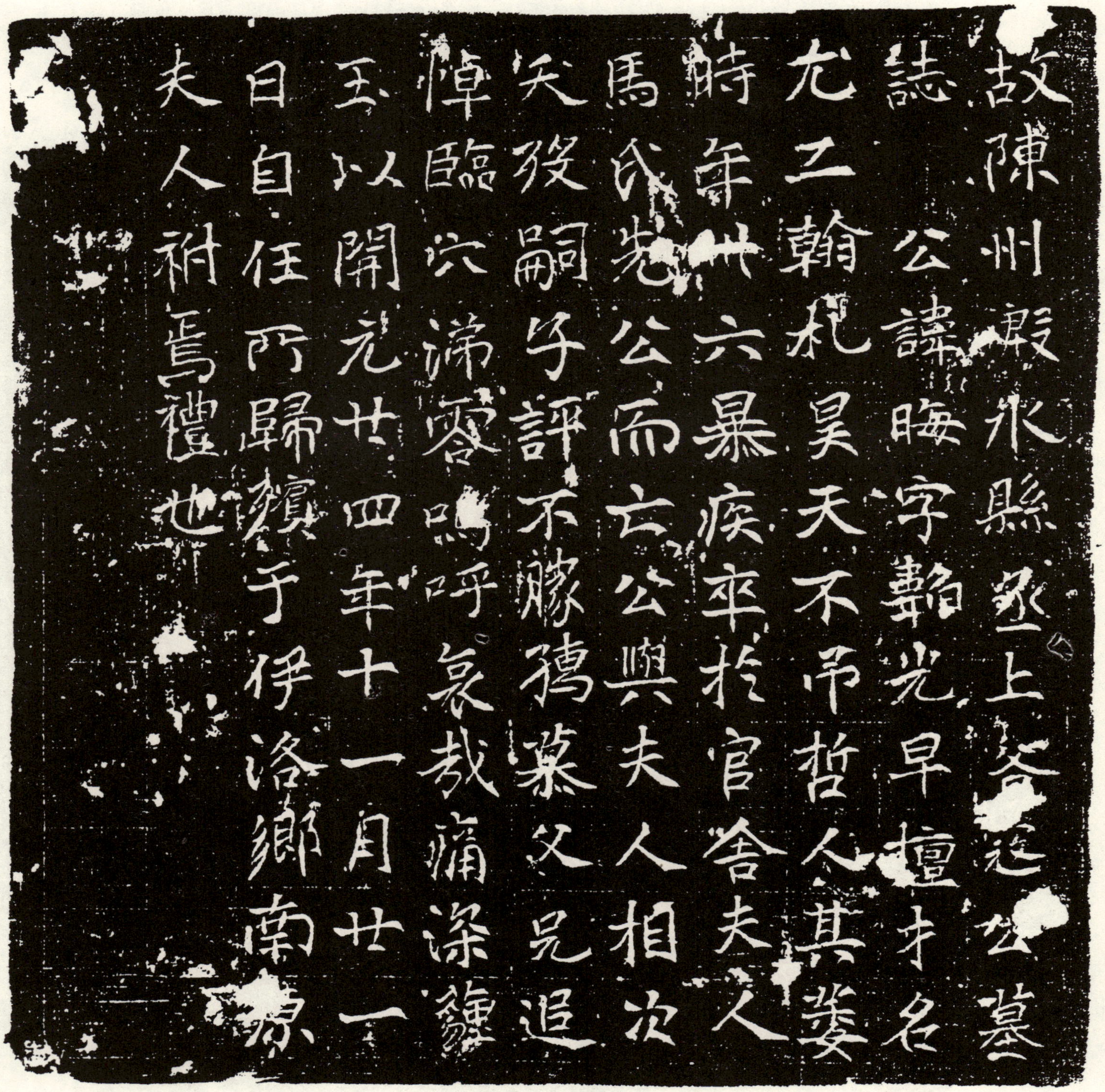
故陳州溵水縣丞上谷寇公墓
誌　公諱晦字翰光早擅才名
尤工翰札昊天不弔哲人其萎
時年卅六暴疾卒於官舍夫人
馬氏先公而亡公與夫人相次
矣歿嗣子評不勝號慕又兄追
悼臨穴涕零嗚呼哀哉痛深纏
玉以開元廿四年十一月廿一
日自任所歸殯于伊洛鄉南原
夫人祔焉禮也

二二七　唐寇晦墓誌

首題："故陳州溵水縣丞上谷寇公墓誌"
共 10 行，滿行 12 字　295×285
卒年不詳　開元二十四年（736）十一月二十一日葬
2005 年夏，河南省洛陽市出土，旋歸洛陽古玩城孟氏。

二二八　唐李惠墓誌并蓋

唐李惠墓誌并蓋

首題："大唐故雍州明堂縣尉隴西李府君墓誌銘并序"

共29行，滿行29字　495×500×95

誌蓋篆書："大唐故李府君墓誌銘"　3行，行3字　530×530

儀鳳二年（677）十一月十八日卒　開元二十四年（736）十二月十五日葬　沈宇撰

1998年冬，河南省洛陽市伊川縣萬安山出土。

二二九　唐盧悅墓誌并蓋

唐盧悅墓誌并蓋

首題:"大唐故司農寺丞盧府君墓誌銘并序"

共30行,滿行29字　530×525×85

誌蓋篆書:"大唐故盧府君墓誌銘"　3行,行3字　370×360

開元二十一年(733)五月二十九日卒　開元二十四年(736)十二月二十八日葬

2003年秋,河南省洛陽市伊川縣出土,先歸洛陽古玩城孟氏,9月下旬余逛市場得一拓本。同年9月2日,誌石歸藏洛陽師範學院。

二三〇　唐元揖墓誌

首題：“大唐故易州司功參軍元府君墓誌銘并序”

共 25 行，滿行 25 字　530×525

開元二十四年（736）七月十二日卒　開元二十五年（737）二月五日葬

2004 年秋，河南省洛陽偃師市首陽山鎮出土，旋歸孟津後溝徐氏。

二三一　唐段廉墓誌

首題："大唐故段府君墓誌銘并序"

共 19 行，滿行 19 字　370×370

卒年不詳　開元二十五年（737）九月一日葬

2005 年秋，河南省洛陽市孟津縣平樂鎮出土，旋歸洛陽豫深文博城張氏。

二三二　唐段亮墓誌

首題："大唐上柱國段府君墓誌銘并序"

共26行，滿行26字　500×500×100

開元二十六年（738）八月二十二日卒　九月七日葬

1998年冬，河南省洛陽市孟津縣出土。

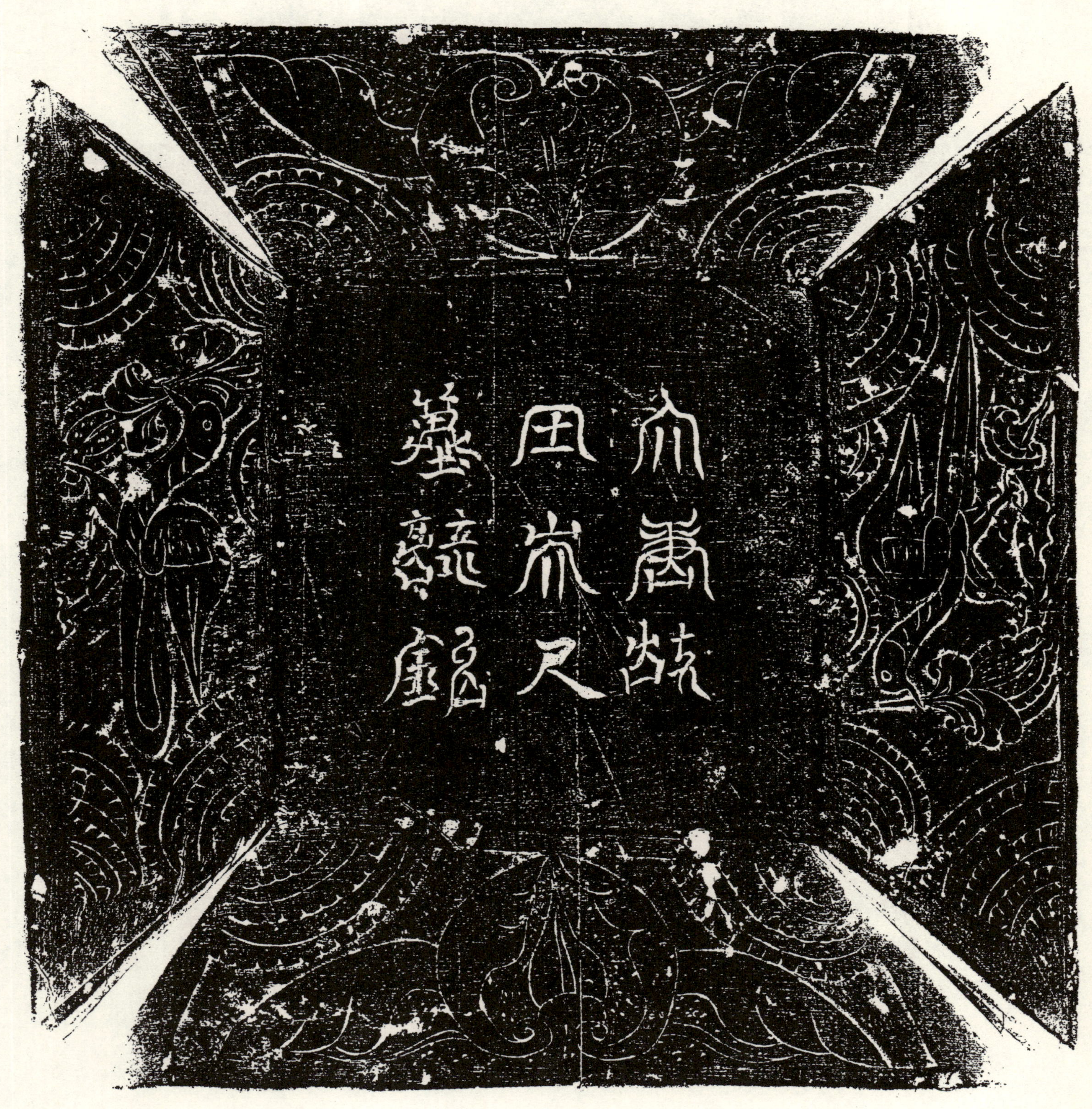

二三三　唐田琰墓誌并蓋

唐田琰墓誌并蓋

首題:“大唐一品曾孫河南長孫公故夫人田氏墓誌銘并序”

共24行,滿行24字　480×475

誌蓋篆書:“大唐故田夫人墓誌銘”　3行,行3字　260×255

開元二十五年(737)六月四日卒　十月九日葬　杜宇清撰

2004年9月16日,河南省洛陽市洛龍區龍門鎮出土,旋歸洛陽古玩城孟氏。

二三四　唐馬待賓墓誌并蓋

唐馬待賓墓誌并蓋

首題:"大唐故太常寺興寧陵令馬府君墓誌銘并序"

共19行,滿行20字　370×365

誌蓋篆書:"大唐故馬府君墓誌銘"　3行,行3字　195×190

開元二十五年(737)十月十九日卒　十一月十四日葬

2005年秋,河南省洛陽市龍門鎮出土,旋歸洛陽豫深文博城李氏。

二三五　唐邢巨墓誌并蓋

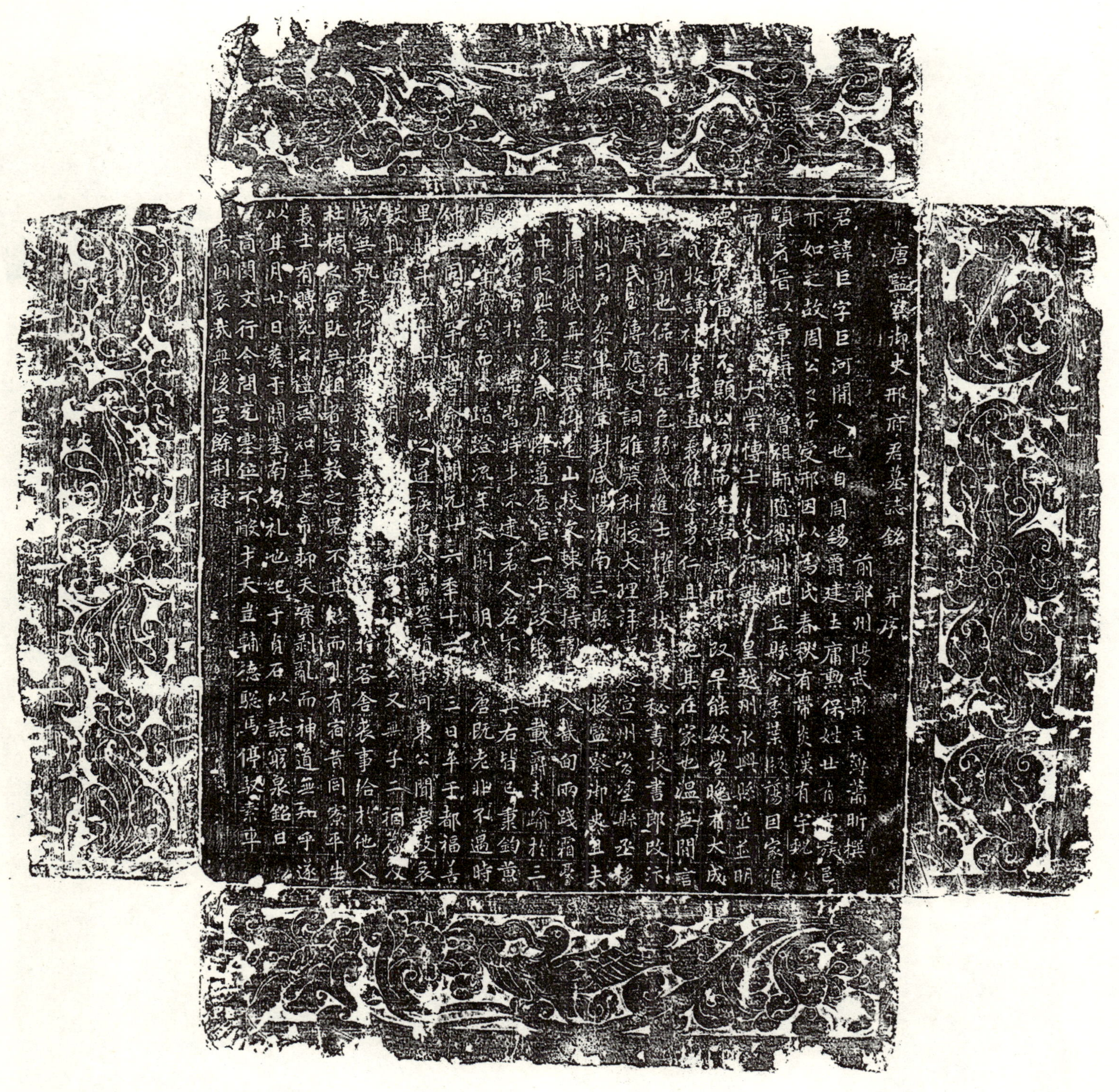

唐邢巨墓誌并蓋

首題:"唐監察御史邢府君墓誌銘并序"
共24行,滿行24字　480×480×130
誌蓋篆書:"大唐故邢府君墓誌銘"　3行,行3字　540×540
開元二十六年(738)十一月三日卒　十一月二十日葬　蕭昕撰
2005年冬,河南省洛陽市伊川縣出土,旋歸洛陽謝氏。

二三六　唐寇随墓誌并蓋

唐寇随墓誌并蓋

首题:“大唐故承奉郎行蒲州解縣尉寇府君墓誌銘并序”

共20行,满行20字　450×450

誌蓋篆書:“大唐故寇府君墓誌銘”　3行,行3字　275×275

開元二十六年(738)十二月三十日卒,開元二十七年(739)二月四日葬　劉系撰　寇恒書

2003年春,河南省洛陽偃師市萬安山北出土,旋歸洛陽古玩城某氏,後歸洛陽豫深文博城賈氏。

二三七 唐比丘尼李五師墓誌并蓋

唐比丘尼李五師墓誌并蓋

首題："唐故安國寺大德盧和上依正比丘尼悟因墓誌銘并序"

共 19 行，滿行 19 字　335×335

誌蓋篆書："大唐故李五師墓誌銘"　3 行，行 3 字　220×220

開元二十七年（739）四月二十六日卒　五月五日葬

2005 年春，河南省洛陽市龍門鎮出土，余在洛陽豫深文博城購得拓本二枚。

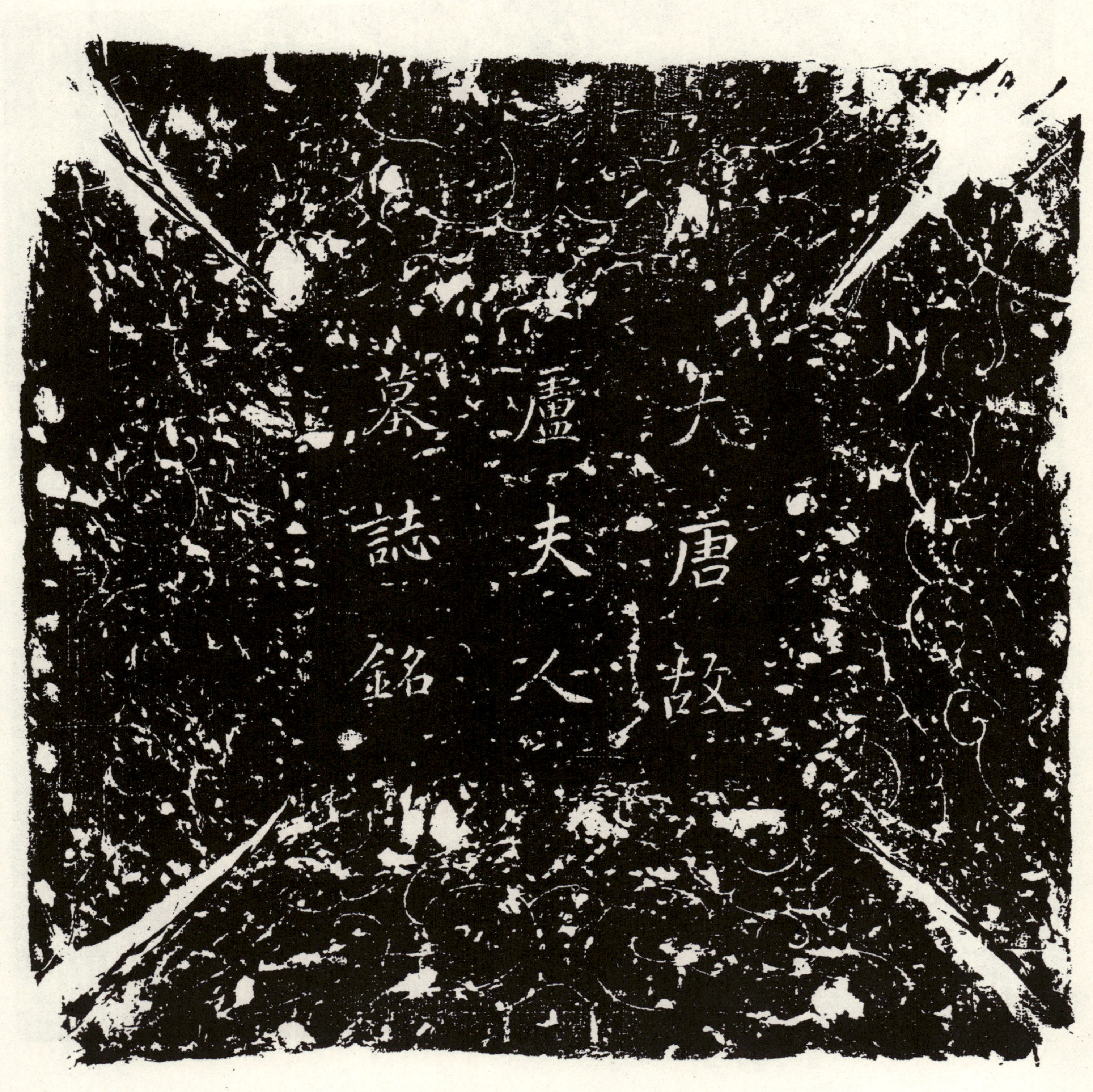

二三八　唐程君妻盧曾參墓誌并蓋

唐程君妻盧曾參墓誌并蓋

首題:"唐故盧夫人墓誌銘并序"

共18行,滿行18字　295×295

誌蓋篆書:"大唐故盧夫人墓誌銘"　3行,行3字　155×165

開元二十八年(740)九月十五卒　九月十八日葬

2003年秋，河南省洛陽市白馬寺鎮大里王村邊小王村出土,洛陽何氏先拓二枚,余得其一,誌石現藏何氏。

二三九　唐李緒之妻崔自蕙墓誌

首題:“唐右監門率府兵曹李緒之妻清河崔夫人墓誌”
共11行,滿行12字　300×295
開元二十八年(740)十月二十八日卒　十一月八日葬
2004年秋,河南省洛陽市龍門鎮出土,旋歸洛陽何氏。

二四〇　唐趙全璧墓誌

首题："唐故趙府君墓誌銘并序"

共17行，满行17字　350×360×80

卒年不詳　開元二十八年（740）十一月二十六日葬

1997年春，河南省洛陽市伊川縣出土。

二四一　唐李多祚妃楊氏墓誌并蓋

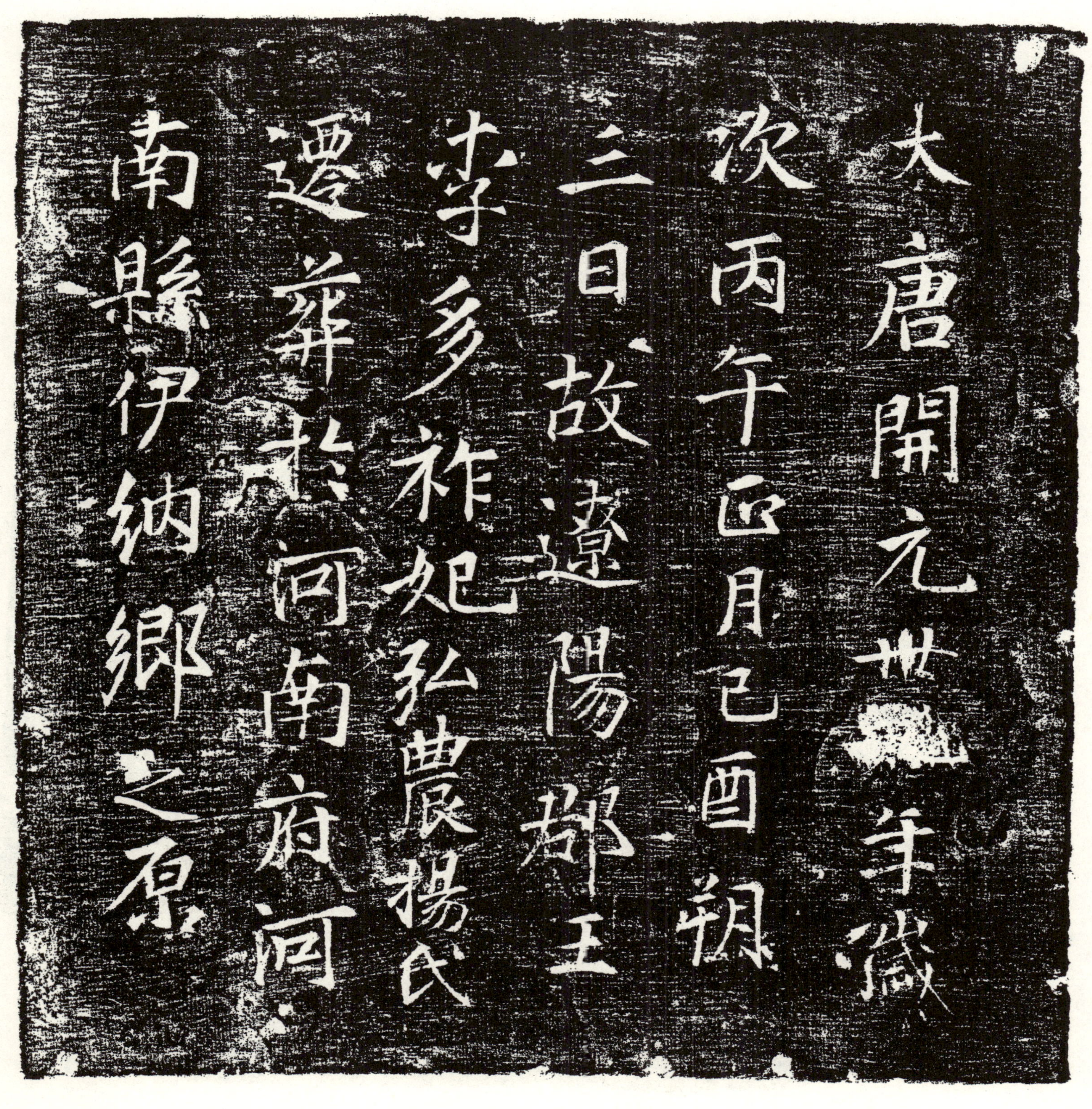

大唐開元卌九年歲
次丙午正月己酉朔
三日故遼陽郡王
李多祚妃弘農楊氏
遷葬於河南府河
南縣伊納鄉之原

唐李多祚妃楊氏墓誌并蓋

無首題

共6行,滿行8字　325×325

誌蓋篆書:“大唐故楊夫人墓誌銘”　3行,行3字　335×335

開元二十九年(741)正月三日遷葬

2003年秋,河南省洛陽市龍門鎮出土,旋歸洛陽古玩城孟氏。

按:墓誌所記葬期“大唐開元卌九年歲次丙午正月己酉朔三日”,開元祇二十九年,此“卌九”疑爲“廿九”之誤。又開元廿九年歲次辛巳,非丙午。玄宗一代皆無歲值丙午者,亦無正月己酉朔者。今將其葬期暫定於開元二十九年正月三日。

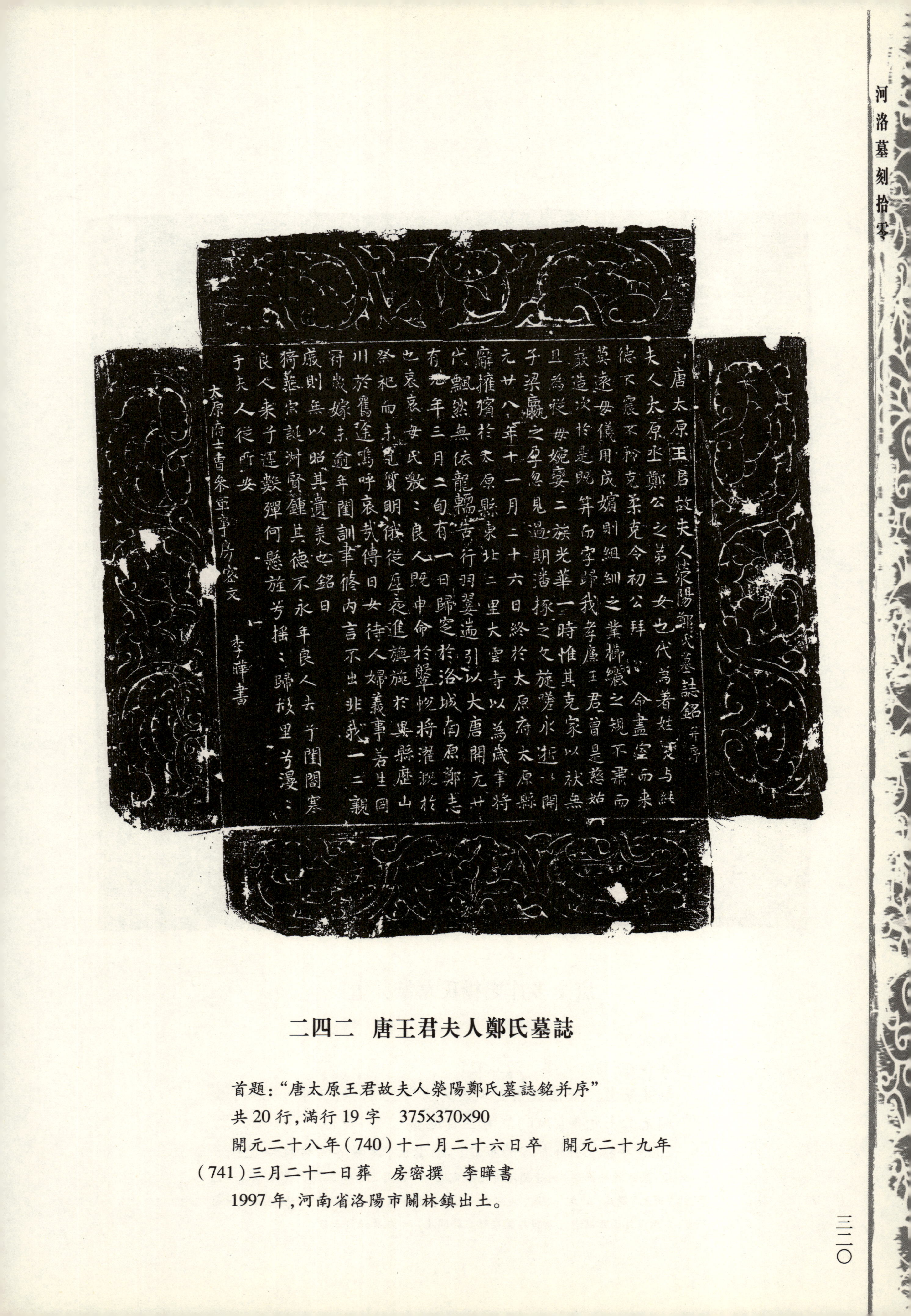

二四二　唐王君夫人鄭氏墓誌

首題:“唐太原王君故夫人滎陽鄭氏墓誌銘并序”

共 20 行,滿行 19 字　375×370×90

開元二十八年(740)十一月二十六日卒　開元二十九年(741)三月二十一日葬　房密撰　李曄書

1997 年,河南省洛陽市關林鎮出土。

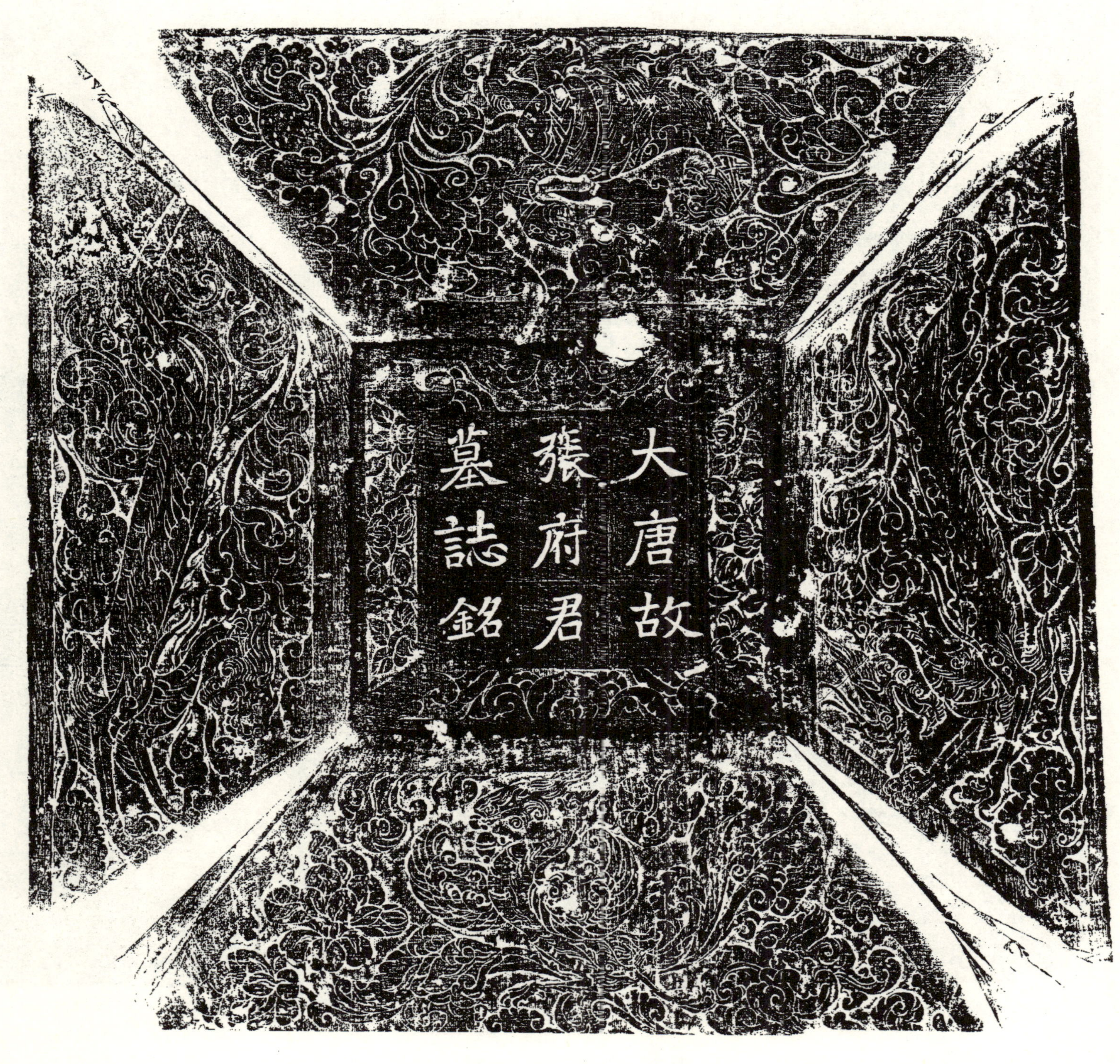

二四三　唐張景尚墓誌并蓋

唐張景尚墓誌并蓋

首題:"大唐故鳳州别駕張府君墓誌銘并序"

共33行,滿行34字　510×510

誌蓋楷書:"大唐故張府君墓誌銘"　3行,行3字　210×230×128

開元二十八年(740)十月十五日卒　開元二十九年(741)八月六日葬

2004年秋,河南省洛陽市龍門鎮出土,旋歸洛陽文博城李氏,余得拓本一枚。

二四四　唐元君妻李娍墓誌并蓋

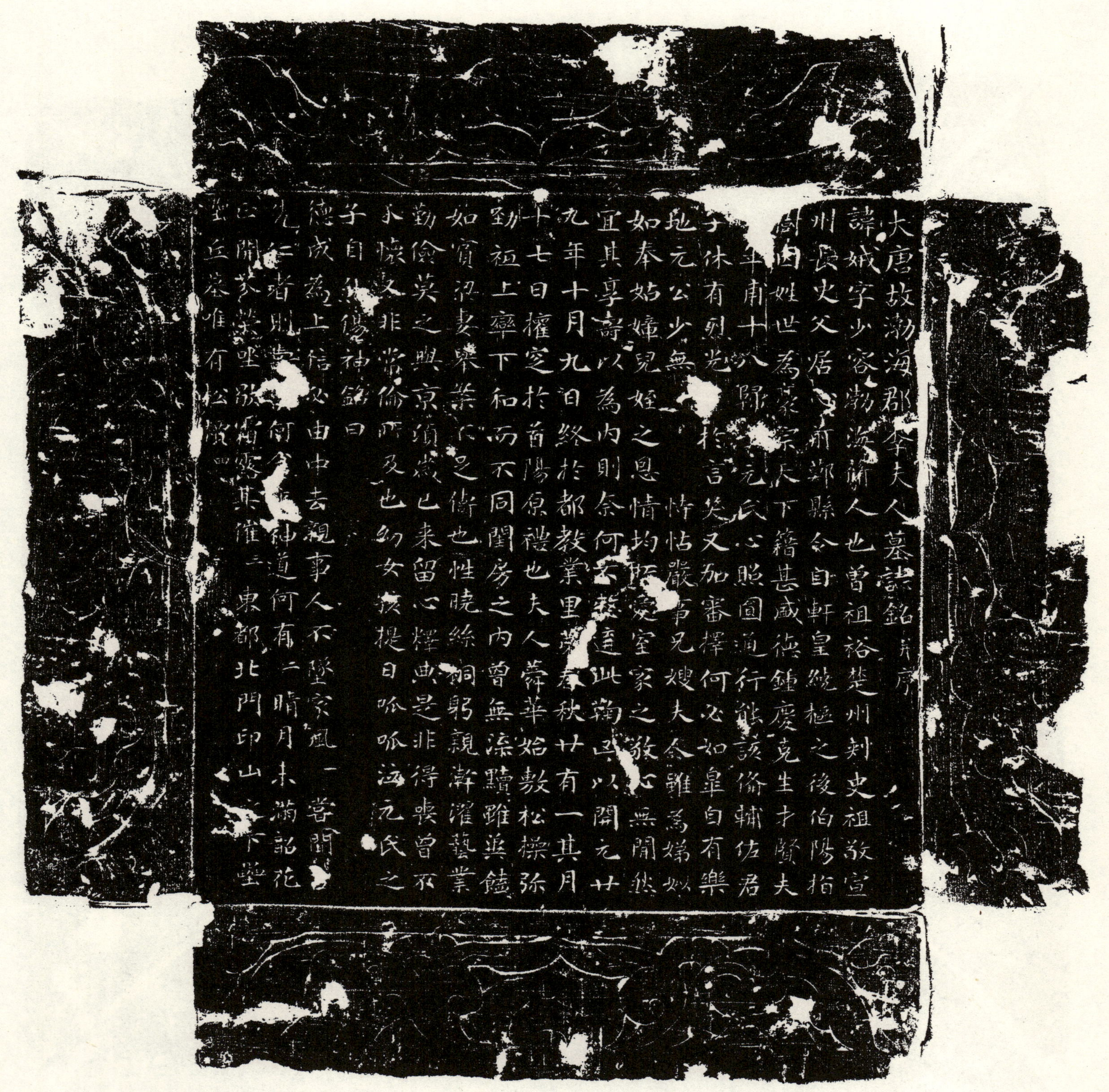

唐元君妻李娀墓誌并蓋

首題："大唐故渤海郡李夫人墓誌銘并序"
共 20 行，滿行 20 字　330×330×75
誌蓋篆書："大唐故李夫人墓誌銘"　3 行，行 3 字　340×340
開元二十九年(741)十月九日卒　十月十七日葬
1997 年冬，河南省洛陽偃師市首陽山出土。

二四五　唐徐嶠妻王琳墓誌

首題:"唐故趙郡君太原王氏墓誌銘并序"

共 32 行,滿行 32 字　890×880×135

開元二十九年(741)七月二十八日卒　十一月二日葬

徐嶠撰　顔真卿書

2003 年冬,河南省洛陽市龍門鎮張溝村東出土。

大唐故王府君墓誌銘

二四六　唐王令珣夫人朱元幹墓誌并蓋

唐王令珣夫人朱元幹墓誌并蓋

首題："大唐故秦州上邽縣令琅琊王令珣夫人吴郡朱氏墓誌銘并叙"
共21行，滿行21字　390×390
誌蓋篆書："大唐故王府君墓誌銘"　3行，行3字　225×225
開元二十九年(741)七月十八日卒　十一月十三日葬
2005年夏，河南省洛陽市孟津縣出土，旋歸洛陽金氏。

二四七　唐李昉墓誌并蓋

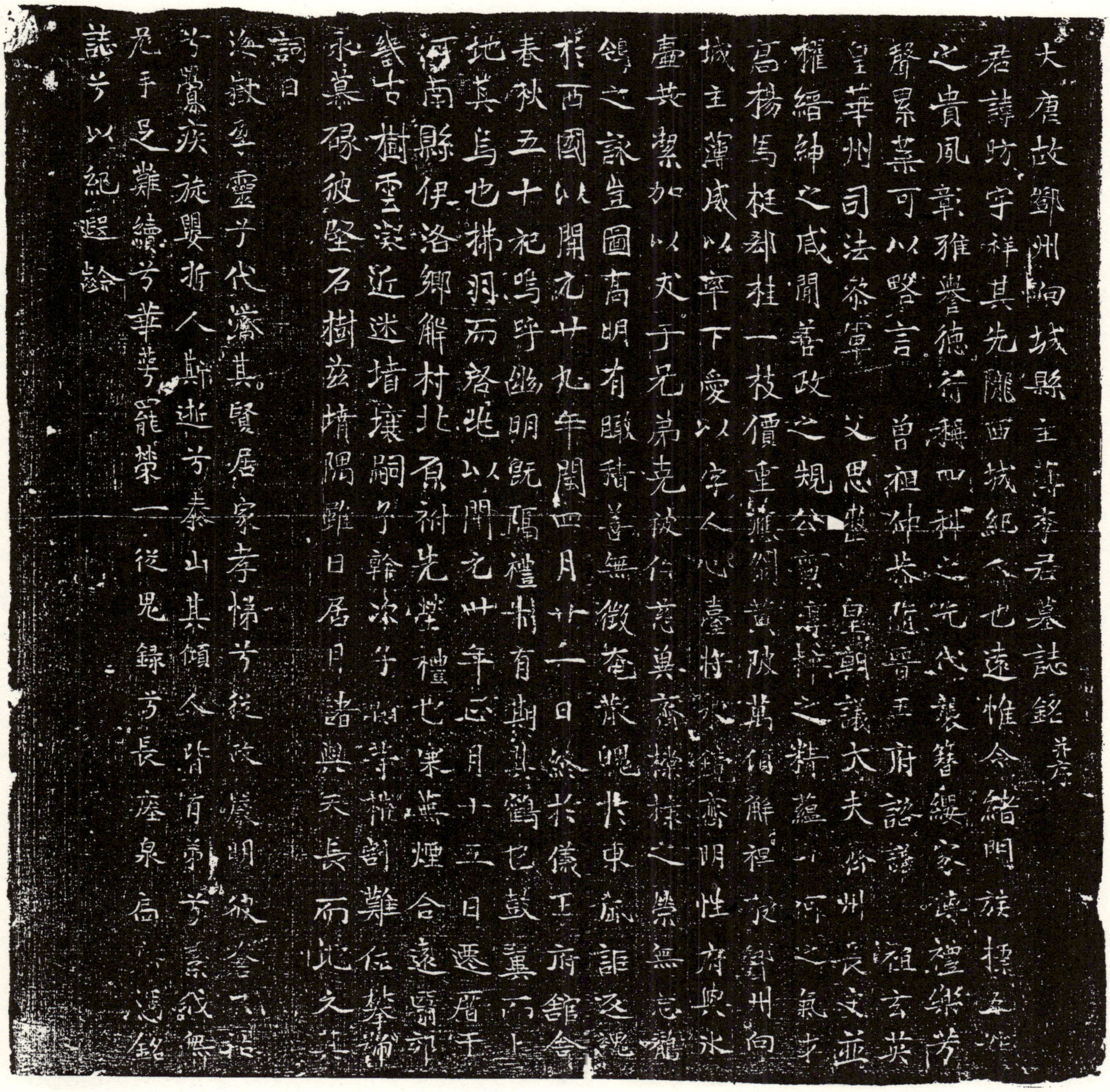

唐李昉墓誌并蓋

首題:“大唐故鄧州向城縣主簿李君墓誌銘并序”

共20行,滿行22字　535×540

誌蓋篆書:“大唐故李府君墓誌銘”　3行,行3字　355×360

開元二十九年(741)閏四月二十一日卒　開元三十年(742)正月十五日葬

2004年9月,河南省洛陽市伊川縣出土,旋歸何氏。

按:開元僅二十九年,三十年應爲天寶元年(742)。

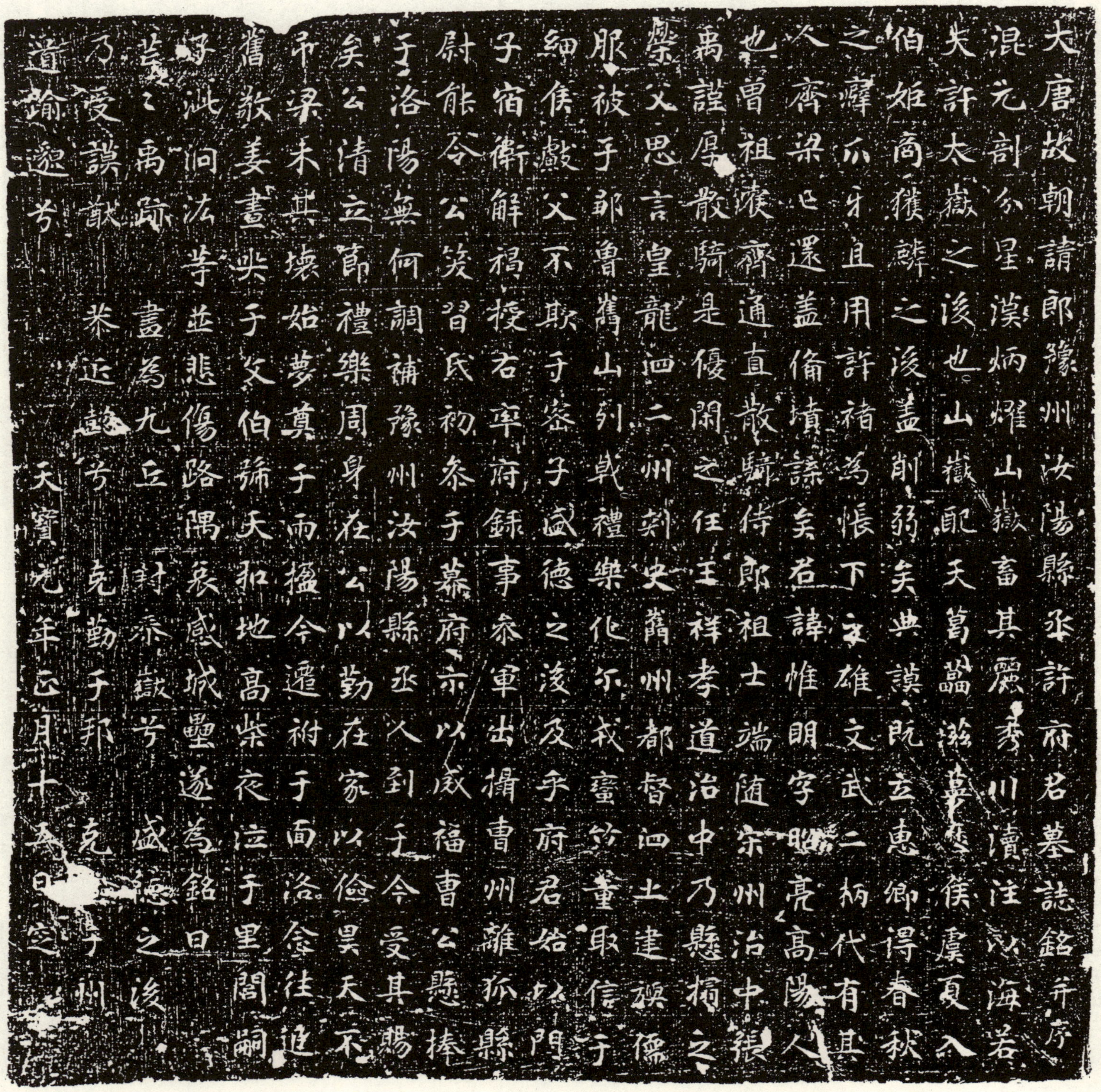

二四八　唐許惟明墓誌

首题：“大唐故朝請郎豫州汝陽縣丞許府君墓誌銘并序”

共 21 行，满行 20 字　385×385

卒年不詳　天寶元年（742）正月十五日葬

2002 年，河南省洛陽市伊川縣出土，旋歸洛陽豫深文博城張氏，余 2003 年 11 月得之。

二四九　唐蔡鄭客墓誌

首題："唐故京兆府武功縣令蔡府君墓誌銘并序"

共 24 行，滿行 29 字　610×630

開元二十九年（741）三月十二日卒　天寶元年（742）正月十五日葬　蕭昕撰　李頎書

2004 年春，河南省洛陽市龍門鎮出土，旋歸洛陽古玩城孟氏，再歸侯氏。

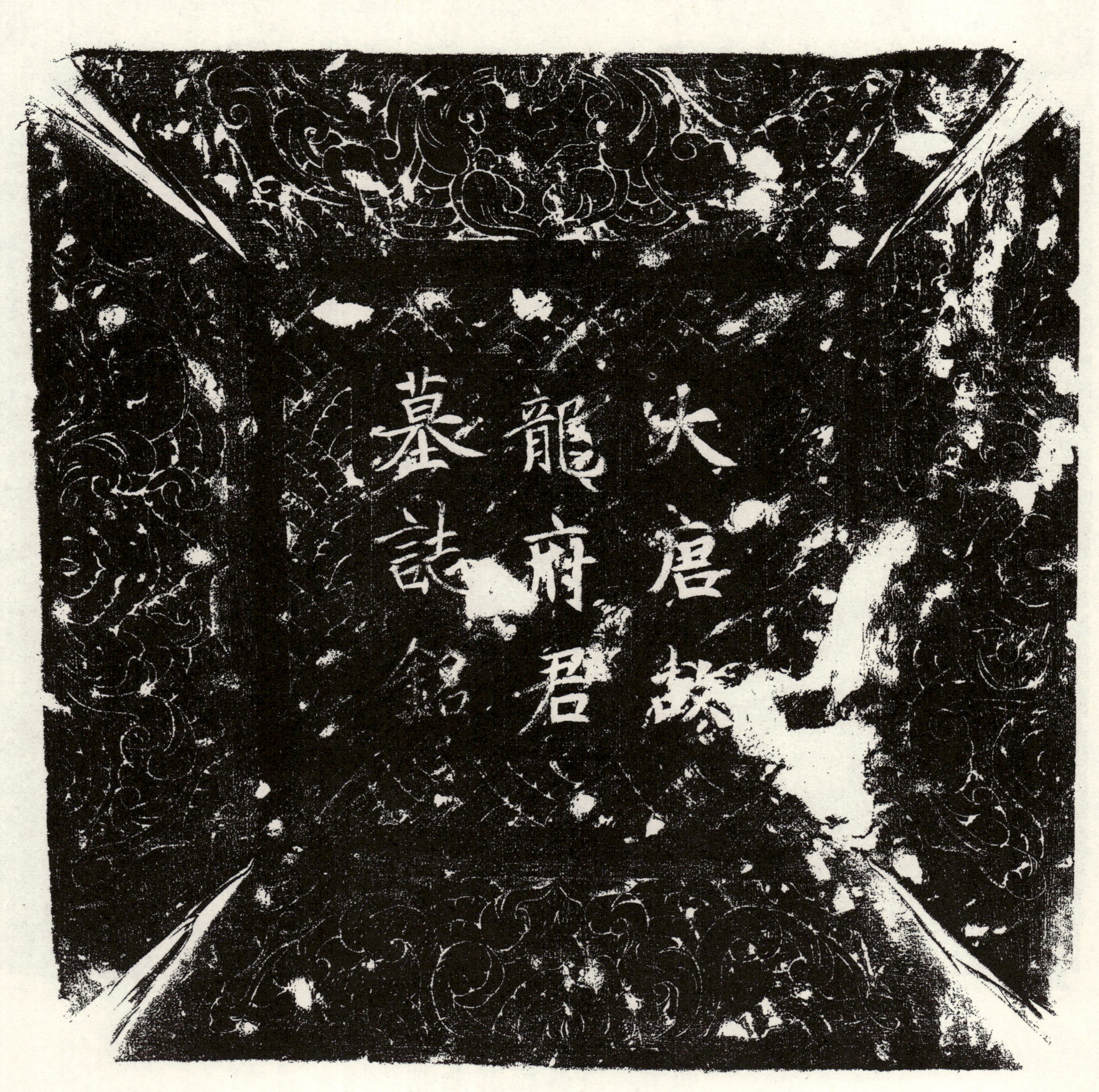

二五〇　唐龍庭瑋墓誌并蓋

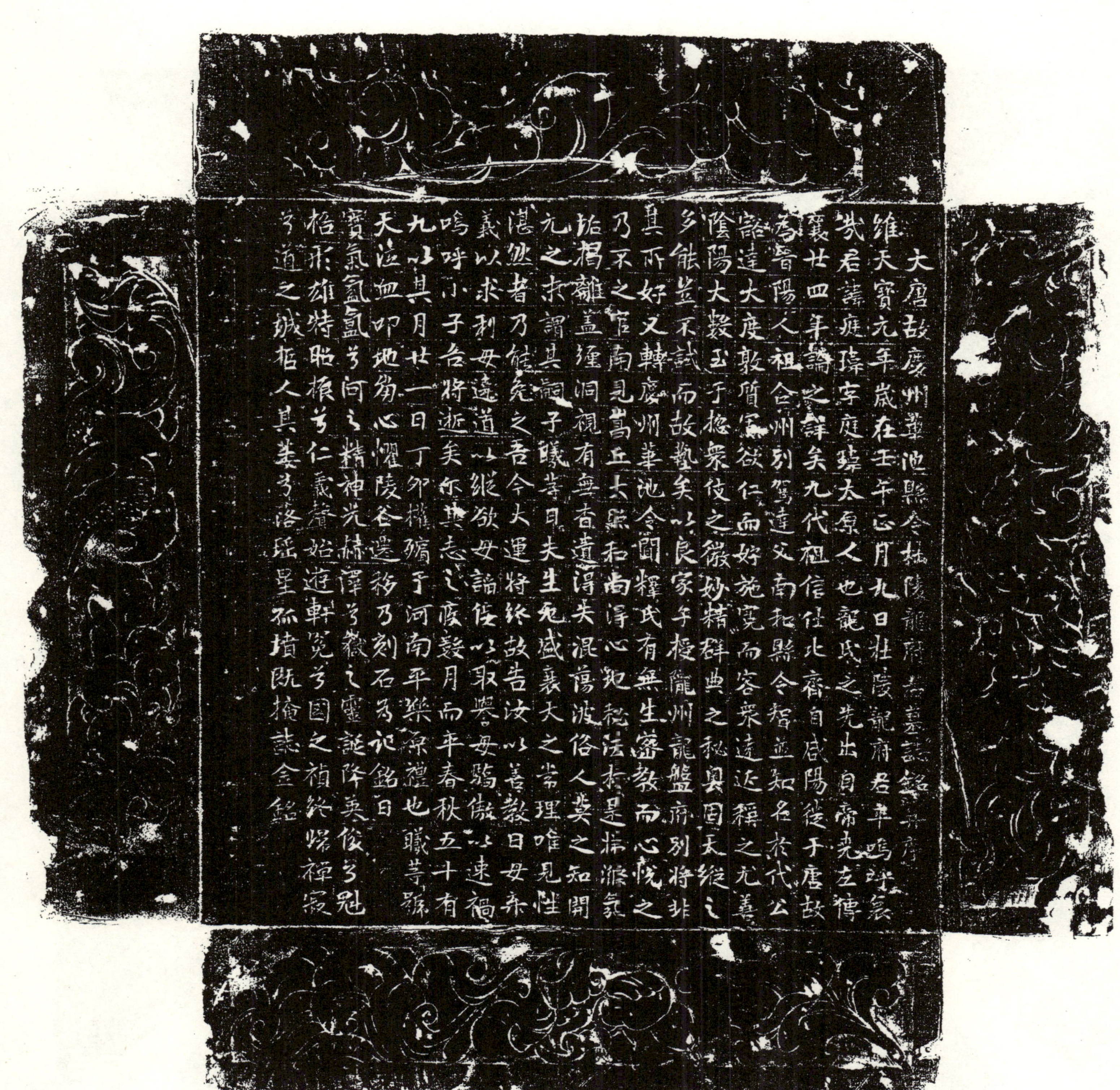

唐龍庭瑋墓誌并蓋

首題："大唐故慶州華池縣令杜陵龍府君墓誌銘并序"

共 20 行，滿行 22 字　390×390×90

誌蓋楷書："大唐故龍府君墓誌銘"　3 行，行 3 字　390×390

天寶元年（742）正月九日卒　三月二十一日葬

1996 年冬，河南省洛陽市孟津縣出土。

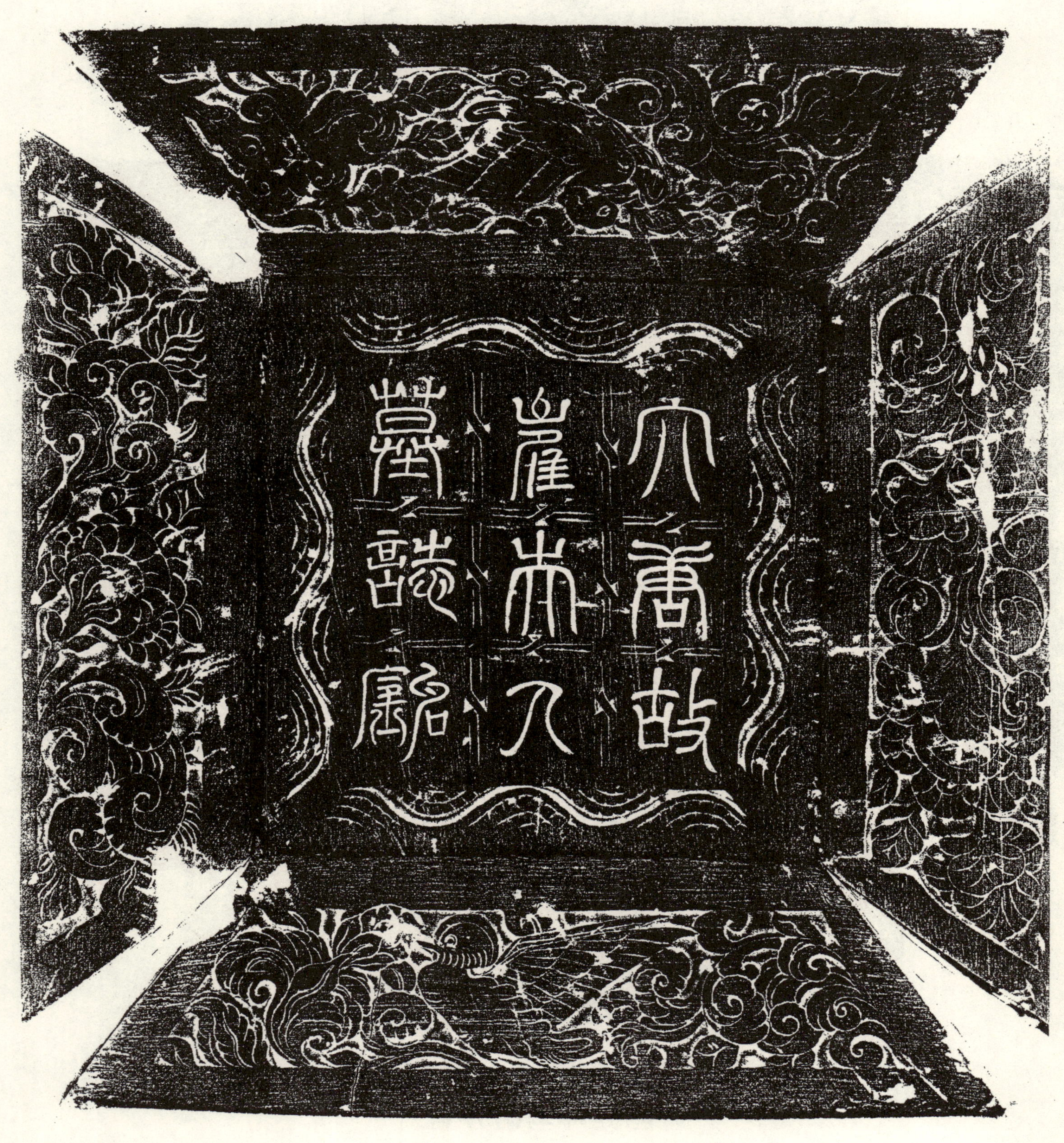

二五一　唐劉公夫人崔尚德墓誌并蓋

唐劉公夫人崔尚德墓誌并蓋

首題:“大唐故朝散大夫盧州司馬劉公夫人博陵縣君崔氏墓誌銘并序”

共 24 行,滿行 25 字　430×425

誌蓋篆書:“大唐故崔夫人墓誌銘”　3 行,行 3 字　485×485

開元二十七年(739)四月八日卒　天寶元年(742)七月七日葬

1999 年冬,河南省洛陽市孟津縣北邙山出土,先歸孟津某氏,後歸孫氏。

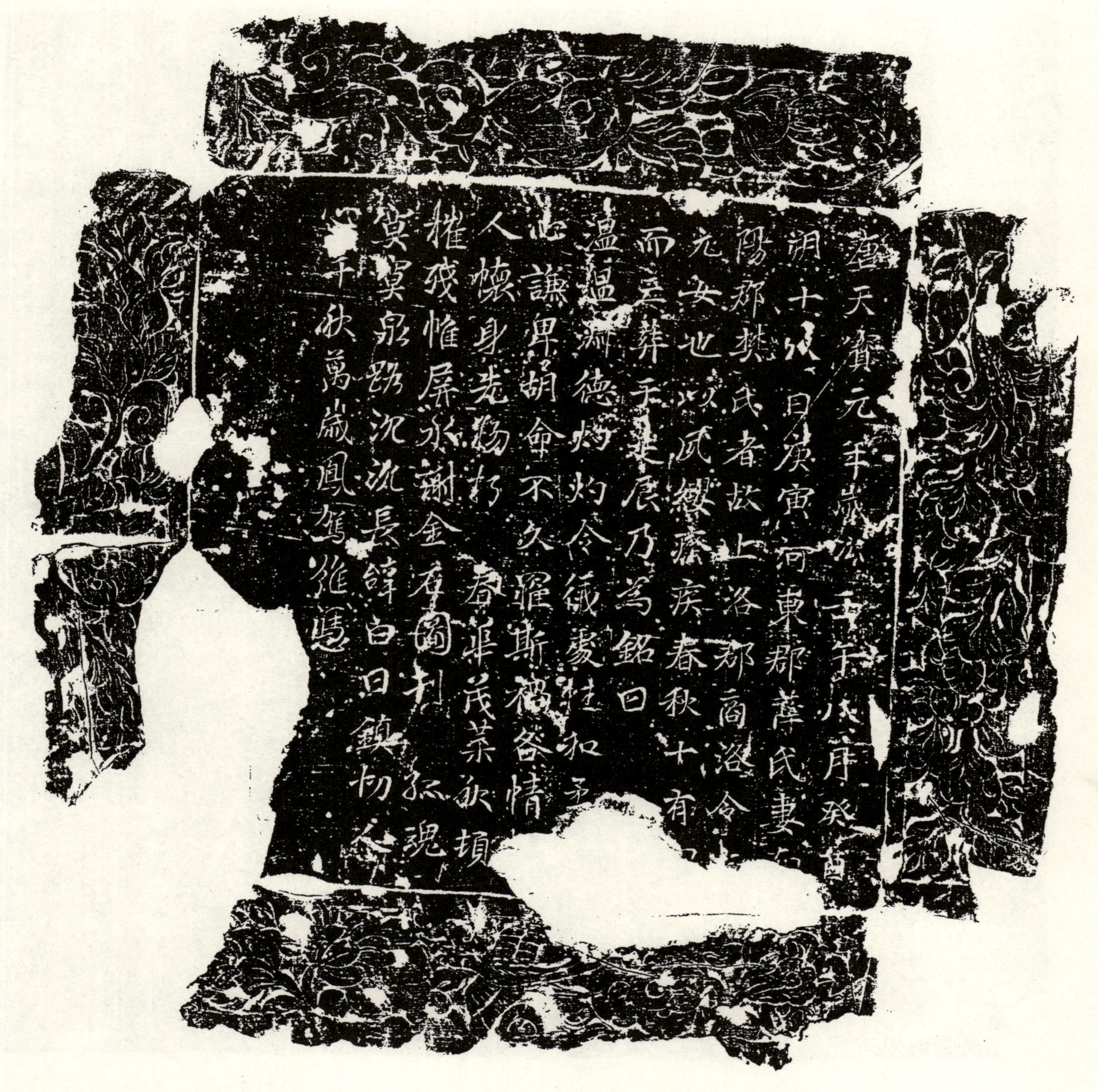

二五二 唐薛君妻樊氏墓誌

無首題

共 11 行，滿行 13 字 315×315×72

卒年不詳 天寶元年（742）八月十八日葬

2004 年秋，河南省洛陽市龍門鎮出土。

二五三　唐李晊墓誌并蓋

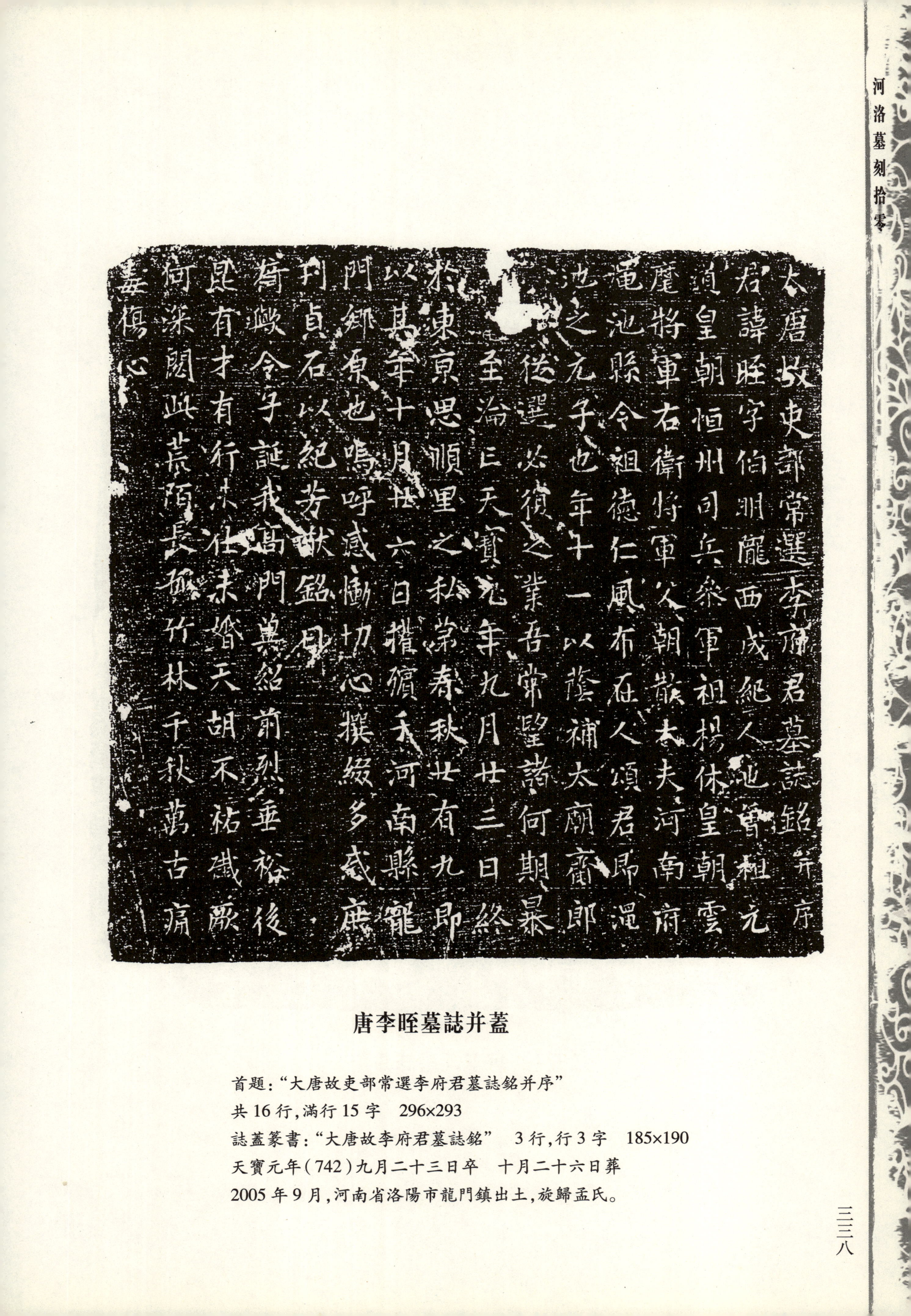

唐李晊墓誌并蓋

首題："大唐故吏部常選李府君墓誌銘并序"

共16行，滿行15字　296×293

誌蓋篆書："大唐故李府君墓誌銘"　3行，行3字　185×190

天寶元年（742）九月二十三日卒　十月二十六日葬

2005年9月，河南省洛陽市龍門鎮出土，旋歸孟氏。

唐 徐嶠墓誌

二五四 唐徐嶠墓誌

無首題

共 42 行，滿行 43 字　890×880×190

天寶元年（742）九月一日卒　十一月一日葬　劉迅撰　劉繪書

2003 年夏，河南省洛陽市龍門鎮張溝村出土，旋歸洛陽師範學院。余曾撰文發表於《書法叢刊》2005 年第 2 期。

二五五 唐柳庭諧夫人薛氏墓誌

首題："唐故朝議郎行國子監主簿上柱國柳公夫人薛氏墓誌銘并序"

共19行，滿行19字 310×310

開元六年(718)九月十日卒 天寶元年(742)十一月八日葬 李詡撰 柳務邕書

2005年秋，河南省洛陽市龍門鎮出土，旋歸孟雙虎，余以20元易得拓本一枚。

二五六　唐許溫墓誌并蓋

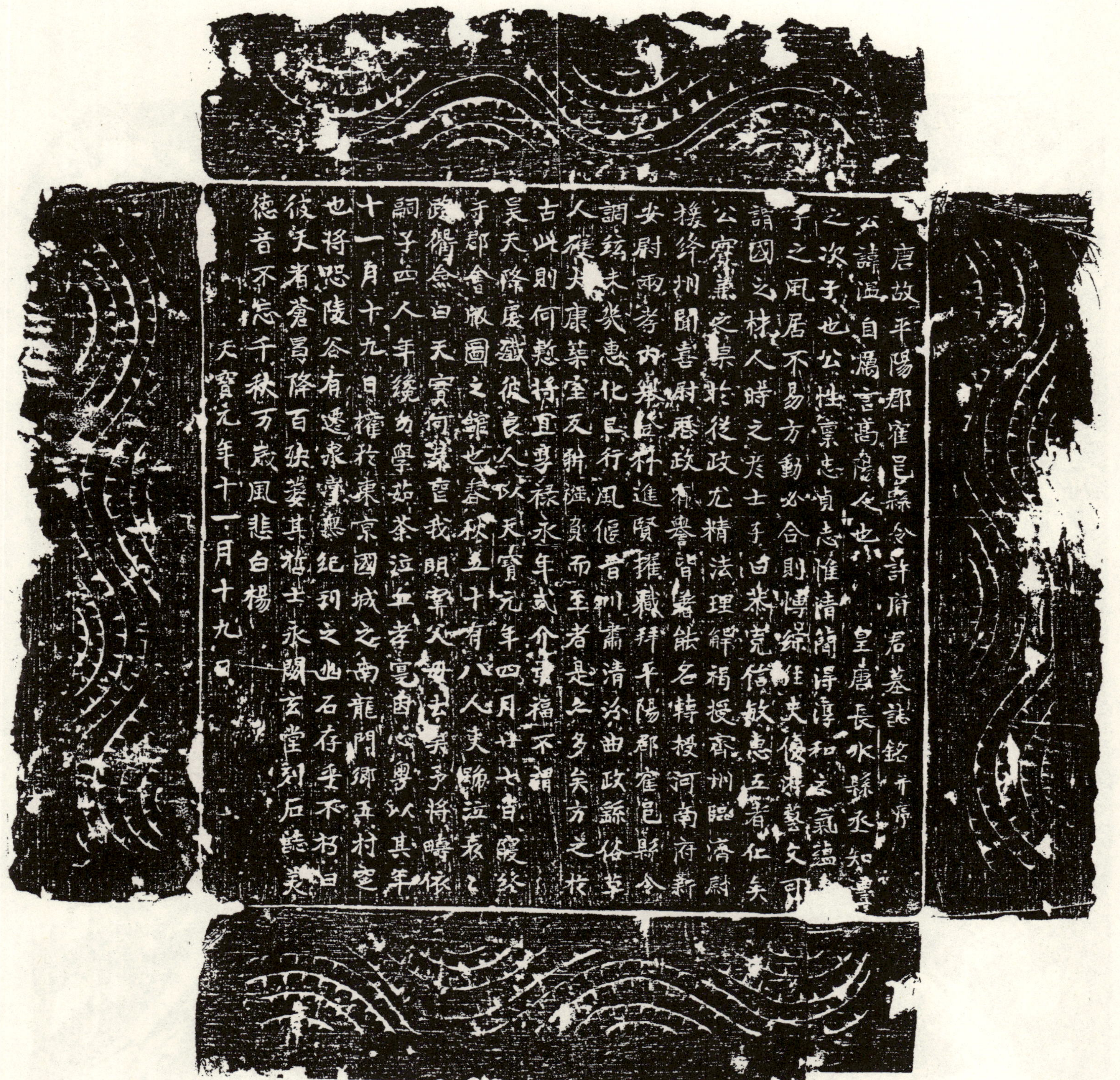

唐許溫墓誌并蓋

首題："唐故平陽郡霍邑縣令許府君墓誌銘并序"
共20行，滿行20字　365×365×85
誌蓋篆書："大唐故許府君墓誌銘"　3行，行3字　210×210
天寶元年（742）四月二十七日卒　十一月十九日葬
2005年春，河南省洛陽市龍門鎮王村出土，旋歸洛陽古玩城某氏。

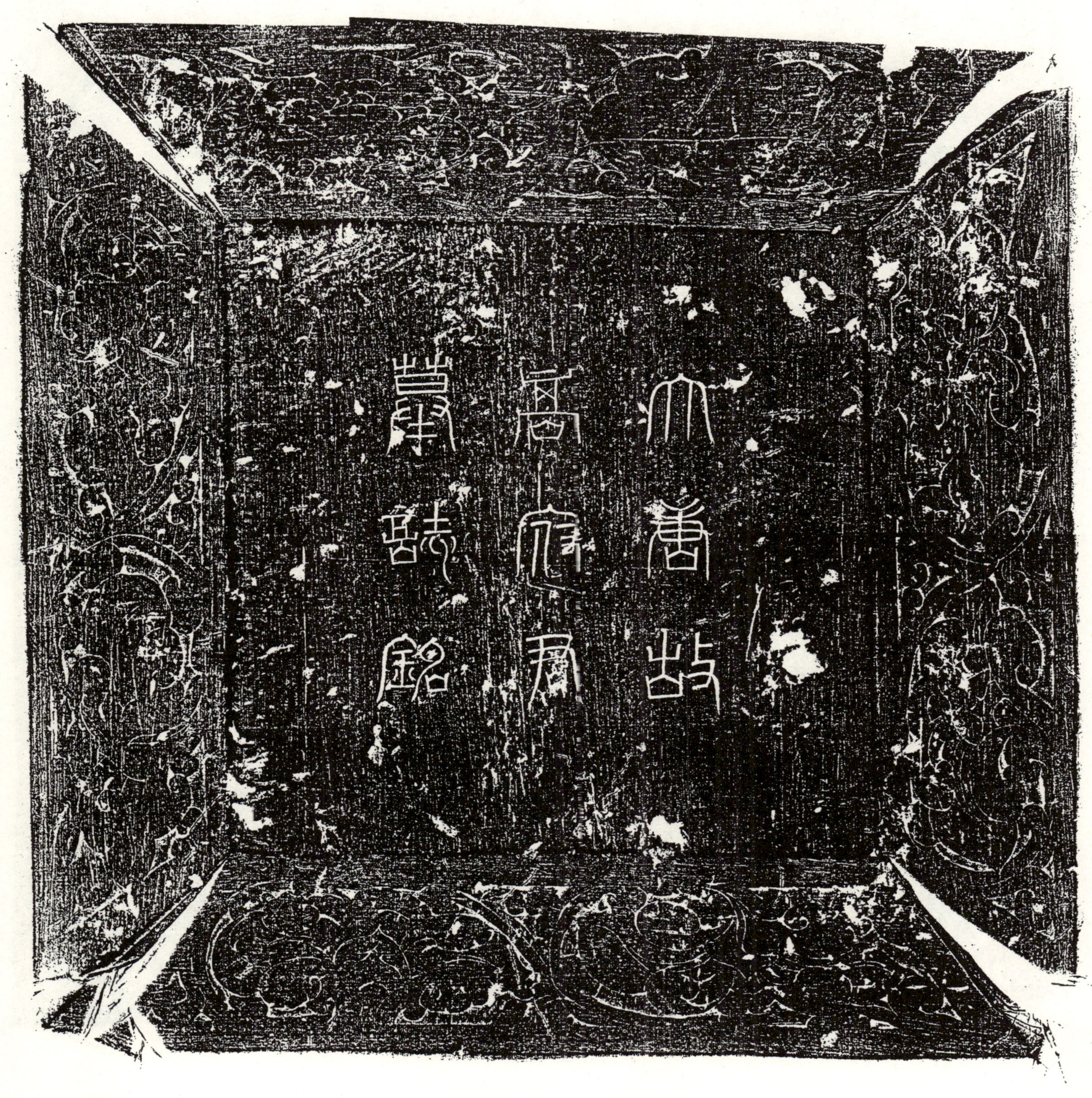

二五七　唐高逸墓誌并蓋

唐高逸墓誌并蓋

首題:“大唐故國學生高府君墓誌銘并序”

共 23 行,滿行 24 字　495×500

誌蓋篆書:“大唐故高府君墓誌銘”　3 行,行 3 字　320×325

天寶元年(742)十一月八日卒　十二月二十五日葬

2004 年春,河南省洛陽市龍門鎮龍門山西原出土,旋歸洛陽古玩城某氏。

二五八　唐任承胤墓誌

首題："唐故左金吾衛東京鶴臺府别將任君墓誌銘并序"
共19行，滿行19字　370×370×350
天寶二年（743）二月一日卒　二月二十六日葬　張廣濟撰　馬晉書
2003年冬，河南省洛陽市北邙山出土。

二五九　唐田思順夫人李氏墓誌并蓋

唐田思順夫人李氏墓誌并蓋

首題："唐故中書舍人太子僕田府君夫人李氏墓誌銘并序"

共24行，滿行24字　485×480×120

誌蓋篆書："大唐故李夫人墓誌銘"　3行，行3字　530×530

天寶二年（743）十二月五日卒　天寶三載（744）正月二十六日葬　蔣渙撰

1996年冬，河南省洛陽市孟津縣出土。

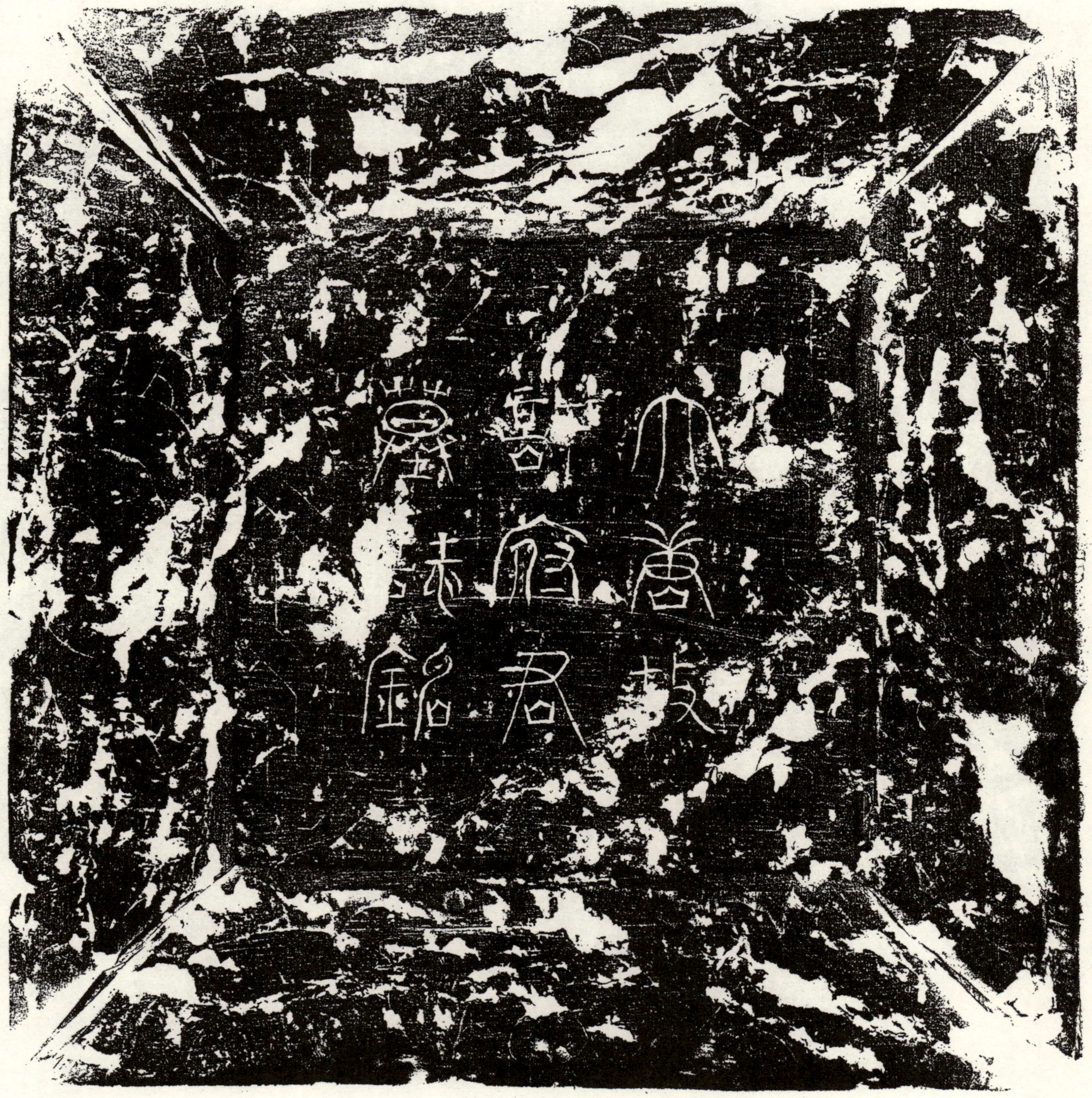

二六〇　唐許澄墓誌并蓋

故范陽郡良鄉縣主簿許府君墓誌
君諱澄字重光高陽新城人也高祖楚玉隨散
騎侍郎都水使者曾祖士端隨江都郡法曹宗
州治中祖思言皇正議大夫龍泗二州刺史嶲
州諸軍事守嶲州都督上柱國高陽縣開國男
父玄成皇朝議郎黄州黄崗縣令上柱國並祚
維淮海德誕岳靈盡人之領袖或王之爪牙餘
芳遠襲積慶斯在公清慎立節禮樂周身在公
以勤居家以儉幼以門緒宿衛出身解褐給事
郎范陽郡良鄉縣主簿清白有聞所當偕濟加
階宣義郎强幹從事貞正從人內不苟於心外
不累於物任經五載計考四秋不謂器[illegible]瓚[illegible]
無金石天寶二年七月十九日寢疾于官舍
其日夜遷殯春秋五十有二嗣子逸蒸蒸孝心
殆將滅性以天寶三載歲次甲申正月丙申朔
廿六日辛酉丙時附北邙山清風鄉之原禮也
頌曰 高山既頹長夜永奄遺塵可想
紀斯文之不朽

唐許澄墓誌并蓋

首題："故范陽郡良鄉縣主簿許府君墓誌"

共 18 行，满行 18 字　360×360×90

誌蓋篆書："大唐故許府君墓誌銘"　3 行，行 3 字　370×370

天寶二年（743）七月十九日卒　天寶三載（744）正月二十六日葬

1996 年冬，河南省洛陽市孟津縣出土。

二六一 唐楊忠梗墓誌

首題："唐故太中大夫邵陽郡太守楊府君墓誌銘并序"

共24行，滿行24字 580×585×140

天寶二年(743)十二月十五日卒 天寶三載(744)二月十日葬 楊掖撰

1996年冬，河南省洛陽市孟津縣出土。

按：誌云葬於"天寶三載建卯一旬壬寅"，指該年二月，然二月乙丑朔，無壬寅日。疑此干支有誤。

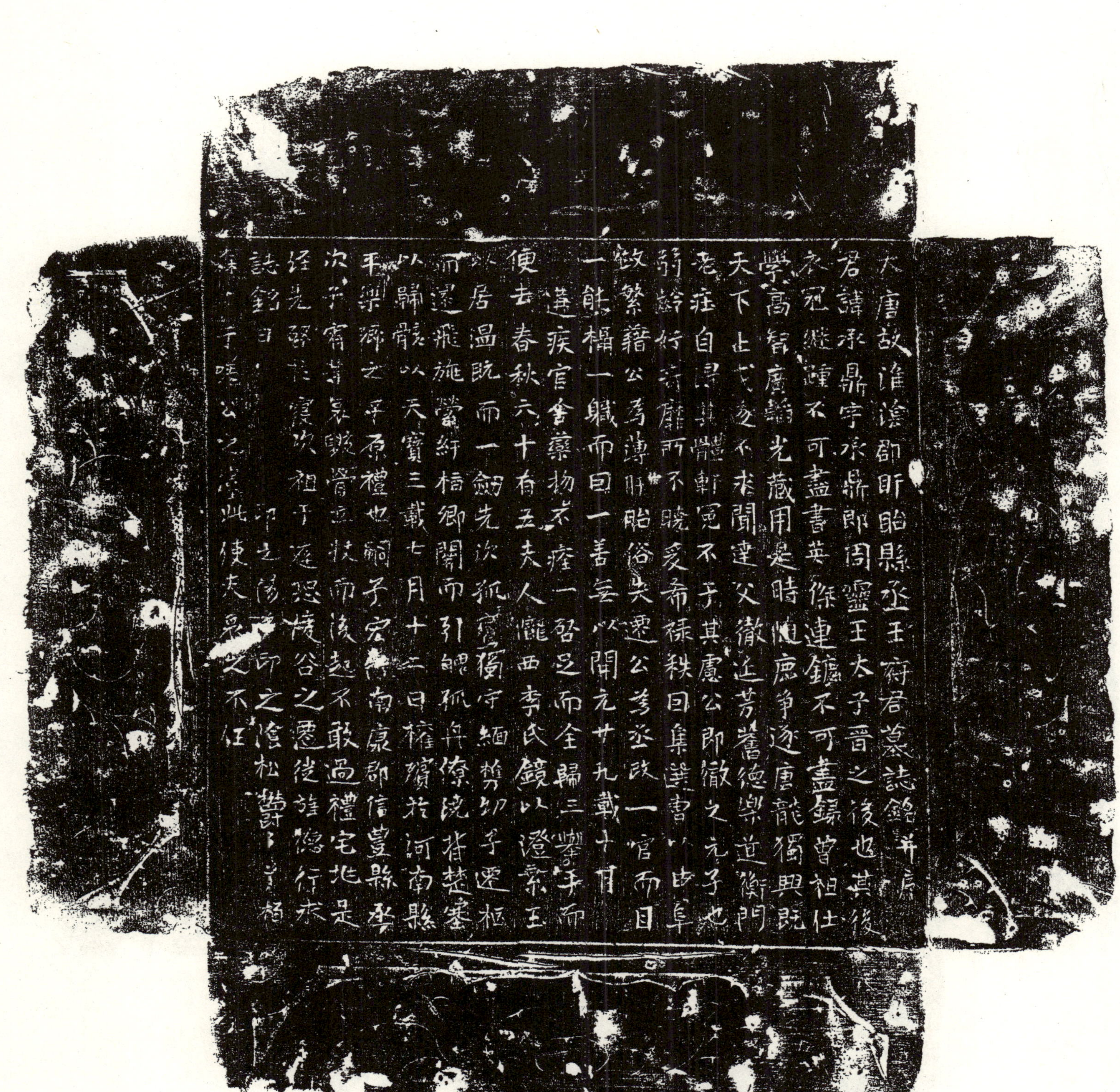

二六二　唐王承鼎墓誌

首題："大唐故淮陰郡盱眙縣丞王府君墓誌銘并序"

共 19 行，滿行 19 字　335×330×80

開元二十九年（741）十月卒　天寶三載（744）七月十二日葬

1997 年春，河南省洛陽市孟津縣出土。

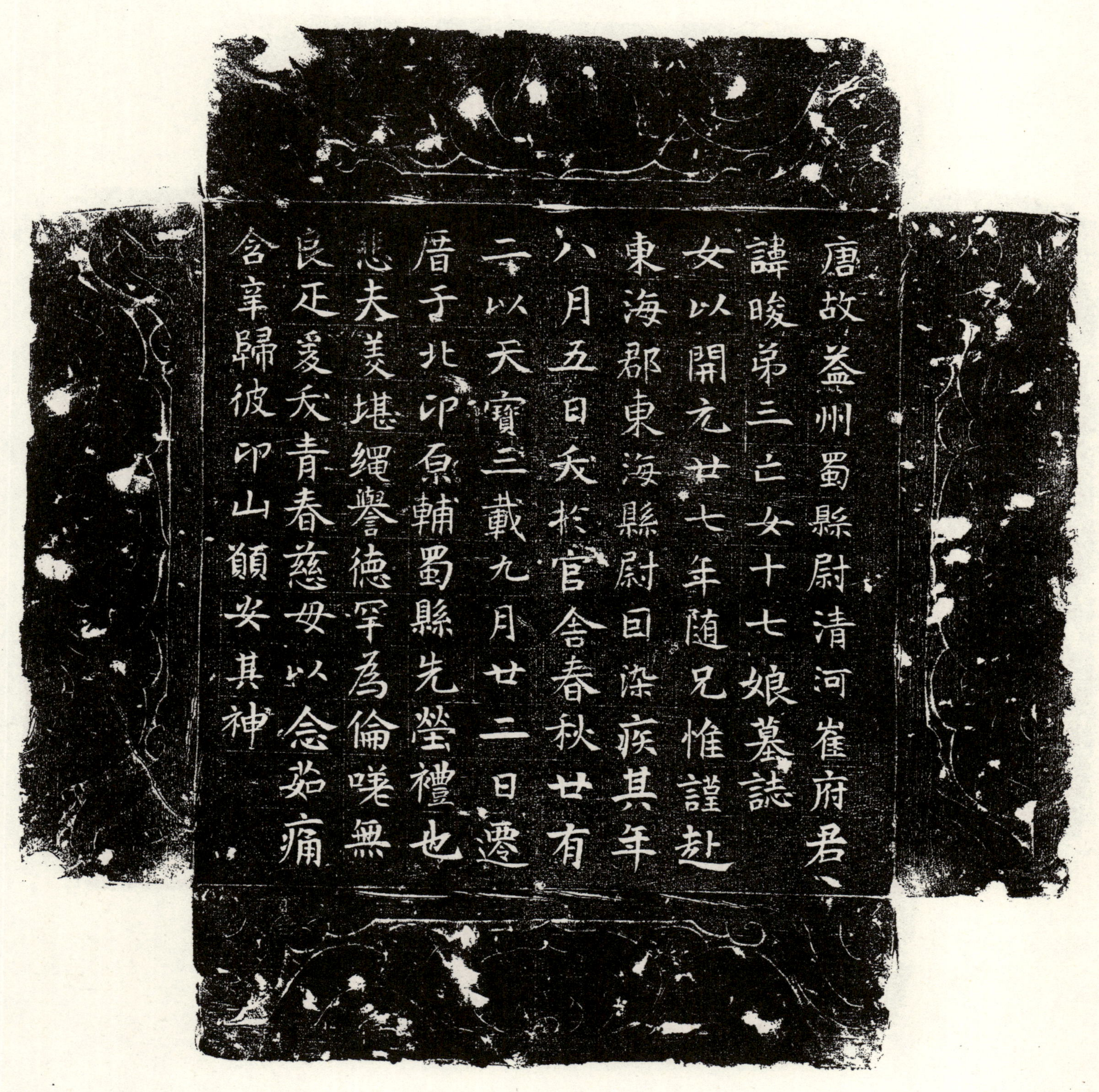

二六三　唐崔十七娘墓誌

首題:“唐故益州蜀縣尉清河崔府君諱晙第三亡女十七娘墓誌”
共 10 行,滿行 12 字　365×365×90
開元二十七年(739)八月五日卒　天寶三載(744)九月二十二日葬
1996 年冬,河南省洛陽市孟津縣出土,旋歸郭氏。

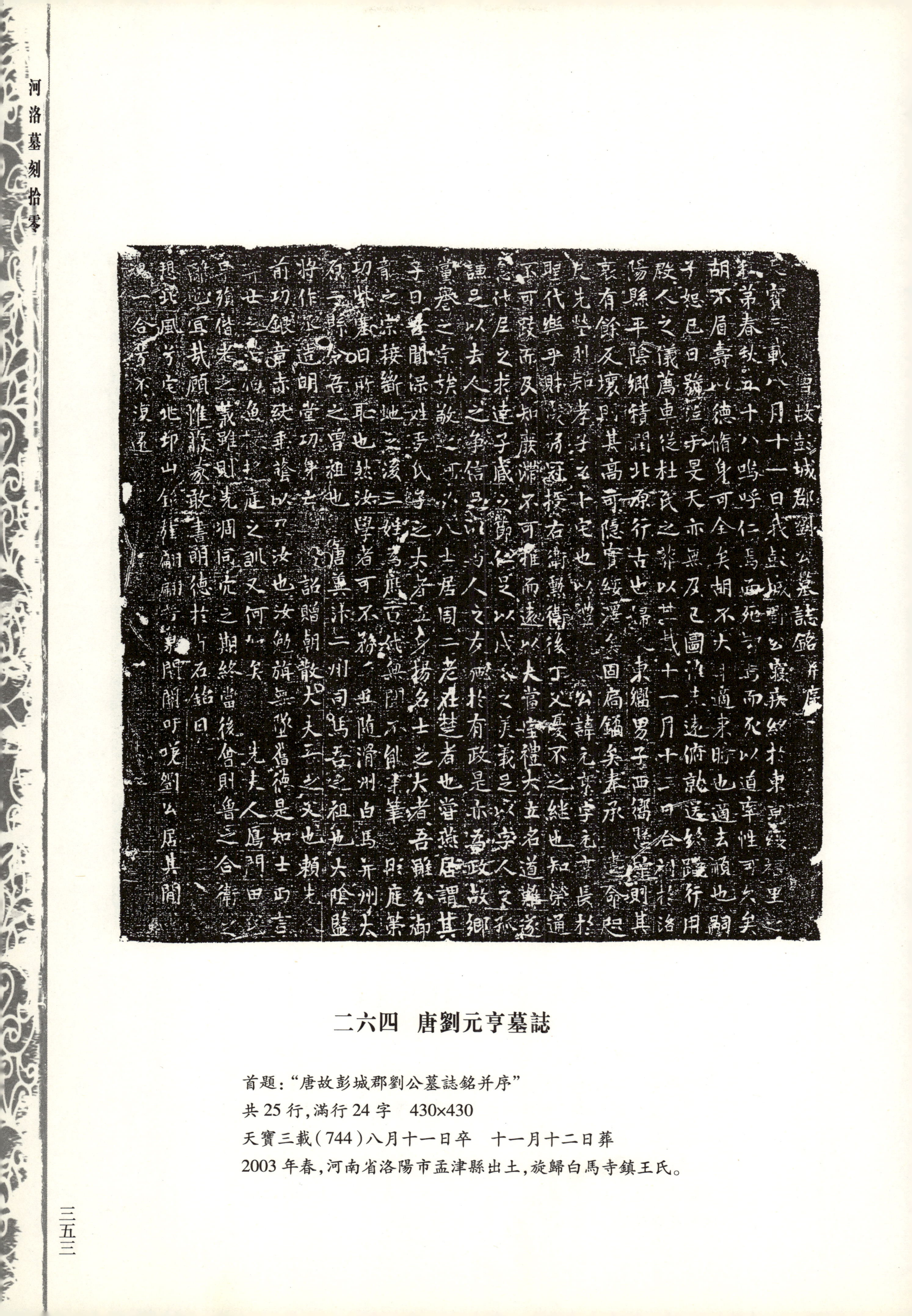

二六四　唐劉元亨墓誌

首題："唐故彭城郡劉公墓誌銘并序"

共25行，滿行24字　430×430

天寶三載（744）八月十一日卒　十一月十二日葬

2003年春，河南省洛陽市孟津縣出土，旋歸白馬寺鎮王氏。

二六五　唐李韶妻崔氏墓誌

首題："唐故城門郎隴西李府君妻安平崔氏墓誌銘并序"

共23行，满行23字　500×500×120

天寶三載（744）十二月二十日卒　天寶四載（745）正月十五日葬　崔卓撰　崔英書

2003年冬初，河南省洛陽市龍門鎮徐屯村出土，旋歸洛陽古玩城孟氏，余購得拓本二枚。2004年1月7日，誌石歸藏洛陽師範學院。

二六六　唐楊于墓誌

首題:“唐故弘農楊府君制贈左武衛翊府左郎將墓誌銘并序”

共 26 行,滿行 26 字　445×445

先天二年(713)七月十四日卒　天寶四載(745)二月二十一日葬　楊意德撰

2005 年春,河南省洛陽市龍門鎮出土,旋歸洛陽古玩城李氏。

二六七　唐王德文墓誌

首题："唐故功臣明威將軍守右龍武軍翊府中郎將賜紫金魚袋上柱國王君墓誌銘并序"

共19行，滿行23字　460×445

天寶三載（744）十一月卒　天寶四載（745）二月二十一日葬

2004年冬初，河南省洛陽市洛龍區龍門鎮出土，旋歸洛陽古玩城某氏，余購得拓本一枚。

二六八　唐高遠望墓誌

首題:“唐故安東副都護高府君墓誌銘并序”

共34行,滿行35字　700×695×150

開元二十八年(740)五月二十八日卒　天寶四載(745)十月十三日葬　徐察撰并書

1997年春,河南省洛陽市孟津縣出土。

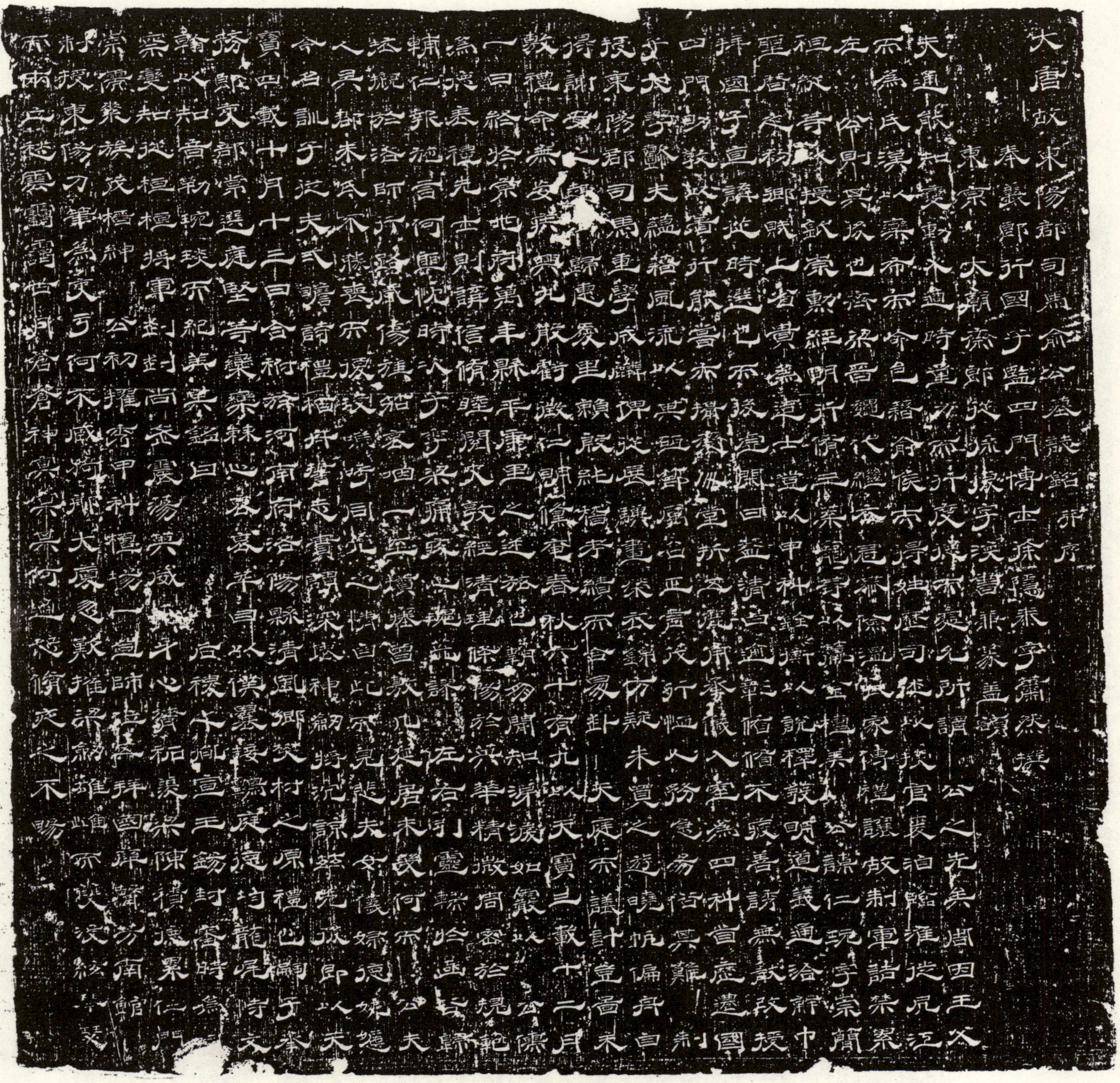

二六九　唐俞仁玩墓誌

首題:"大唐故東陽郡司馬俞公墓誌銘并序"

共27行,滿行29字　590×592

天寶三載(744)十二月一日卒　天寶四載(745)十月十三日葬

徐隱泰撰　俞復書兼篆蓋額

2004年冬,河南省洛陽市孟津縣出土,旋歸洛陽豫深文博城某氏。

二七〇　唐韓履霜墓誌

首題："唐故尚書吏部主事南陽韓府君墓誌銘并序"

共23行，滿行25字　560×550

天寶元年（742）十一月二十六日卒　天寶四載（745）十月十八日葬　鄭曰成撰

2003年春，河南省洛陽市孟津縣出土，旋歸洛陽古玩城孟氏。

二七一　唐陽修己墓誌

首題：“唐故工部員外郎陽府君墓誌銘并序”

共 36 行，滿行 35 字　615×615

天寶四載（745）六月二十九日卒　十月二十五日葬　陽潤撰　陽曾書

2005 年冬，河南省洛陽市孟津縣送莊鄉出土，旋歸洛陽豫深文博城張氏。